国家社会科学基金项目成果（17XKS(

U0666116

中华文化国际传播研究

以唐宋文化对外传播为参鉴

杨　威　上官望◎著

人民日报出版社

北京

图书在版编目（CIP）数据

　　中华文化国际传播研究：以唐宋文化对外传播为参鉴 / 杨威，上官望著. —北京：人民日报出版社，2022.8

　　ISBN 978-7-5115-7161-8

　　Ⅰ.①中… Ⅱ.①杨… ②上… Ⅲ.①中华文化—文化传播—唐宋时期 Ⅳ.①G125

　　中国版本图书馆CIP数据核字（2021）第214177号

书　　　名：	中华文化国际传播研究：以唐宋文化对外传播为参鉴
	ZHONGHUA WENHUA GUOJI CHUANBO YANJIU：
	YITANGSONG WENHUA DUIWAI CHUANBO WEICANJIAN
著　　　者：	杨　威　上官望
出 版 人：	刘华新
责任编辑：	袁兆英
封面设计：	中尚图
出版发行：	人民日报出版社
社　　　址：	北京金台西路2号
邮政编码：	100733
发行热线：	（010）65363528　65369512　65369509　65363531
邮购热线：	（010）65369530　65363527
编辑热线：	（010）65363251
网　　　址：	www.peopledailypress.com
经　　　销：	新华书店
印　　　刷：	天津中印联印务有限公司
开　　　本：	710mm × 1000mm　1/16
字　　　数：	272千字
印　　　张：	20.5
版次印次：	2022年8月第1版　2022年8月第1次印刷
书　　　号：	ISBN 978-7-5115-7161-8
定　　　价：	69.00元

目 录

导　论

文化兴，则国运兴；文化强，则民族强。铸就中华文化的新辉煌，实现中华民族的伟大复兴，是中国共产党人的百年梦想与中华民族的不懈追求。坚定文化自信，向世界阐释和推介更多具有中国特色、体现中国精神、蕴藏中国智慧的中华优秀文化，实现从文化大国到文化强国的跨越式发展，是当代中国面临的重大课题之一。

一、研究缘起

党的十八大以来，以习近平同志为核心的党中央高度重视文化建设，就中华文化国际传播的一系列重大问题进行了科学谋划与深刻阐述。党的十九大报告明确指出，要"加强中外人文交流，以我为主、兼收并蓄。推进国际传播能力建设，讲好中国故事，展现真实、立体、全面的中国，提高国家文化软实力"[①]。党的十九届五中全会及其通过的《中共中央关于制定国民经济和社会发展第十四个五年规划和二〇三五年远景目标的建议》明确指出，要"以讲好中国故事为着力点，创新推进中华文化国际传播，加强对外文化交流和多层次文明对话"[②]。2021 年 4 月，中共中央宣传部正式印发的《中华优秀传统文化传承发展工程"十四五"重点项目规划》提出，要着力于中华文化的记忆、传承、创新与发展，提升中华文化的传播

---

① 习近平：《决胜全面建成小康社会 夺取新时代中国特色社会主义伟大胜利——在中国共产党第十九次全国代表大会上的报告》，人民出版社 2017 年版，第 44 页。
② 《〈中共中央关于制定国民经济和社会发展第十四个五年规划和二〇三五年远景目标的建议〉辅导读本》，人民出版社 2020 年版，第 35 页。

实效，彰显中华文化的独特魅力，推动中华文化融入生产生活、贯穿国民教育始终。2021年5月，习近平总书记在主持中共中央政治局第三十次集体学习时强调，必须"深刻认识新形势下加强和改进国际传播工作的重要性和必要性，下大气力加强国际传播能力建设，形成同我国综合国力和国际地位相匹配的国际话语权，为我国改革发展稳定营造有利外部舆论环境，为推动构建人类命运共同体作出积极贡献"①。党和国家的一系列重要文件昭示我们：一方面，党和国家高度重视中华文化国际传播，大力推动国际传播守正创新，并从动态、开放、系统的角度绘就了中华文化国际传播的宏伟蓝图，以多主体、立体式为特征的大外宣格局正在形成，中华文化国际传播已经作为一项重要战略课题摆在了开启全面建设社会主义现代化国家新征程的突出位置。另一方面，统筹中华民族伟大复兴的战略全局和世界百年未有之大变局，面对风云变幻的国际形势，下大气力拓展中华文化国际传播路径，加快构建中国特色国际传播体系，仍是提高"国际传播影响力、中华文化感召力、中国形象亲和力、中国话语说服力、国际舆论引导力"②的动力之源。

非新无以为进，非旧无以为守。面对赶考路上的巨大外部压力与重大风险挑战，习近平总书记始终强调坚持历史自信，坚持把马克思主义基本原理同中国具体实际相结合、同中华优秀传统文化相结合，强调从中华优秀传统文化中汲取营养与智慧，不断开辟马克思主义中国化新境界，旨在铸就中华文化新辉煌。具体而言，将坚持历史自信置于拓展中华文化国际传播路径的现实语境中，主要体现在以下几方面：首先，坚持以史为镜。作为世界诸多文明中唯一历经5000多年发展却从未中断的古老文明，中华文明的独具一格、博大精深离不开源远流长、辉煌灿烂的对外传播。一

① 《习近平在中共中央政治局第三十次集体学习时强调 加强和改进国际传播工作 展示真实立体全面的中国》，《人民日报》2021年6月2日。
② 《习近平在中共中央政治局第三十次集体学习时强调 加强和改进国际传播工作 展示真实立体全面的中国》，《人民日报》2021年6月2日。

部中华文化对外传播史，记录着中华民族不断探寻自身文化的世界意义、以一己之力推动人类文明交流互鉴的光辉历程。正是因为在漫长的历史岁月中，中华民族以其勤劳与智慧、开放与包容为人类文明发展作出了不可估量的重要贡献。因此，新时代中华文化国际传播理应比以往任何时候更加自信、更加从容。其次，坚持以史为鉴。我国古代社会丰富的对外传播经验与新时代中华文化国际传播具有一脉相承的文化心理基础。秉持高度的历史自信和文化自信，探索中华文化国际传播的有效路径，需要重新客观审视古代社会在历史积淀与当代创新两方面的经验教训。最后，坚持向史而新。要始终坚持从中华民族最深沉、最深厚的精神追求的深度来看待中华优秀传统文化，从国家战略资源的高度继承中华优秀传统文化，从加快建设特色鲜明的国际传播体系的角度创新中华优秀传统文化。具体而言，即是要立足时代发展与现实所需，深入中华文化创新发展的中西古今历史框架之中，总结中华文化现代转型的历史规律与动力机制，构建集记忆、传承、创新、发展为一体的特色鲜明的中华文化国际传播体系。

毋庸置疑，唐宋两朝在中国古代文化对外传播史上具有举足轻重的地位。一方面，将唐宋并称，不仅因其时间相继，更因其文化地位无可撼动。这一时期是中国文化发展史上继周秦之后又一次重大的文化变迁时期——陈寅恪先生曾将唐朝誉为"前朝结束南北朝相承之旧局面，后期开启赵宋以降之新局面"[1]；宋朝则为"华夏民族之文化，历数千载之演进，造极于赵宋之世"[2]。考察唐宋文化无疑是纵览古代文化史的重要窗口。另一方面，唐宋两朝又是世界文化发展史上儒家文明辐射范围最广的时期之一。在承续历代前朝发展成果的基础上，唐宋两朝经过变革、创新与磨合，最终成就了中国古代史上辉煌的长治久安与国祚绵延。这一时期在成就强盛国力

---

[1] 陈寅恪：《金明馆丛稿初编》，生活·新知·三联书店2001年版，第332页。
[2] 陈寅恪：《金明馆丛稿二编》，生活·新知·三联书店2001年版，第277页。

3

的同时，更将目光投至遥远的域外。通过陆上丝绸之路、海上丝绸之路、南方丝绸之路等链接南北、贯通中西的通途大道，唐宋两朝在将中国商品源源不断地运往域外、造福当代百姓的同时，亦将本国独有的思想文化与价值理念逐步融入周边国家和地区百姓的日常生活世界之中。可以说，一个对世界文化格局产生重大影响的文化共同体在这一时期的东亚正冉冉升起。至此，以唐宋文化对外传播史为参鉴，探索拓展中华文化国际传播可行路径的学术意义与实践价值自不待言。

二、研究概况

收集近年来国内外关于中华文化国际传播路径的论文和著作等文献资料，我们不难发现其理论成果较为丰富。整体而言，对中华文化国际传播的内容与意义、方式与路径、问题与对策等问题均有涉及。鉴于本书侧重于对当代中华文化国际传播路径进行研究，因此，我们主要针对现有成果中有关该方面的研究内容做一脉络梳理和价值评析。

在国内研究方面，目前关于拓展中华文化国际传播路径的相关研究成果，可从国家推广、社会交流与个体交往三个层面加以概括与总结。其一，在国家推广层面，隗斌贤（2016）认为，要重视国家宣传与推广途径，通过 G20 峰会等国际盛会和"一带一路"等重大国际交往渠道，提高国家和城市的知名度和影响力。沈壮海等（2016）认为，要重视文化对外交流途径，借助于各种形式的文化交流和宣传等外交活动来推动"走出去"战略。吴霁霁（2014）认为，要重视传统文化推广途径，亦即让孔子（儒家文化）走向世界——以中国优秀传统文化为"软资源"，在全球文化竞争中取得优势，掌握国际话语权。曲慧敏（2012）认为，要重视人才培养途径，培养和引进具有国际视野和深厚文化素养的人才，具有跨文化交际和熟知国际文化的复合型人才。其二，在社会交流层面，来有为（2016）认为，要重视文化产品输出途径，积极培育外向型文化企业，发展对外文化贸易，打造在国际文化市场具有核心竞争力的文化产品和文化品牌。谢天振（2013）认为，要重视各种文化形式的先导作用，选择戏曲、文学和艺术等领域作为突破口，进而推进中国文化"走出去"。戚鸣（2013）则认为，在文化输出过程中，要重视打造文化符号，通过中国文化符号让世界感知中国、认识中国，寻求文化价值和文化理念的认同，进而理解中国文化，形成文化共识。万希平（2015）认为，要重视大众媒介的传播作用，利用数字网络技术，扩宽数字产品、影视作品在网络领域的传播途径，增强新媒介跨文化传播的吸引力。其三，在个体交往层面，任成金（2015）提出，要重视人际交往传播途径，国内文化大家、知名海外华人华侨要通过开展和参加国际学术交流和文化交流等活动，为中国文化"走出去"战略提供可行路径。总之，对中华文化国际传播路径探析在上述研究成果中多有涉及，某些观点和主张虽具有一定可行性，但其表述内容或交叉重复，或过于零散和琐细，或侧重于就事论事，没有形成一套系统的对外文化传播研究体系。因此，本书提出在拓展中华文化国际传播路径的过程中，我们应当树立文化传播主体意识、提高文化传播自信、确立文化传播理念、完善文化传播手段，从而摸索出一条较为系统、全面的中华文化国际传播总体路径。

此外，尽管学界对中华文化国际传播的研究成果颇丰，且有着不同的侧重点。然而，其中以古代文化对外传播方式为参鉴、探讨当代中华文化国际传播可行路径的论著并不多见。即使部分论著的研究方向较为接近，但其中以唐宋文化对外传播方式为研究视角的学术论著则又相对较少。就现有研究成果而言，主要集中于对唐宋文化对外传播史的总结和提炼。肖西凤（2010）认为，石刻传播、印刷传播、游学传播及题壁传播构成了唐宋文化对外传播方式的主要类型。唐宋两朝统治者通过严控典籍出版发布及严管文化市场流通，奠定了国家主流意识形态的核心地位，进一步保障了国家文化安全，这对于拓展当代中华文化国际传播路径具有重要启示意义。葛震（2011）则从传播环境、传播途径、传播内容三方面阐明了唐朝文化对外传播的主要思路。他认为，昌明的政治环境、繁荣的经济环境、多元的文化环境、便利的交通环境及开明的对外贸易环境为唐朝推进文化对外传播奠定了现实基础；以遣唐使、留学生与留学僧为代表的传播主体，以及这一时期大量的文化典籍输出与频繁的经济贸易往来，从不同角度丰富了唐朝文化对外传播途径；以儒学、宗教、汉字、科技及律法为代表的文化元素构成了唐朝文化对外传播的主要内容，等等。总体而言，尽管上述文献为我们梳理唐宋文化对外传播史的主要脉络提供了重要参考，但其在凝练精神标识、阐明主体构成、提炼文化符号、阐释制度支撑与服务保障等方面仍浅尝辄止，在总结唐宋文化对外传播的基本规律及当代价值方面更是少有涉及。有鉴于此，以上述问题为导向，本书着力于以唐宋文化对外传播方式为参鉴来进行拓展中华文化国际传播路径方面的专题研究。

在国外研究方面，一些学者关于中华文化对外传播的研究主要体现在对中国文化软实力的研究方面。美国学者约书亚·库兰茨克出版了《魅力攻势——中国的软实力如何改变世界》（2007）一书，系美国甚至西方国家第一本研究中国软实力的专著，在美国学界和政界引起较大反响。美国著名政治学家约瑟夫·奈认识到中国软实力的迅速发展，指出"尽管中国的软实力与美国的相去甚远，但忽视中国正取得的软实力是愚蠢的，而对美国来说，现在是需要更加关注亚洲软实力平衡的时刻了"①。值得一提的是，当代中国文化软实力问题业已成为美国智库关注的焦点。2008年，美国布鲁金斯学会前瞻性研究项目中涉及对中国软实力的研究成果，主要有（美）布雷纳德和胡永泰的《引导中国崛起：发展一个持续的、高水平的贸易战略》、（美）杰弗里·贝德的《应对中国崛起：基于三十年的进步》等；2009年，美国对外关系委员会对中国文化软实力的研究主要体现在（美）盖瑞·舒密特的《中国崛起》、（美）威廉·科恩和（美）莫里

---

① Joseph S. Nye: The Rise of China's Soft Power, Wall Street Journal Asia, December 29, 2005.

斯·格林伯格的《中美关系中的软实力》等著作中。2011 年，美国学者李成在中国内地发表了《"中国前景乐观论"和"中国崛起例外论"》等多篇文章，均涉及中国文化软实力的内容。2014 年，德国学者克里斯汀娜·玛格在《中国欧洲文化年的案例研究：以文化节日提升中国形象》一文中，比较分析了在意大利、德国举办的国家级中国文化活动，阐述了中国近年来通过"魅力攻势"来提升国家形象和文化软实力的文化外交策略。2015年，美国学者罗伯特·奥尔布罗在《形象与话语在中美文化软实力战略中的偏离》一文中，针对中美两国在文化软实力战略交锋过程中所产生的跨文化交流障碍及其局限性等问题进行了阐述。2016 年，比利时学者安东尼奥·维拉希赛在《软实力，文化产业在全球治理中的新兴力量——中国案例》一文中，讨论了文化产业在文化软实力中的重要性，特别强调了以中国电影产业为文化符号向外输出的重要作用。总之，随着中国综合国力的增强，西方学术界对中国软实力的关注程度也随之加深。总结和梳理海外学者有关中国文化软实力的研究，对于推进中华文化国际传播和实施文化强国战略、维护国家文化安全均具有重要的启示意义。

综上所述，学界对中华文化国际传播的研究业已积累了较为丰富的成果，并达成了一些基本共识。但迄今为止，从文化传播古今比较视角来阐述中华文化国际传播路径的研究成果尚不多见，亦即很少有学者通过借鉴我国古代社会的历史经验，特别是借鉴唐宋文化的传播方式来拓展当代中华文化国际传播的可选路径的（其方法途径实质上是大体相通的）。以古鉴今，实现中华文化国际间有效传播，增强民族文化自信，需要重新客观审视历史积淀与当代创新两方面的经验教训。我们认为，批判地、有选择地借鉴我国古代社会的对外文化传播经验与当代中国社会具有一脉相承的文化心理基础。因而以此为出发点，在中华文化国际传播路径选择的过程中，借鉴和反思唐宋时期文化对外传播方式的合理成分与经验教训，并赋予中华文化以新的影响力和辐射力，便成为本书的研究主旨和立论依据。

三、研究思路

拓展与深化当代中华文化国际传播的广度与深度，无疑是一项艰巨、复杂的系统工程。在探查可资借鉴的相关历史经验中，我们发现古人所走过的中国对外传播之路同样历尽艰辛。总体而言，本书将从"批判"与"继承"的双重视角，沿着"历史"与"现实"两条主线，试对唐宋文化对外传播方式之于中华文化国际传播路径的当代价值进行全面考察。一方面，从历史主义视角出发，爬梳唐宋文化对外传播的主要史实，总结唐宋文化对外传播方式的基本规律，进而在世界文化视野中考察唐宋文化共同体的构建方式及其国际影响力。另一方面，又从现实主义视角出发，廓清拓展中华文化国际传播路径的核心问题及推进方略，通过借鉴和反思唐宋文化对外传播方式的经验启示、历史教训及适用范围，汲取其中的精神养分并对其进行一番必要的现代价值转换，进而为国家进一步完善和推进中华文化"走出去"战略提供必要的学术支持。

令人欣慰的是，本书最初的研究假设在研究过程中基本得以证实。然而，尚须指出的是，以中国古代文化对外传播方式为参鉴来探索中华文化国际传播的拓展路径，绝非这样一个研究课题即可完成。因此，在中华文化不仅要"走出去"还要走深走实这一问题变得日益迫切的今天，本书在理论与实践层面所作出的初步探讨，希望能够引起学界对该问题的高度重视与长期关注，进而吸引更多的学者介入这一方兴未艾的跨学科研究领域。并且，本书也希望能够从更广阔的研究视野去阐释中华文化走向世界的现实意义和可行路径，使我们这个以传统文化为根脉、拥有辉煌灿烂文明史的东方大国，在处于中华民族伟大复兴战略全局和世界百年未有之大变局的历史交汇点上，为世界文化的发展和人类的进步贡献出她的智慧和力量。

第一章　拓展中华文化国际传播路径的现实基础

习近平总书记在主持中央政治局第三十次集体学习时强调，当前加强国际传播能力建设的重要任务，是推动中华文化"走出去"，通过"向世界阐释推介更多具有中国特色、体现中国精神、蕴藏中国智慧的优秀文化"①，向世界展示真实、立体、全面的中国，努力塑造可信、可爱、可敬的中国形象。这次集体学习释放了两个重要信号：一方面，新时代拓展中华文化国际传播路径，是加强国际传播能力建设的重要内容。在更趋复杂严峻的国际环境下，这一议题已经由特定的专业领域上升到国家战略层面，成为加强国际传播能力建设亟须解决的重点任务。另一方面，党和国家对拓展中华文化国际传播路径所作出的深邃思考，是把马克思主义基本原理同中国国际传播的具体实际相结合、同中华优秀传统文化"走出去"的具体实际相结合的最新成果，为当前推进中华文化国际传播的具体实践指明了前进方向。对此，我们应客观审视拓展中华文化国际传播路径的目标定位、基本原则等预设前提，充分考量其在多元传播环境下的竞争优势与发展潜力，总结经验、深入研究并提出中华文化国际传播的创新路径，从而不断铸就中华文化新的辉煌。

---

① 《习近平在中共中央政治局第三十次集体学习时强调　加强和改进国际传播工作　展示真实立体全面的中国》，《人民日报》2021 年 6 月 2 日。

第一节　拓展中华文化国际传播路径的预设前提

　　探索新时代拓展中华文化国际传播的可行路径，必须在中国特色社会主义进入新发展阶段这一时代背景下展开。"'十四五'时期是我国全面建成小康社会、实现第一个百年奋斗目标之后，乘势而上开启全面建设社会主义现代化国家新征程、向第二个百年奋斗目标进军的第一个五年，我国将进入新发展阶段。"①从中国与世界的关系层面看，"新发展格局绝不是封闭的国内循环，而是开放的国内国际双循环"②，强调的是"通过发挥内需潜力，使国内市场和国际市场更好联通，更好利用国际国内两个市场、两种资源，实现更加强劲可持续的发展"③。因此，"中国开放的大门不会关闭，只会越开越大"④，而"今日之中国，不仅是中国之中国，而且是亚洲之中国、世界之中国。未来之中国，必将以更加开放的姿态拥抱世界，以更有活力的文明成就贡献世界"⑤。因此，在这一宏大时代背景下，拓展中华文化国际传播路径的预设前提，需要从学理与实践两个层面予以客观审视。一方面，在学理层面，需要科学运用唯物史观研判中华文化国际传播所处的历史方位与发展阶段。从挖掘国家战略资源的高度，从中华民族最深沉和最深厚的精神追求深度，从推动社会主义现代化国家新征程的角度，明确拓展中华文化国际传播路径的时代意蕴，进而深化对拓展中华文化国际传播路径的学理阐释。另一方面，在实践层面，还要跳出中华文化国际传

①　习近平：《在经济社会领域专家座谈会上的讲话》，人民出版社 2020 年版，第 2 页。
②　习近平：《在经济社会领域专家座谈会上的讲话》，人民出版社 2020 年版，第 5 页。
③　习近平：《在企业家座谈会上的讲话》，人民出版社 2020 年版，第 14 页。
④　习近平：《在企业家座谈会上的讲话》，人民出版社 2020 年版，第 10 页。
⑤　习近平：《深化文明交流互鉴　共建亚洲命运共同体——在亚洲文明对话大会开幕式上的主旨演讲》，人民出版社 2019 年版，第 10 页。

播的传统研究范式——既跳出将国际传播仅仅视为一种功能性手段的传统认知范式，又跳出过多强调国际传播的特殊性、强调"内外有别"的传统实践范式。故而，需要我们在研判复杂环境、找准目标定位、明晰基本原则的基础上，进一步明确新时代拓展有鲜明中国特色的中华文化国际传播路径的发展方向。

一、立足新发展阶段　研判拓展中华文化国际传播路径的复杂环境

科学研判中华文化国际传播所处的国际环境、国内环境及媒介环境，是客观审视多元传播环境下中华文化国际传播的竞争优势与发展潜力，从而明确中华文化国际传播时代意蕴、拓展中华文化国际传播路径的逻辑前提。

首先，在国际环境方面，国际政治风谲云诡，中华文化国际传播面临着"自'冷战'结束以来最为复杂的国际传播环境"[①]。具体来看：第一，国际传播环境复杂多变，不稳定不确定因素层出不穷。一方面，和平与发展仍是时代主题，国际力量对比正在进行深刻调整，新一轮科技革命与产业变革正在深入发展，人类命运共同体理念在世界范围内赢得人心；另一方面，在新冠肺炎疫情全球大流行的背景下，霸权主义、民粹主义与排外主义等思潮有所抬头，为中华文化国际传播带来了前所未有的发展难度。第二，在世界文化格局大调整的背景下，文化软实力竞争成为各国综合国力竞争的焦点。一方面，维护文化领域的霸权地位，成为西方国家文化战略的首要任务。以美国为例，在以"捍卫美国价值观"为导向的战略部署下，其加快建设以数据中心为代表的存储设备、以云服务为代表的应用平台以及以互联网交换中心为代表的交换设施，同时通过微软、思科、惠

---

① 胡正荣：《智能化背景下国际传播能力提升与人类命运共同体构建》，《国际传播》2019年第6期，第3页。

普等企业垄断互联网核心技术，并通过各种隐性方式长期推广本国文化。据不完全统计，截至 2018 年底，美国现有的文化传播设施数量、服务能力、技术实现度及市场渗透率均列世界首位。[①] 此外，据权威票房统计网站 Boxofficemojo 数据显示，2019 年全球最卖座的 10 部电影中有 9 部来自好莱坞。[②] 另一方面，新兴文化传播市场不断涌现，各国积极探索塑造本国文化新形象的创新路径。以日本为例，在"文化立国"国家战略部署下，其积极通过颁布立法措施、增加财政预算、鼓励社会赞助等方式保障文化战略的具体实施。例如，20 世纪末日本政府确立"文化立国"国家战略，并通过颁布立法措施、增加财政预算、鼓励社会赞助等方式保障文化战略的具体实施。2013 年，日本政府颁布《株式会社海外需要开拓支援机构法》，其明确将发展新文化产业上升为国策，并设立了公私合营的"酷日本"机构，同时明确将从"媒体与内容""时尚与生活方式"等渠道为本国文化对外输出提供资金支持。[③] 2018 年，日本文化厅发布题为《文化艺术推进基本计划——活用文化艺术的"多样价值"，创造未来》的咨政报告明确提出，2020 年东京奥运会的重要意义在于文化输出，是一个向世界传播日本文化艺术价值的绝佳机会。[④] 总体而言，日本政府通过一系列积极作为，主动寻求传统文化与现代文化、日本特色与世界共识之间的平衡点。这些举措取得了良好的成效，也因此成为近年来日本新文化受到海外民众广泛关注的重要原因之一。

其次，在国内环境方面，新发展阶段的中华文化国际传播面临着前所

---

① 参见阎学通、徐舟：《数字时代初期的中美竞争》，《国际政治科学》2021 年第 1 期，第 24-55 页。

② 参见潘源：《2019 年美国电影产业发展报告》，《电影艺术》2020 年第 2 期，第 49-57 页。

③ 参见张志宇、常凤霞：《"酷日本机构"与中国文化产业的发展》，《同济大学学报（社会科学版）》2017 年第 5 期，第 46-56 页。

④ 参见吴呈苓、许益菲：《日本文教政策改革及其特点》，《日本研究》2019 年第 1 期，第 48-56 页。

未有的机遇与挑战。习近平总书记多次强调我国发展仍处于重要战略机遇期，即"机遇和挑战之大都前所未有，总体上机遇大于挑战"①。科学研判"时"与"势"，是中华文化国际传播辩证看待新机遇与大机遇、理性应对新挑战与大挑战的必要前提。第一，新发展阶段之"新"，在于其立足于全面建成小康社会新的历史起点上。经过"十三五"时期的高速发展，我国综合国力跃上新的台阶，全面深化改革取得重大突破，人民生活水平有了显著提高，"一带一路"建设取得丰硕成果，国家治理体系和治理能力现代化加快推进。因此，无论是从物质基础，还是从科技实力、人才资源等角度看，拓展中华文化国际传播路径都拥有以往任何阶段都不曾具备或不完全具备的现实基础。第二，新发展阶段之"新"，在于其是对"两个一百年"奋斗目标的有机衔接。新发展阶段，即全面建设社会主义现代化国家向"第二个百年"奋斗目标进军的阶段。立足新发展阶段，在历史关键节点抓住千载难逢的发展机遇，再现中华文化历史上的辉煌，进而为全面建设社会主义现代化国家开好局，为改革发展稳定营造有利的外部舆论环境。为此，党和国家对中华文化国际传播提出了更高的目标与更艰巨的任务。第三，新发展阶段之"新"，又指向实现高质量发展这一主题。由重视规模的"高增速"转向重视效率的"高质量"，是新发展阶段鲜明的时代主题。当前，面对日益激烈的文化软实力竞争，我国如欲提升这一综合国力的核心指标，就必须秉持高质量发展理念。一方面，要凭借"硬实力"提升自己的国际地位和国际话语权，另一方面，还要在文化"软实力"上厚积薄发，提升中华文化的传播力、亲和力、感召力与影响力，从而形成能够与我国的综合国力及国际地位相匹配的文化竞争力。第四，新

---

① 《习近平在省部级主要领导干部学习贯彻党的十九届五中全会精神专题研讨班开班式上发表重要讲话强调　深入学习坚决贯彻党的十九届五中全会精神　确保全面建设社会主义现代化国家开好局》，《人民日报》2021 年 1 月 12 日。

发展阶段之"新"，还指向国内环境发生的深刻变化。虽然我国经济发展基本面向好，呈现出诸如制度集成创新带来的治理效能提升、经济发展优势带来的市场空间广阔等优势，但是仍面临着诸多困难与挑战，特别是在经济结构性因素与周期性因素叠加、社会长期问题与短期问题聚集、新冠肺炎疫情冲击与国际外部势力冲击等多重影响交织在一起，均为新发展阶段拓展中华文化国际传播路径带来了前所未有的发展难度。

最后，在媒介环境方面，全媒体以其独有的全程、全息、全员、全效特质，既成为加速文化内部变革、强化文化交锋交融的重要助推器，同时也为中华文化国际传播带来了不容忽视的诸多隐患。这些隐患包括：第一，在全程媒体环境下，文化传播突破时空阻碍，在国家内部造成文化信息激增、高度密集、良莠不齐等态势，在国家之间造成文化信息高度透明、交锋交融愈发强烈等态势。倘若信息传递准确得当，国家之间更容易结成相互信任、互学互鉴的积极关系；反之，则容易导致大范围的误解甚至抹黑。第二，在全息媒体环境下，文化传播突破介质限制，不再局限于诸如报纸、电视、广播等传统媒介，而是以数据形式呈现于手机终端与电脑终端。虽然较之于传统媒介，新兴媒介的传播路径与呈现形式更为丰富、立体、生动，但其文化信息把关问题亦更为严峻。因为一旦把关失控，则有可能将不实、不全、不精、不准的信息流播出去，从而对塑造国家文化形象产生较为严重的影响。第三，在全员媒体环境下，公众参与文化对外传播的热情与活力得到有效激活，文化信息传播模式由"专人专管"转向"人人可传"，导致传播过程中不可控的复杂因素增多。倘若监管得当，就能够拓展文化对外传播路径，从而使我国以更加丰富多元的传播主体拓展中华文化走向世界的国际渠道；反之，则可能产生低俗媚俗的文化内容流播的负面效应。第四，在全效媒体环境下，国际传播突破时空限制、功能限制、效用限制。在传播过程中，专业信息类平台与社交服务类平台形成合力，以实现文化信息的海量呈现与受众群体的精准对接。文化形象的展示由单一走向多元，一定程度上提升了文化传播的实效性与针对性。但是，在文化信息海量化与受众靶向化的背后，也可能出现因过度重视细节而缺乏对中华文化的宏观观照等问题。对此，习近平总书记曾简明扼要地将国际传播所处的总体环境概括为："全媒体不断发展，出现了全程媒体、全息媒体、全员媒体、全效媒体，信息无处不在、无所不及、无人不用，导致舆论生态、媒体格局、传播方式发生深刻变化，新闻舆论工作面临新的挑战"①。

二、贯彻新发展理念　找准拓展中华文化国际传播路径的目标定位

立足新发展阶段，必须从战略全局高度，准确把握拓展中华文化国际传播路径的时代要求。作为新发展理念的基本内涵，创新、协调、绿色、开放、共享五个维度的基本指向明晰而全面，廓清了加强中华文化国际传播能力建设的目标定位。立足新发展阶段，必须从战略全局高度，增强时代感、紧迫感与责任感，把握中华文化国际传播的时代要求，夯实中华文化国际传播的实践根基。具体而言，拓展中华文化国际传播路径的目标定位体现在如下五个方面：

第一，以创新发展推动中华文化国际传播守正创新。党的十九大报告明确指出，创新是引领发展的第一动力。一方面，创新是激活中华文化内在活力的必要前提。一般而论，文化多样性是人类文明发展进步的基本条件。在尊重文化多样性的前提下，倡导不同文明之间的交流互鉴，从而激活文化内在活力，是我国始终秉持的基本原则。当前，在我国发展社会主义市场经济的时代背景下，激活中华文化的创新活力，需要努力营造文化市场的创新氛围，让不同文化生产主体的文化追求、不同文化传播主体的文化理念，能够在市场经济环境下进行有效的碰撞、交流与对话，进而生产出更高质量、更具特色、更具活力的文化产品，以带动社会主义文化市

---

① 《习近平谈治国理政》（第三卷），外文出版社 2020 年版，第 317 页。

场的良性运转。另一方面，不断推陈出新是健全文化创新长效机制、保障文化传播可持续发展的必要前提。要以制度集成创新为导向，不断健全社会效益与经济效益相统一的文化产业体制，从制度层面给予中华文化国际传播以完善的制度保障、科学的引导路径与充分的发展空间。具体而言，在传播内容上，在坚持马克思主义基本立场的前提下，强调对中华文化的民族性、时代性、独创性的培育，以中华优秀传统文化、革命文化与社会主义先进文化为生发点，创新性地不断开辟马克思主义中国化新境界；在传播形式上，以网络技术赋能促进传播载体创新，紧扣时代主题与受众需求，努力将兼具历史厚度与时代力度的中华文化以全新形式展现于海内外民众面前。

第二，以协调发展推动中华文化国际传播提质增效。一方面，要努力实现中华优秀传统文化、革命文化与社会主义先进文化的协调发展。把握三者之间的内在契合，特别是积极促进"古""今"协调发展，是推动中华文化国际传播提质增效的必要前提。具体而言，在文化传播过程中，既要旗帜鲜明地反对历史虚无主义、文化虚无主义，坚决反对"全盘西化"论或者全盘否定传统文化的错误观点，又要始终坚持以马克思主义为指导，坚决反对否定中华文化的社会主义性质、否定中国特色社会主义实践的文化价值等错误倾向。另一方面，还要努力实现文化传播与文化事业、文化产业的协调发展。当前，改革开放进一步打开了国门，跨国文化交流日益频繁，大量境外资本涌入中国，这在促成文化市场急剧扩张的同时，也给中华文化国际传播埋下了诸多隐患。其中的隐患之一，便是由于文化市场保障机制不够健全，导致文化产品过度市场化、同质化，大量缺乏文化深度和教育价值的文化产品流入传播市场。对此，我们必须贯彻新发展理念，在保持清醒认知的同时，健全现代文化产业体系和市场体系，加强中华文化国际传播体系建设，努力促成文化传播和文化事业、文化产业的协调发展。

第三，以绿色发展推动中华文化国际传播实现可持续发展。一方面，绿色发展是对中华民族"天人合一"处世原则的生动诠释，也是中华文化国际传播区别于西方文化对外传播的重要特征。早在春秋时期，郑国政治家、思想家子产便提出"天道""人道"相统一的观点，老子在《道德经》中又提出"人法地，地法天，天法道，道法自然"，再到先秦儒家及其后世继承者提出的"尽心、知性、知天"（《孟子·知心上》）、"民胞物与"（张载：《西铭》）、"大人者，以天地万物为一体者也"（王阳明：《大学问》），以及主张以人的主观能动性"参赞""化育"万物，达到"与天地合其德"（《周易·乾》）的境界。绿色发展强调人要尊重生命、顺应自然，体现了中国古人对正确处理人与自然关系的朴素认知，是中华文化国际传播的核心理念之一。另一方面，绿色发展强调追求中华文化内部、中华文化与异质文化之间的和谐发展，是实现中华文化国际传播可持续发展的关键所在。这意味着，在推动中华文化走向世界的过程中，既要牢牢把握文化话语权，充分认识到中华文化国际传播的指导思想必须也必然是马克思主义，特别是要警惕西方多元文化对国人已有文化认同的消解；又要以社会主义先进文化为先导，丰富文化内容，创新文化形式，鼓励多元文化的和谐发展，以此增强社会主义先进文化的吸附力与包容力。

第四，以开放发展增强中华文化国际传播内生动能。开放发展是全球化背景下人类文明发展的大趋势，也是中华文化国际传播的必然选择。习近平总书记多次强调，"不同文明应该和谐共生、相得益彰，共同为人类发展提供精神力量"[1]。在当前国际舆论环境下，进一步打开国门，意味着增强中华文化国际传播的内生动能与造血功能，其重要性不言自明。一方面，开放发展意味着反对盲目排外、封闭保守的文化观。习近平总书记指出，在全球化背景下，"没有哪个国家能够独自应对人类面临的各种挑战，

---

[1] 《习近平谈治国理政》（第三卷），外文出版社 2020 年版，第 434 页。

也没有哪个国家能够退回到自我封闭的孤岛"①。正是因为世界各国人民已经形成了"你中有我、我中有你的命运共同体"②，所以世界各国要"共同抵制妨碍人类心灵互动的观念纰缪，共同打破阻碍人类交往的精神隔阂，让各种文明和谐共存，让人人享有文化滋养"③。另一方面，开放发展意味着要以尊重文化多样性为前提，反对文化霸权主义和文化沙龙主义。多年来，西方霸权主义凭借自身在资本、技术、军事力量上的先发优势，强行向世界推广其所谓的"民主""自由""人权"等西方价值理念，严重阻碍了世界文明特别是发展中国家的文化发展。在中华文化国际传播过程中，贯彻开放发展的新发展理念，意味着要坚决反对因物质优越而引发的文明优越感，坚决反对以强迫式、霸凌式态度将自身文化强加于人，倡导尊重异质文明的多样性、主动接纳异质文明，并以开放包容的心态激活异质文明的内在潜力，最终促成人类文明的长足进步。

第五，以共享发展明确中华文化国际传播的价值旨归。文明交流互鉴是共享发展理念的应有之义，亦是人类文明发展进步的最终指向。一方面，中华文化国际传播秉持中华民族始终如一的初心与使命，强调以文明交流互鉴为世界和平发展保驾护航。习近平总书记多次强调，"文明交流互鉴，是推动人类文明进步和世界和平发展的重要动力"④。一部中华文化国际传播史，充分诠释了中华民族始终坚守的初心与肩负的使命，亦即倡导通过跨越国界、跨越时空的文明交流互鉴，促成异质文明背景下的人们以交流沟通缓解矛盾冲突、以互学互鉴促成民心相通。另一方面，以文明交流互鉴为经济全球化提供发展动力，是人类文明发展的重要经验。习近平总书记指出，"世界经济发展的历史证明，开放带来进步，封闭导致落后。重

---

① 《习近平谈治国理政》（第三卷），外文出版社 2020 年版，第 46 页。
② 《习近平谈治国理政》，外文出版社 2014 年版，第 261 页。
③ 《习近平谈治国理政》（第三卷），外文出版社 2020 年版，第 434 页。
④ 《习近平谈治国理政》，外文出版社 2014 年版，第 258 页。

回以邻为壑的老路，不仅无法摆脱自身危机和衰退，而且会收窄世界经济共同空间，导致'双输'局面"①。历史早已确证，多元文化的共享发展有助于营造开放包容的人文环境。因此，以文明交流互鉴为主线贯穿国际传播全过程，坚持求同存异、聚同化异，才能"增进战略互信、减少相互猜疑"②，进而为推动世界经济走上可持续发展之路营造良好环境。

三、构建新发展格局　明晰拓展中华文化国际传播路径的基本原则

党的十九届五中全会提出的牢牢把握构建新发展格局的战略构想，对"十四五"时期乃至今后更长时期内我国经济社会发展作出了战略安排，这对于在新发展阶段我国能否在发展上赢得战略主动具有重要意义。立足新发展阶段，贯彻新发展理念，拓展中华文化国际传播路径，是事关构建新发展格局的系统工程，涉及各个方面、各个环节。因此，必须抓住主要矛盾，系统谋划、全面推动，从全局高度明晰拓展中华文化国际传播路径的基本原则。

首先，坚持文化安全与文化发展相统一，是新发展阶段拓展中华文化国际传播路径的基本前提。面对前所未有的机遇与挑战，中华文化国际传播任重而道远。一方面，世界变革潮流更趋强劲，中国与世界的利益融合进一步加深，双方之间的相互影响与相互作用更加紧密。另一方面，随着多元文化交锋交融的加剧，中华文化国际传播面临的挑战更加突出、肩负的使命更加艰巨。习近平总书记指出，"安全是发展的前提，发展是安全的保障"③。守住安全与发展这条底线，是新发展阶段推动中华文化稳步走向世界的基本前提和重要保障。因此，立足新发展阶段，拓展中华文化国

---

① 习近平：《中国发展新起点 全球增长新蓝图——在二十国集团工商峰会开幕式上的主旨演讲》，《人民日报》2016 年 9 月 5 日。

② 《习近平谈治国理政》（第三卷），外文出版社 2020 年版，第 461 页。

③ 习近平：《在网络安全和信息化工作座谈会上的讲话》，人民出版社 2016 年版，第 15 页。

际传播路径，既要将安全发展意识贯穿于社会主义文化强国建设的全过程，防范与化解国际传播过程中的各种风险与隐患，确保国际传播的基本盘更加坚实、更具弹性与韧性；同时，又要将安全发展意识贯穿于中华文化国际传播的全过程，对其中涉及维护文化安全的工作作出更有针对性的分析研判，以确保在战术上大有作为与战略上的积极主动。

其次，坚持稳健发展与锐意进取相统一，是新发展阶段拓展中华文化国际传播路径的重要遵循。党的十九届五中全会再次强调，要"坚持稳中求进工作总基调"①，充分体现了唯物辩证法的指导意义。一方面，稳健发展与锐意进取互为条件。稳健是进取的前提与基础，立足未稳不可能进取；只有进取才能做到真正的稳健，而离开进取就失去了长久稳健的动力。从产业经济分布角度看，文化传播的本质是传播信息、表达价值进而影响受众。因此，要积极推进中华文化国际传播的产业链与供应链的优化升级，着力构建自主可控、安全高效的文化传播产业链与供应链，从而扩大国际传播的信息覆盖面，提高国际传播的信息抵达率，以实现对传统领域西方话语权的突围，提升中华文化的国际影响力。另一方面，稳健发展与锐意进取相互促进。稳健规约进取的"度"，确保进取始终运行在正确的轨道上；进取提升稳健的"质"，在关键领域取得突破性进展，就能使得社会发展在提质增效中实现新质的稳健。构建新发展格局最本质的特征在于实现高水平的自立自强。因此，只有坚持推进中华文化国际传播在核心竞争力上的自主创新，加快攻克国际传播重要领域"卡脖子"技术难题，才能真正掌握文化竞争与发展的主动权，从而在根本上保障国家文化安全。

最后，坚持文化自信与文化开放相统一，是新发展阶段拓展中华文化

---

① 新华网：中国共产党第十九届中央委员会第五次全体会议公报，http://www.xinhuanet.com/politics/2020–10/29/c_1126674147.htm。

国际传播路径的发展方向。一方面，文化是民族的血脉，是人民的精神家园。较之于道路自信、理论自信与制度自信，文化自信具有更为深厚的历史积淀、更具感染力的生活基础与更为持久的影响力度，是人们认知、选择与信任中国道路最基本的精神支撑。唯有对中华民族的文化葆有高度自信，才能坚信自己所开辟的道路、创设的理论与运行的制度符合国情、行之有效，才能理直气壮地推动中华文化走向世界。另一方面，立足新发展阶段，还要将文化开放作为社会主义文化强国建设的重要任务。当前文化产业在国民经济社会发展中的地位和作用正在逐步上升，同时随着我国城乡居民消费结构的快速升级，特别是服务型消费比重的不断提升，文化产业发展的空间逐步增大。但是必须看到，无论在质量上还是规模上，文化供给短缺始终是我国文化建设领域的突出问题。因此，在具体实践中，既要明确文化领域对外开放的底线，推动实施文化开放负面清单管理制度，又要允许并鼓励外来资本积极参与到文化产业市场中，努力营造公开市场与公平竞争的外部环境。

总体而言，《中华人民共和国国民经济和社会发展第十四个五年规划和2035年远景目标纲要》明确指出，要发展社会主义先进文化，提升国家文化软实力，推进社会主义文化强国建设。这就为推动新时代我国文化建设高质量发展指明了前进方向，亦为开启全面建设社会主义现代化国家新征程擘画了宏伟蓝图。在此目标下，"兴文化，展形象"成为中华文化国际传播的时代使命。当前，只有立足新发展阶段，贯彻新发展理念，构建新发展格局，才能推动社会主义文化实现高质量发展，进而为中华民族伟大复兴提供不竭的文化动力之源。

第二节 拓展中华文化国际传播路径的竞争优势与发展潜力

立足新发展阶段的宏大背景，在系统思维的理论视野下，客观审视拓展中华文化国际传播路径的时代意蕴，充分考量中华文化国际传播在传播战略、传播主体与传播载体等诸多方面已有的竞争优势与发展潜力，是新时代拓展中华文化国际传播路径的实践依据。回顾往昔，40多年的改革开放取得了全方位、开创性的建设成就，不仅惠及14亿中国人民，更为解决人类共同问题、谋划世界共同发展贡献了中国方案与中国智慧。可以说，中国在国际舞台的活跃度正日益攀升，在全球治理体系变革的参与度亦日益深化。与此同时，凝结着中华文明精华、汇聚着中国人民对美好生活向往的人类命运共同体理念获得了国际社会的广泛认同与高度赞誉，中华文化的国际传播力、影响力与话语权正在与日俱增，新时代拓展中华文化国际传播的竞争优势与发展潜力正在逐渐凸显。

一、传播战略从"对外传播"转向"国际传播"

习近平总书记强调，"必须加强顶层设计和研究布局，构建具有鲜明中国特色的战略传播体系"[1]。实现中华文化的繁荣兴盛与实现中华民族的伟大复兴，是中国共产党人的百年梦想与不懈追求。近年来，随着社会主义文化强国战略的不断推进与完善，中华文化从"对外传播"转向"国际传播"的战略顶层设计架构业已逐渐明晰。

众所周知，鸦片战争拉开了中国近代史的序幕，它在某种程度上刺激了中华民族的文化觉醒，使得中华文化逐步由传统文化向现代文化发生转

---

① 《习近平在中共中央政治局第三十次集体学习时强调 加强和改进国际传播工作 展示真实立体全面的中国》，《人民日报》2021年6月2日。

向。1921 年，中国共产党诞生于国家与民族危亡之际，始终担负着两大历史使命，即推翻帝国主义与封建主义统治进而实现民族独立与人民解放，以及彻底改变国家贫穷落后的面貌，进而实现国家繁荣富强与人民共同富裕。实现中华文化的繁荣兴盛与实现中华民族的伟大复兴，是中国共产党人的百年梦想与不懈追求。中国共产党人在百年征程中始终坚守初心、不断锐意进取，面对社会主义文化建设过程中出现的新矛盾与遭遇的新挫折从未退缩，而是勇往直前，最终构建起中国特色社会主义文化体系。早在20 世纪，党和国家就已将推进文化对外传播提升至国家战略高度。1997年，江泽民同志在党的十五大报告中明确提出，要"开展多种形式的对外文化交流，博采各国文化之长，向世界展示中国文化建设的成就"[①]。2000年，党的十五届五中全会通过的《中共中央关于制定国民经济和社会发展的第十个五年计划的建议》正式提出实施"走出去"战略，文化交流由"引进来"转向加大"走出去"步伐，并引起广泛关注。2002 年，在党的十六大报告《全面建设小康社会　开创中国特色社会主义事业新局面》与党中央出台的《中共中央关于制定国民经济和社会发展第十一个五年规划的建议》，以及 2007 年党的十七大报告《高举中国特色社会主义伟大旗帜　为夺取全面建设小康社会新胜利而奋斗》等，都指出要立足我国改革开放与现代化建设实践，推动中华文化走向世界，增强中华文化国际影响力。随着我国综合国力的大幅攀升，则进一步明确了中华文化"走出去"战略的基本思路与总体框架。《中共中央关于制定国民经济和社会发展第十二个五年规划的建议》明确提出，要创新文化"走出去"模式。文化和旅游部还为此专门颁布了《促进文化产品和服务"走出去"2011 ～ 2015 年总体规划》。作为中国文化建设史上具有里程碑意义的重要会议，党的十七届六中全会通过的《中共中央关于深化文化体制改革　推动社会主义文化大

---

① 《江泽民文选》（第二卷），人民出版社 2006 年版，第 35 页。

发展大繁荣若干重大问题的决定》重点突出了中华文化对外传播的意义，强调以文化"走出去"作为文化体制改革的抓手，并对其战略部署进行了系统而深入的阐述。

党的十八大以来，以习近平同志为核心的党中央高度重视中华文化的繁荣发展，着力推进社会主义文化强国建设，强调"提高国家文化软实力，关系'两个一百年'奋斗目标和中华民族伟大复兴中国梦的实现"[①]，从而将提高国家文化软实力作为一项重大战略课题置于社会主义现代化国家建设与发展的突出位置。同时，在这一过程中，以一系列新理念、新思想、新论断进一步回答了已经站在新的历史起点上的中华民族为什么要建设社会主义文化强国、如何推进社会主义文化强国等问题，清晰地展现了中华文化国际传播的理论逻辑，明确了中华文化国际传播的思想引领与实践指引。在 2012 年党的十八大报告《坚定不移沿着中国特色社会主义道路前进 为全面建成小康社会而奋斗》、2017 年党的十九大报告《决胜全面建成小康社会 夺取新时代中国特色社会主义伟大胜利》，以及在国家陆续出台的《关于实施中华优秀传统文化传承发展工程的意见》《关于进一步加强和改进中华文化走出去工作的指导意见》《关于加快发展对外文化贸易的意见》《关于加强"一带一路"软力量建设指导意见》《中华优秀传统文化传承工程"十四五"重点项目规划》等文件中，也从不同角度统筹文化传播、文化交流与文化贸易等政策措施，展现了党中央关于中华文化"走出去"的完整战略布局与政策规划。2020 年，习近平总书记在教育文化卫生体育领域专家代表座谈会上的重要讲话指出，"统筹推进'五位一体'总体布局、协调推进'四个全面'战略布局，文化是重要内容；推动高质量发展，文化是重要支点；满足人民日益增长的美好生活需要，文

---

① 《习近平在中共中央政治局第十二次集体学习时强调 建设社会主义文化强国 着力提高国家文化软实力》，《人民日报》2014 年 1 月 1 日。

化是重要因素；战胜前进道路上各种风险挑战，文化是重要力量源泉"①。该重要论述从国家战略高度将文化建设摆在更加突出的位置，为在新征程中全面推进中华文化国际传播提出了新课题新要求。党的十九届五中全会提出，到 2035 年建成文化强国的战略目标，是继党的十七届六中全会提出建设社会主义文化强国以来，党中央首次明确提出建成文化强国的具体时间表，标志着我党对文化建设重要地位及其建设规律认识的深化。这一系列的重要讲话及政策文件充分证明，无论是从顺应国际发展趋势层面，还是从国家战略调整层面，面对全球化信息时代的重要变革，我国的传播战略正在由传统的单向"对外传播"转向更为广泛、更为多元的"国际传播"。由此，为了应对这一战略转向，更须立足本土，放眼世界，以"更广的视野"扩展意义共享空间，以"更大的格局"凝聚价值共识，以"更新的格调"讲好中国故事。

二、传播主体从"单向分散"转向"多元协同"

习近平总书记强调，提升中华文化影响力的关键在于，"要完善国际传播工作格局，创新宣传理念、创新运行机制，汇聚更多资源力量"②。改革开放 40 多年来，我国的国际传播格局不断打开——由政府传播为主体的单向模式逐步过渡到以政府为主导、多元力量积极参与的协同传播模式。

一方面，我国的国家机构主动顺应国际传播潮流，积极推进文化对外传播职能转化，一定程度上打破了传统国际传播中过度依赖外方、缺少自主平台、缺乏长期交流的被动局面，从而为中华文化走向世界开辟了新渠道。据《中华人民共和国文化和旅游部 2020 年文化和旅游发展统计公报》显示，近年来，我国文化和旅游部持续推进"一带一路"建设，稳步提升

---

① 《在教育文化卫生体育领域专家代表座谈会上的讲话》，人民出版社 2020 年版，第 5 页。
② 《习近平谈治国理政》（第三卷），外文出版社 2020 年版，第 314 页。

"美丽中国"整体形象。2020年文化和旅游部共开展文化高级别访问及会议16次，与21个国家签署文化合作政府间文件，参与国际重要文化会议活动21次，举办各类文化交流活动2200余项，在匈牙利等国新设3个海外中国文化中心。截至2020年末，在全球设有45家海外中国文化中心，20家驻外旅游办事处。至此，我国的国际传播机制已经基本覆盖了世界上主要国家和地区，初步搭建起较为完备的政府间文化交流合作网络。以海外中国文化中心为例，作为中国政府在海外派驻的官方文化机构，该中心秉持"优质、普及、友好、合作"的宗旨，围绕"国情宣介、思想交流、文化展示、教学培训、信息服务、旅游推介"的职能定位，面向驻地国传播中华文化、塑造国家形象。近年来，中国文化中心面向驻地国传播中华文化、塑造国家形象，打破了传统国际传播中过度依赖外方、缺少自主平台、缺乏长期交流的被动局面，从而为中华文化走向世界开辟了新渠道，在中华文化国际传播中发挥着重要作用。自1988年7月11日我国设立第一个海外中国文化中心即毛里求斯中国文化中心，至今已有30多年的时间。在中国政府与中国人民的共同努力下，中国文化中心的整体布局日趋清晰，基本职能日渐完善，主要功能得以强化。2011年，我国文化和旅游部着手探索多模式发展中国文化中心，充分调动地方力量、民间力量参与中国文化中心建设。通过开展地方省份与文化中心对口合作的形式，将在中国文化中心进行演出、访问、宣介、展览等活动的主动权交予地方省份。在文化和旅游部的推动下，海外中国文化中心的整体布局逐步清晰，基本职能日益完善，主要功能得以强化。特别是近年来海外中国文化中心着力开展与地方省份的对口合作，将在海外中国文化中心进行演出、访问、宣介、展览等活动的主动权交予地方省份。这既丰富了海外中国文化中心活动的内容与形式，又调动了各地方省份挖掘本土文化资源的积极性，为海外民众深入了解不同省份各具特色的地域文化提供了重要窗口。此外，海外中国文化中心还以品牌化、本土化与市场化为导向，着力打造以"欢乐春节""天涯共此时"为代表的高品质文化活动，使之成为向世界各国展现中华文化独特魅力的重要平台。又以孔子学院为例，自 2004 年第一家孔子学院于韩国首尔成立以来，孔子学院一直保持良好的发展态势，始终致力于满足海外民众学习汉语的需求，力求增进海外民众对于中国语言文化的了解，搭建起一座增进中国人民与海外人民友谊的桥梁。面对新的机遇与挑战，新时代的孔子学院也已进入转型升级的新阶段。2020 年 6 月，由国内 27 家高校、企业与社会团体联合发起的民间公益组织"中国国际中文教育基金会"正式成立。这一组织全面负责运行孔子学院品牌，推进其适应国内外新形势下国际中文教育事业的发展。孔子学院不单是国际汉语教育机构，更是中华文化国际传播的重要平台，其文化功能包含整合中华文化国际传播内容、培育国际汉语教育师资队伍、组织海外汉语教学活动等诸多内容，对于推动中华文化国际传播具有深远的意义。

另一方面，随着外交关系的深入推进，越来越多的民间力量加入中华文化国际传播的实践活动中来。近年来，以智库、企业、社会组织为主体的民间力量，逐步成为中华文化国际传播不可或缺的重要组成部分。它们的参与不仅丰富了国际传播的主体构成，为传播体系注入新鲜血液。更重要的是，其在具体实践过程中提供的新思路、新理念与新经验，亦体现出较强的独特性、时代性与创新性，从而为中华文化走向世界提供了更多的想象空间，展现出更丰富的传播特质。与此同时，我国充分发挥留学生的人际传播优势。在"走出去"层面，积极鼓励广大留学生充分发挥自身优势，加强内引外联、牵线搭桥，当好促进中外友好交流的民间大使；在"引进来"层面，通过扩大留学生招生规模、制定外商投资优惠便利政策、举办世界层面的文化博览活动等方式，吸引海外民众来华求学、投资、旅游及居住。这些留学生以亲身经历体验中华文化，更加深入地了解、认知中华文化及其背后的价值理念，能够更好地激活中华文化与海外受众之间的思想与情感共鸣，也因此成为拓展中华文化国际传播路径的重要力量。

三、传播载体从"四大媒体"转向"万物皆媒"

当前，全球信息技术创新进入新一轮加速期，面对舆论生态、媒体格局、传播方式发生的深刻变革，我国国际传播历经数次转型，紧紧抓住媒体智慧化传播这一机遇，充分利用一切可以利用的信息载体，主动探索信息技术赋能中华文化国际传播的创新路径。可以说，现已基本实现了从以报纸、广播、电视、杂志为代表的"四大媒体"转向以在地传播、产业传播及平台传播为主体的"万物皆媒"的载体变革。

其一是努力打造自主可控的本地传播。近年来，我国政府通过加强与海外企业、社会组织的协同合作，重点推进在地国的文化交流活动、对外文化贸易与国际教育合作等平台建设，丰富了国际传播的内容与载体，拓宽了国际传播的范围与渠道，为中华文化国际传播营造出充满活力的舆论环境。一方面，我国文化和旅游部统筹政府、民间与社会力量，打造了诸如"中国文化年"、中国电影展及中国图书对外推广工程等对外文化交流项目品牌，稳步推进中华文化国际传播载体的丰富与多元。近年来，我国成功地与英国、意大利、美国、俄罗斯、土耳其及印度等国举办了"中国文化年"活动。其中，2003 年中法两国举办的"中法文化年"以"古老的中国、多彩的中国、现代的中国"为主题，设计了中国康熙时期文化展、三星堆文物展、中国中央民族乐团与巴黎国家交响乐团的合作演出等 300多个项目，直接受众突破千万人次。这一活动全方位、多侧面地展示了中国历史悠久的古代文化、璀璨夺目的民间艺术与充满创新的当代文化，在法国乃至欧洲引起了强烈反响。其时间跨度之大、交流领域之广、覆盖面积之大、项目质量之精、合作程度之深，均为当时的国际媒体广为赞誉。时任法国总理的拉法兰就曾表示："中国文化年丰富多彩的活动满足了法国人对中国文化的好奇心，让法国人民认识了中国人民的创造力和想象力。"①文化年涉及艺术、教育、文学、体育、科技、影视、旅游、文物与出版等诸多领域，丰富了中华文化国际传播的载体与平台。此外，还有每年以各种形式在境外举办的中国电影展、中国图书对外推广工程等。在政府、民间与海外侨胞的共同努力下，中华文化国际传播载体与平台得以丰富和完善。2021年，在全国文化和旅游厅局长会议上，更是明确提出要办好"聚焦中国""意会中国"等线上交流活动，统筹推进"艺海流金""情系"等品牌项目，稳步推进文化传播载体的丰富与多元。

其二是努力打造形式多样的产业传播。近年来，我国依托对外文化贸易开展中华文化国际传播的自觉性愈发强烈，陆续出台了一系列鼓励涉外企业开展文化传播的政策文件。这在一定程度上促进了企业国际投资环境趋于宽松，企业扶持投资力度趋向增强，企业参与出口文化产品、文化项目与举办文化活动的力度也有了显著提升。具体来看：第一，在营造对外文化贸易营商环境方面，我国政府积极实施文化产品与服务出口促进计划。以中华文化产业博览会网络为例，该网络以中国（深圳）国际文化产业博览交易会（即"文博会"）为龙头，近年来展现出十分强劲的发展势头。尽管2020年由于受疫情影响，第16届文博会首次采用"云端"形式举办，但其势头丝毫未减，仅开幕上线2小时内，线上访问量就突破48万人次，在整个展会期间总访问量累积超过1400万人次。第二，在优化对外贸易内容构成方面，我国政府积极推进对外文化贸易与数字技术的深度融合。通过优化贸易结构、发展数字贸易等方式，提升文化市场风险应对能力，增强文化市场竞争活力。在政府的积极推进下，涌现出一批文化产品出口重点企业，创造出一批在国际市场具有广泛影响力的文化品牌，中国文化产品与文化服务在国际市场的占有率有了较大提升。据《中国对外文化贸易发展报告（2020）》显示，2019年中国对外文化贸易增长态势

---

① 任彦、马剑：《2006多国欲与我国搞文化年》，《环球时报》2006年1月10日。

平稳，文化贸易商品结构逐步优化，文化服务质量与国际竞争力不断提升。第三，在创新对外文化贸易路径方面，我国政府充分发挥区位优势与政策优势，构建起集中国文化产品与服务的提供商、文化贸易的对外服务商及国际采购商的综合性服务平台于一体的国际文化服务贸易平台。以上海国际文化服务贸易平台为例，这一平台充分利用上海外高桥保税区优惠政策与"境内关外"的功能优势，通过连接中外文化市场，整合包括影视制作、版权交易、表演艺术在内的文化产业优势资源，服务于国家文化发展大战略、服务于中华文化"走出去"的需要，成为我国创新对外文化贸易路径的成功案例。

其三是努力打造媒体深度融合的平台传播。习近平总书记指出，"要加强国际传播能力建设，增强国际话语权，集中讲好中国故事，同时优化战略布局，着力打造具有较强国际影响的外宣旗舰媒体"①。近年来，我国深刻认识到全媒体时代推进媒体深度融合发展的重要性紧迫性，下大气力"逐步构建网上网下一体、内宣外宣联动的主流舆论格局，建立以内容建设为根本、先进技术为支撑、创新管理为保障的全媒体传播体系"②。一方面，媒体协同发力的渠道增多。以中央广播电视总台为例，近年来总台持续深化从传统广播机构向全媒体传播体系转变，积极探索技术创新、内容创新、平台创新与管理创新，构建起以"5G+4K/8K+AI"为载体的新型战略格局，为国家主流媒体探索全媒体传播体系提供了重要参考。另一方面，新媒体深度融合，产出更多文化"爆款"。借助云直播、短视频、VR虚拟现实、H5新闻网页等新媒体形式，中国媒体连续打造出诸如以2020年的《延时摄影：武汉火神山医院建设完成》为代表的融媒体"爆款"，播出

---

① 《习近平谈治国理政》（第二卷），外文出版社2017年版，第333页。

② 中国政府网：中共中央办公厅 国务院办公厅印发《关于加快推进媒体深度融合发展的意见》，http://www.gov.cn/zhengce/2020-09/26/content_5547310.htm。

几小时内播放量就已突破百万，显示出中国媒体在掌握信息技术时代海外民众接收习惯方面的精准度。

（四）传播能力从"规模发展"转向"内涵提升"

从重视"规模发展"转向强调"内涵提升"，是近年来我国在加强中华文化国际传播能力建设方面的重要转型。客观地说，尽管经过多年的规模发展，我国大外宣格局正在形成，但是仍与形成和我国综合国力相匹配的传播力有着不小差距。具体而言，主要体现在以下几方面：第一，面对西方文化霸权主义的严峻挑战，中华文化国际传播的对内凝聚力尚有待提升。由于西方价值观念长期以来对我国价值观念的渗透与冲击，导致少数民众出现"重西轻中"的不良现象。在面对敏感问题时，常常出现在对双方主旨并未深入了解的情况下，就急于发表意见、妄下结论，以致呈现出民族自信和文化自信不足的错误倾向。长此以往将不利于中华文化"走出去"，甚至对国家文化安全造成严重威胁。第二，面对国际话语困境带来的阻力和制约，中华文化国际传播的对外竞争力尚有待提升。随着新冠肺炎疫情的全球蔓延，部分西方中心主义者对我国和平发展国家战略所持有的偏见，及其对中华文化的妄加指责与负面评价，致使我国承受了巨大的舆论压力，因而提升中华文化国际影响力从而摆脱国际话语困境已是势在必行。然而，面对日趋激烈的文化软实力竞争，中华文化存在明显的对外竞争力不足问题。第三，中华文化国际传播效果参差不齐，国际传播常态化机制特别是在资本运行和管理机制常态化方面亟待定型。文化软实力竞争的主战场始终是文化产品与文化市场的竞争。但随着中国一跃成为世界第一大贸易国，中国文化产品的大量外销走向世界，并不等同于中华文化国际影响力的显著增强。在当前中华文化国际传播的具体实践中，少数文化企业与文化机构出于商业目的，一味追求经济效益、忽视社会责任，将一些低端低俗、假冒伪劣的文化产品输出至国外，在一定程度上破坏了中国文化产品在国际社会的整体形象。问题的关键在于，如何提升中国文化产品的原创性、时代性与市场竞争力，使其能够凭借上乘品质与文化声誉赢得海外民众的喜爱与认同，并在诸多世界文化产品竞争中脱颖而出，同时将一个新时代的文化大国形象真实、立体、全面地展现在世界面前。

为了解决上述问题，在全球化时代背景下，我国主动适应传播变局，创新话语形式，通过各种跨文化交流平台传播和宣介中华优秀传统文化、中国核心价值观及中国当代文化建设的基本情况，努力推动中华文化国际传播能力的内涵提升。当前，以"一带一路"倡议、人类命运共同体理念为代表的中国价值理念得到越来越多海外民众的支持与认可，中华文化在世界范围内产生了重要影响。可以说，一个以全媒体融合为驱动、内宣外宣联动的国际传播能力提升与建设模式正在形成。具体而言，从"规模发展"到"内涵提升"的转向主要体现在以下四个方面的长足进步：第一，中国声音与中国故事的辐射面得到有效扩展。多年来，基于对国际传播规律的摸索总结及对国际传播发展趋势的科学研判，我国致力于在巩固既有国际传播阵地的基础上，不断扩展国际传播领域，创新国际传播载体，使得媒体覆盖面不断扩大，受众覆盖度不断加深，讲好中国故事、传播中国声音的辐射面得到进一步扩展，进一步彰显了中国价值、中国精神、中国力量的感召力。第二，媒体议题设置能力得到有效提升。长期以来，西方媒体凭借其先发优势，自诩为独立于行政、司法与立法之外的"第四权"，并自称为"社会公器""无冕之王"，肆意对他国舆论进行打压，继而歪曲事实甚至抹黑形象。近年来，大量事实特别是新冠肺炎疫情之下的事实充分证明，无法脱离资本操控与政客干预的西方媒体，早已沦为政府与资本进行舆论干涉的工具，早已丧失保证"客观中立""新闻自由"的可能性。因此，面对少数西方媒体针对我国的污名化、非客观的失实报道，积极提升我国媒体议题设置能力，及时跳出其议题设置的思维定式，辨明其在传播过程中所制定的双重标准，一直是我国媒体发展的重点与难点。改革开放以来，我国媒体围绕这一问题进行了大量的探索，并积极予以实践。通过主动引导议题设置，围绕涉及国家安全与发展的重大问题、关键问题与敏感问题，及时掌握信息披露主动权等，来提高自主设置议题的能力。例如，面对西方媒体针对我国媒体的双重标准和不断打压，《中国日报》就曾及时发布纪录片《起底外媒抹黑中国套路：新冠数据报道背后的政治游戏》，就是我国媒体为打破西方媒体话语垄断霸权而进行的一次成功尝试。

第三，国际品牌建设公信力显著提升。一方面，面对当今严峻的国际形势，特别是延续多年的中美贸易摩擦升级，中国媒体主动参与国际舆论斗争的能力有了显著提升。特别是面对西方媒体对中国媒体海外社交平台账户的封锁与压制，中国媒体加快建设自有客户端平台，拓宽了具有主动优势的国际传播新渠道。例如，中国国际电视台 2016 年就已开设社交媒体账号 228 个，粉丝总数高达 8117 万，36 个文种报纸杂志发行总量为 700 多万份。另一方面，还形成了一批具有全球影响力的中国媒体品牌，不仅包含诸如新华社、中国国际广播电台及《人民日报》《中国日报》等传统官方国际传播品牌，其逐渐成为全球涉华信息权威信息源，而且还发展了诸如《中国日报（国际版）》《中国观察报》等在既有媒体品牌基础上成长起来的子品牌，其专业化水平、议题设置能力与全球影响力在世界范围内也引起了诸多方面的关注。根据《中国日报》国际传播研究室的监测数据显示，自 2017 年以来，美中经济安全审查委员会、欧洲对外关系委员会及《华盛顿邮报》《外交学者》等多家境外机构，先后对我国媒体品牌发布了大量研究报告及大篇幅报道。这亦从一个侧面反映了近年来我国国际传播媒体的品牌影响力与全球关注度已经逐渐显现。

总体而言，尽管我国面临国内外风险与挑战明显上升的严峻局势，但在国家战略的顶层设计、传播机制的健全与完善、传播载体的日益丰富与国际传播能力提升的推动下，中华文化国际传播总体上仍呈现平稳上升的良好态势，这即为未来中华文化更好地"走出去"和对外文化传播持续发展奠定了坚实基础。

第三节　拓展中华文化国际传播路径的价值立场与前进路向

当前，面对白热化的文化软实力竞争，中国不仅需要凭借"硬实力"扩大"国际朋友圈"，还须在"软实力"上厚积薄发，提升中华文化国际传播的影响力、感召力与凝聚力。习近平总书记指出，"中国人看待世界、看待社会、看待人生，有自己独特的价值体系。中国人独特而悠久的精神世界，让中国人具有很强的民族自信心，也培育了以爱国主义为核心的民族精神"[①]。这一重要论述昭示我们，信息化时代的文化传播不应只停留在信息传递与符号传播层面，更应讲好蕴藏于信息、符号之上的中国精神、中国价值、中国故事，才能让文化传播拥有直抵人心的魅力。从信息传播理论的角度来看，拓展中华文化国际传播路径是一个复杂的系统工程。为此，我们必须坚定"平视世界"的话语立场、优化"中国方案"的话语内容、创新从"广种"到"深耕"的话语表达，着力解决好"谁来传播""传播什么""传播给谁"的基本问题。

一、"平视世界"：拓展中华文化国际传播路径的逻辑基点

2021 年 3 月，习近平总书记在全国政协十三届四次会议上提出"平视世界"的重要论述，是对进入新发展阶段的中国与世界的关系所作出的最新判断。对于中华文化国际传播而言，这意味着拓展中华文化国际传播路径逻辑基点的变化，以及随之而来的国民心态、传播心态的转变。

首先，"平视世界"意味着需要将拓展中华文化国际传播路径的视野

---

① 习近平：《出席第三届核安全峰会并访问欧洲四国和联合国教科文组织总部、欧盟总部时的演讲》，人民出版社 2014 年版，第 42 页。

"回到中国"。习近平总书记指出，要"加快构建中国话语和中国叙事体系，用中国理论阐释中国实践，用中国实践升华中国理论，打通融通中外的新概念、新范畴、新表述，更加充分、更加鲜明地展现中国故事及其背后的思想力量和精神力量"①。"中国话语体系"是中华文化国际传播的生命线，是国际传播价值理念的话语基础；"中国叙事体系"是中华文化国际传播的载体，是对中华文化核心概念的高度凝练。拓展中华文化国际传播路径要以"回到中国"为起点，以"平视世界"为基点，既要在学理阐释层面构建中华文化话语体系，从逻辑层面阐明中华文化能够满足海外受众需求的思想精髓，又要在实践层面推动中华文化的创造性转化和创新性发展，将那些具有世界意义的、典型的、正向的中国价值进行聚焦传播，让中华文化实现与世界文化的价值互动，将一个真实、立体、全面的中国呈现于世界面前。

其次，"平视世界"意味着拓展中华文化国际传播路径要适时把握国民心态，坚定文化自信。增强文化自觉、坚定文化自信，是坚定道路自信、理论自信与制度自信的应有之义。倘若"以洋为美""以洋为尊""唯洋是从"，一味亦步亦趋、东施效颦，甚至将得到国外认可视为唯一标准，最终就将导致"去价值化""去中国化"的错误倾向。因此，要坚定传播主体尤其是青年一代的文化自信，引导他们真正了解中华文化的思想精髓，既要避免将中华文明视为"普世文明"的妄自尊大，又要避免历史不自信与文化不自信导致的妄自菲薄。只有"注重把握好基调，既开放自信又谦虚谦和"②，才能自觉肩负起中华文化国际传播的历史使命，以更有底气的声音讲好更具说服力的中国故事。

---

① 《习近平在中共中央政治局第三十次集体学习时强调　加强和改进国际传播工作　展示真实立体全面的中国》，《人民日报》2021 年 6 月 2 日。
② 《习近平在中共中央政治局第三十次集体学习时强调　加强和改进国际传播工作　展示真实立体全面的中国》，《人民日报》2021 年 6 月 2 日。

最后，"平视世界"意味着拓展中华文化国际传播要适时调整传播心态，由"宣传"向"传播"转变。"人是传播文化的主体，同时也是文化的载体。人的一举一动无不体现着文化的影响。"① 因此，无论是身处国内还是远居海外，每个中国人都是中华文化的最佳"代言人"。毋庸讳言，缺乏文化传播的自觉性，是当前中华文化走向世界的主要短板之一。在实践上，推动中华文化国际传播，绝不仅仅是哪一个或者哪几个相关领域的专家、学者或者教师的责任和义务。因为只有增强世界人民对于中华文化的认同感，世界才会更加客观、准确地认识中国，并与中国进行友好平等的交往交流，我国才能拥有更多的国际话语权进而创造中华文化新的辉煌。因此，每一位中国人都有责任和义务以传播中华文化为己任，并自觉承担起这一历史使命。

二、"中国方案"：拓展中华文化国际传播路径的核心命题

当前，"人类命运共同体"理念已经得到国际社会的广泛认同并为联合国所采纳。这一成功传播经验给予我们的重要启示在于，要以"美人之美，美美与共"（费孝通语）的大国姿态，主动展示我国对"世界共同关切"的思考和担当、对"人类共同问题"贡献的"中国方案"，从而满足海外民众对中华文化的认知兴趣，让中华文化与世界文化进行真正意义上的对话与交流。

具体来看：一方面，"中国方案"的文化基因在于中华文化。"中国特色社会主义文化，源自中华民族五千多年文明历史所孕育的中华优秀传统文化，熔铸于党领导人民在革命、建设、改革中创造的革命文化和社会主

---

① 贾益民、张禹东、庄国土主编：《华侨华人研究报告（2018）》，社会科学文献出版社 2018 年版，第 69 页。

义先进文化，植根于中国特色社会主义伟大实践。"① 这是党的十九大报告中习近平总书记关于中国特色社会主义文化的历史源泉与实践根基的重要论述，也是当代推进中华文化国际传播坚定文化自信的历史逻辑。"求木之长者，必固其根本；欲流之远者，必浚其泉源。"（魏征：《谏太宗十思疏》）由泱泱华夏文明孕育而生的中华优秀传统文化，其思想精华构筑起中华民族屹立于世界民族之林的文化之根。中国共产党人百年征程熔铸的革命文化，其光荣传统与优良作风形成了流淌于中国共产党红色肌体、足以长久涵养后人的红色基因与精神血脉。中国共产党带领人民在伟大斗争中锻造的社会主义先进文化，其民族精神与时代精神汇聚起中国人民奋进新时代、迈进新征程的精神动力。三者共同构筑起建成社会主义文化强国的应然逻辑，为中华文化国际传播提供了理论指引，为讲好中国故事、传播好中国声音提供了永不枯竭的思想资源，是中华民族坚定文化自信的精神源泉。

另一方面，"中国方案"需要面向海外普通受众。这就要求我们：第一，要有市场调查意识。以了解国际社会的文化需求，特别是人们对于文化发展的"共同疑难杂症""共同利益诉求""共同关切问题"为切入点。满足受众需求是提升文化传播感召力的必要前提，因此，要从中华文化中选择更贴近人类共同价值及世界人民心理需求的题材与故事作为传播内容。第二,还要有换位思考意识。要始终围绕"谁来传播""传播什么""传播给谁"三个基本问题，从他者视角去思考海外民众对于中华文化的认知需求，充分挖掘中华文化中具有世界意义的文化元素，从而提升中华文化国际传播的感召力。

---

① 习近平：《决胜全面建成小康社会 夺取新时代中国特色社会主义伟大胜利——在中国共产党第十九次全国代表大会上的报告》，人民出版社 2017 年版，第 41 页。

三、从"广种"到"深耕":拓展中华文化国际传播路径的实践转向

毋庸置疑,文化传播是促成民心相通的重要路径。较之于其他传播手段,文化传播更具日常性、先导性、持久性与广泛性,是促成不同国家民众增进认同的信任纽带。国之交在于民相亲,民相亲在于心相通。抓牢传播客体与传播反馈两个要素,实现从"广种"到"深耕"的转变,是促进民心相通进而传播"可信、可爱、可敬的中国形象"的关键所在。具体而言:

一方面,要"深耕"传播客体,提高国际传播精准度。基于受众兼具主体与客体双重身份这一特征,文化传播必须始终围绕受众的心理需求与利益诉求,才能确保其实效性。例如,在前期准备工作阶段,要不断强化"受众本位"意识。德国社会学家格奥尔格·齐美尔认为,对于突然介入的传播者,受众可能会产生防御甚至仇视排外心理,因而在前期准备过程中,传播者首先应该"想象着把自己置身于与别人不同的文化世界去感受他或者她的感受"①,通过感受受众心理去拉近距离。尔后,须区分对象、精准施策,依据受众实际情况进行分类,明确其乐于接受的传播方式,并采取差异化传播策略,即"利用受众已经接受的语言和观念,将特定的象征符号与人们所憎恨的和偏爱的观念联系在一起"②。又如,就具体实施过程而言,传播者应将注意力更多地置于普通民众身上,而非局限于某个特定群体或特定个体。总而言之,唯有充分考量普通民众的传播需求,才能丰富中华文化国际传播的受众层次,进而从深度和广度上拓展国际传播路径。

另一方面,还要"深耕"传播效果调查、评估、反馈机制,提高国际

---

① S. Ting-Toomey. *Communication Across Cultures*. Guilford Press, 1999, p160.

② 刘海龙:《一篇存在争议的传播学奠基文献》,《国际新闻界》2009 年第 2 期, 第 9—14 页。

传播渗透力。美国学者伊莱休·卡茨曾提出"使用与满足"这一假设，他认为，受众的需求催生了他们对于传播主体、传播媒介及传播内容的需求。[①] 因此，对传播效果特别是对受众需求满足度的评估，是提升文化传播影响力的关键。换言之，即可以通过健全传播效果反馈机制，针对受众在接受中华文化时的满意度与满足度开展定量、定性研究。之后再结合反馈结果评估传播效果，总结传播经验，调整传播策略。在此过程中，第一，要确保效果调查的准确度。美国学者朱丽亚·伍德曾提出："反馈可能是语言的，也可能是非语言的，或二者兼而有之，它可能是有意的或无意的。"[②] 因此，传播效果评估应该将非语言的及间接的反馈包含其中。第二，要确保效果评估的覆盖面。开展效果评估，不仅局限于个体心理和态度等因素，还体现在我国与他国的政治与经贸关系、文化交流、社会交往等多方面。因此，要善于通过分析本国与他国的政治与经贸关系、文化交流、社会交往等评估指标，来把握中华文化国际传播的实际效果。总体而言，政治关系越稳定、经贸关系越平等与和谐、文化交流越频繁、社会交往越密切，就能在某种程度上证明中华文化国际传播的效果越好。第三，要确保效果反馈的实践力。无论是调查、评估还是反馈，只有将评估数据运用到政策调整中，才是实现机制体制良性循环的关键所在。在具体操作过程中，要及时根据受众情况调整传播策略与传播方案，努力实现"一国一策"或"一区一策"，并以此提升中华文化国际传播的渗透力。

---

① 展宁：《伊莱休·卡茨与大众传播研究：半个多世纪的学术演变》，《新闻与传播研究》2020 年第 27 期，第 5–22+126 页。

② J.T.Wood. *Communication Mosaics：A New Introduction to the Field of Communication.* Wadsworth, 1998, p25.

第二章　唐宋拓展文化对外传播方式的历史经验

公元 618 年，在历经魏晋南北朝战乱纷争与隋朝统一的短暂辉煌后，唐朝终于实现了大一统并迈入国力鼎盛时期。此后，唐朝以长安和洛阳为中心，在国家、民间与个体的合力下，面向中亚、西域、东亚、东南亚地区全面铺开文化传播，构建起一个具有强大国际影响力的文化大国，并成为中国古代文化对外传播史上的成功典范。在两宋长达 300 余年的历史变迁中，其在文化进步及经济发展方面更是创造了前所未有的辉煌。两宋位居世界前列的文化实力、经济实力，以及繁荣昌盛的商业态势与日益频繁的海上贸易，共同造就了这一时期对外开放的自然态势。同样是沿着国家、民间与个体这三条主要路径，璀璨夺目的宋朝文化凭借陆上丝绸之路与海上丝绸之路的东风缓缓驶向遥远的域外，以宋代新儒学即理学为代表的价值理念逐步融入周边国家与地区人民的生活世界之中，以两宋律令为代表的制度文化渐趋成为周边国家和地区统治者争相效仿的制度蓝本。可以说，宋朝在前朝基础上进一步扩大了儒家文化圈的影响范围，从而构筑起一个对当时的亚洲乃至后世思想文化都有着重大影响的文化共同体。

第一节　多元主体合力　构建中华文化的传播体系

加强对外传播的传播主体建设，发挥其在解读国家政策、阐释文化精髓、解决文化冲突、开展人文互动等方面的关键作用和优势，是提高对外传播覆盖面和深化对外传播实效性的关键所在。唐宋两朝统治者通过统合国家力量、激活民间智慧、发挥个体优势，成功地将国富民强、交通便利、全面开放等综合国力优势转化为推进中华文化走向世界的传播动力，在促进贸易相通的同时，有效地以文化认同实现了民心相通。

一、国家主导　构建中华文化国际传播体系

毫无疑问，国家是文化对外传播的主导力量。一方面，国家文化理念决定了文化对外传播的基本态度，国家战略部署决定了文化对外传播的职能定位、功能发挥与实施路径。另一方面，强盛的综合国力是推进文化对外传播的现实基础。提升中华文化的传播力、感召力与影响力，离不开政治昌明、经济繁荣、国门开放与交通便利。唐宋两朝统合国家力量，通过明确对外传播思路、构建对外传播体系、夯实对外传播基础等举措，积极主动地推进中华文化走向世界，从而构建起一套自上而下、由内而外、完整周密、运转高效的对外传播体系，成功地在当时的亚洲乃至世界范围内塑造起和合善治、睦邻友好、全面开放的文化大国形象。

（一）为政以德　和合善治：明确文化对外传播思路

习近平总书记指出，"我们的祖先曾创造了无与伦比的文化，而'和合'文化正是这其中的精髓之一……这种'贵和尚中、善解能容，厚德载物、和而不同'的宽容品格，是我们民族所追求的一种文化理念"[1]。他曾引用"为政之道，务于多闻"（诸葛亮：《便宜十六策·视听》）、"为政以德，譬如北辰，居其所而众星拱之"（《论语·为政》），用以说明为政者广闻多学、修身养德、率先垂范的重要性。[2]"为政以德""和合善治"是中华优秀传统文化的思想精髓，亦是唐宋两朝治国理念的精神底色。这一时

---

① 习近平：《之江新语》，浙江人民出版社2007年版，第150页。

② 参见习近平：《之江新语》，浙江人民出版社2007年版，第175页。

期统治者秉持"为政以德"的执政理念，推崇"和合善治"的外交思想，倡导统治者率先垂范、修身养德、广交天下，将文化大国、礼仪之邦的国家形象传播出去，从而赢得周边国家与地区百姓的尊重与认同。

首先，唐宋两朝统治者秉持"王者无外，以德睦邻"的文化传播立场。面对大唐的繁华，杜甫曾深情歌云："群雄竞起问前朝，王者无外见今朝"（《夔州歌十绝句》）。这里赞颂的正是君王亲仁善邻、协和万邦的天下观。推崇王道政治的重要代表是唐太宗李世民。据《贞观政要集校》记载，贞观二年（公元628年），他在与朝臣们就为何唐朝能实现大一统展开辩论时，首次提出复古"尧舜之道，周孔之教"的执政理念，并在此后大兴儒学——不仅在国学设立孔子庙堂，拜宣父为先圣、颜子为先师，而且大征天下儒士，聘任他们为学官。一时间，唐朝社会上下儒学兴盛繁荣，"儒学之盛，古昔未之有也"（《旧唐书·卷一百八十九·贞观二年条》）。王道政治推演至邦交领域，李世民反对历代前朝远交近攻的霸权扩张，提倡重新整合中国与周边国家和地区的外交关系，尝试建立"天下大同"的文化共同体。在他看来，既然已荣任"天下之主"，就需要心系天下、仁施寰宇，努力实现"不安者我必令安，不乐者我必令乐"（《册府元龟·卷一七〇·帝王部·来远条》）的外交局面。此后，唐玄宗李隆基继承了王道政治，他认为王道政治强调以博大精深的中华文化作为桥梁，才最终形成周边国家和地区"禹禹然向风而慕化"（《全唐文·卷二六·放还诸蕃宿卫子弟诏条》）的友好外交愿景。因此，他即位不久便下诏要以王道政治为执政理念，继续推进文化共同体的构建。

从学理层面看，无论是"王者无外，以德睦邻"的天下观还是王道政治，都以"仁爱"为精神内核，以"施仁政"为最高政治理想，都是儒家思想在华夏政治文化语境中的有力体现。不同于霸道政治对他人或他国的羁绊与武力征伐，这种文化传播理念强调的是推己及人的波纹式效应，即将自身的优秀文化传播至其他国家或地区，最终实现"美美与共，天下大同"的太平盛世。具体来看：一方面，它将"德"视为政治哲学之基，强调为政者必须修身养德、率先垂范。《礼记·祭义》中说，"先王之所以治天下者五：贵有德，贵贵，贵老，敬长，慈幼"，意即统治者治理天下要尊重品德高尚之人、地位高贵之人、年迈之人，尊敬长辈、爱护后辈。《论语·为政》中说，"道之以政，齐之以刑，民免而无耻。道之以德，齐之以礼，有耻且格"，意即建立在政令与刑罚之上的社会秩序，必须辅之以道德教化与礼仪引导，才能实现真正意义上的长治久安。《孟子·公孙丑上》中说，"以力服人者，非心服也，力不赡也；以德服人者，中心悦而诚服也"，强调的是在交往关系中，"以德服人"比"以力服人"更能获得对方从内心深处的尊重与认同。唐宋两朝统治者将修身正己作为治国执政的起点，强调率先垂范构建仁心仁政的治国局面，从而构成了这一时期外交理念的精神底色。另一方面，它将"德"推演至文化外交领域，追求"美美与共，天下大同"的"和合"之境。对于本国与周边国家和地区的关系，唐宋两朝强调"王者无外"的外交理念。对此，清人皮锡瑞曾解释道，"圣人心同天地，以天下为一家，中国为一人……王化由近及远，由其国而诸夏而狄夷，以渐进于大同，正如由修身而齐家而治国，以渐至平天下"（《经学通论·春秋》），意思是说为政者要视天下为一家，将"王者无外"的天下格局与"修齐治平"的人生准则结合在一起，便能够以仁心仁政赢得百姓的拥戴与邦国的认同。

其次，唐宋两朝统治者坚持"爱之如一，远近如一"的文化传播原则。对于不同的文化背景，唐宋两朝统治者能够恪守王道政治，秉持平等包容、互尊互敬的态度去了解并吸纳异质文明，做到一视同仁。这一原则的实施在理论和实践上都得到了合理的阐释。

一方面，在理论上，面对唐朝初期尚未缓和的邦交关系，唐太宗李世民首次提出自己的治国理念是"视四海如一家"（《资治通鉴·卷一九五·武德九年九月丁未条》）。在此基础上，据《资治通鉴·卷一九八·贞观二十一年条》记载，李世民将自己何以能完成古代君王所未尽之统一大业的原因总结为五条："乐见人善"，从不嫉贤妒能；"人之行能，取其所长"，大胆用人，取长补短，做到人尽其用；"见贤者则敬之，不肖者则怜之，贤不肖各得其所"，古代君王在对待贤能之人与不肖之人的态度上过于严苛，他主张敬重贤能之人，体谅不肖之人，使其都能得到妥善安排；"正直之士，比肩于朝，未尝黜责一人"，对于直言之士，从未暗中加害或公开打击；最后一条也是最重要的一条，就是"爱之如一"，对待周边国家与地区能够做到一视同仁。在李世民看来，历代君王之所以无法处理好邦交关系，并非因为其缺乏足够的才能，而是因为自恃过高，并没有做到平等包容地对待周边国家和地区。因此，他主张"爱之如一，远近如一"，并通过传播优秀文化，增强周边国家和地区对中华文化的认同，并实现凝聚人心、增进共识的理想愿景。

另一方面，在实践层面，李世民还认为，唯有消解历史上此疆彼界的地域区隔，才能进一步冲破族群中心主义的藩篱，进而实现多元文化归于天下大同的和谐盛世。他又提出新的长城观，即要重新设定长城的功能定位，化天堑为通途，从而体现出非凡的魄力、自信与担当。唐朝以前，长城的存在虽然一定程度上遏制了外敌的入侵和破坏、守卫了中原百姓的安全，但更多的是长城内外势力此消彼长、敌我防范意识不断强化，这就始终限制着文化的交流与融合。在李世民看来，前朝历代在修葺长城上浪费了大量人力财力，不仅起不到军事防御作用，还劳民伤财、阻碍人文交流，使得"强汉受白登之辱，武夫尽力于关塞，谋士竭虑于庙堂"（《册府元龟·卷八十四·帝王部》）。于是，他下令停止修葺长城，恢复长城内外人文交流的大同之世。此外，为了便于人文交流，唐朝亦特别设定"羁縻州"与"参天可汗道"，并在路途上设置多处驿站，以为周边国家与地区的人文交流提供诸多便利。

最后，唐宋两朝统治者坚持"诚信为本，重道尚义"的文化传播原则。

以诚信与道义为标准的道德观，是儒家政治哲学的基本准则，不仅被中国历史上的历代君王奉为圭臬，成为衡量为政者是否贤明的重要标准，而且也被视为贤明君王治国执政、对外交往的处世原则。作为儒家价值理念的忠实奉行者，唐宋两朝在推进中华文化对外传播过程中，无论是处理邦交矛盾冲突还是协调多元文明交流交锋，都始终坚持"诚信为本，重道尚义"的文化传播原则，因而成功地对外塑造起道义大国的国家形象。

一方面，在阐明治国理念特别是邦交关系时，强调诚信为本。以唐太宗李世民为例，据《资治通鉴·卷一九二·武德九年十二月条》记载，武德九年（公元626年），李世民公开表明"吾以诚信御天下，欲使臣民皆无欺诈"，认为只有秉持诚信治国理念，治下才能形成百姓恪守诚信的和谐局面。后来，据《旧唐书·卷七十一·魏征传》记载，李世民在与魏征辩论时再次提及"为国之基，必资于德礼；君子所保，唯在于诚信。诚信立则下无二心，德礼形则远人斯格"的观点，认为德礼是治国根基，诚信是君子之本。君子立下诚信之本，才能保证治下无二心；国家筑牢道德礼仪根基，才能增进异域邦国的认同感。魏征表示认同李世民的观点，同时强调恪守诚信更重要的是言行一致，因为言行不一、政令不从，将直接威胁到君王和国家的信誉。魏征此言可谓抓住了要害，也得到了唐太宗的手诏褒扬和积极采纳。由此可见，这一时期的"诚信"二字已不再仅仅停留于君王的个人品德修养层面，而是与广德、安边、戍业等治国执政理念密切相关。它强调的是君王不仅要修身正己，待人处事以诚信为本，在处理人际关系特别是邦交关系时，更要做到信义为重、言行一致，因此也成为唐宋外交方略的重要组成部分。

另一方面，在处理多元文明交锋交融的过程中，唐宋两朝亦倡导"诚信为本，重道尚义"的传播原则，重视塑造道义大国的礼仪之邦形象。例如，贞观十三年（公元639年），唐太宗李世民在帮助边疆地区处理好对外交往冲突后，曾告诫边疆少数民族首领治理国家要"以信义为本"（《唐

大诏令集·卷一二九·蕃夷》），强调只有恪守诚信，才能得到治下百姓
的拥护、达成国家内部的共识，从而实现"九夷重译，相望于道"（《旧唐
书·卷七十一·魏徵传》），即天下九州都派使节前来交好的大同盛世。并
且，在处理邦交往来时，这一时期尤其强调礼尚往来、薄来厚往、厚待远
者，积极对外塑造礼仪之邦形象。例如，拂菻国（亦称东罗马帝国）与唐
朝相隔万里，每逢其使节来朝，唐朝统治者都会以厚礼相待。此外，唐朝
强调在对待弱小国家、落难外宾与远来使者时，反对恃强凌弱，主张一律
平等。例如，据慧超《往五天竺国传》记载，唐高宗年间正值大食国国力
强盛之时，大食国屡屡东进导致沿线国家和地区苦不堪言。为了摆脱大食
兵马镇压侵袭及赋敛无度，中亚诸国纷纷寻求唐朝的帮助。尽管当时出兵
并不能保证胜算，但是出于道义援助，唐朝仍然派重兵前去解难。这一举
动让唐朝得到了中亚诸国的肯定与赞许。又如，在当时的长安，常年有亡
国之君、落难贵族及降将残部等外来人员因战乱纷争逃亡至此，特别是当
时的印度为求政权稳定，在新王登基之后常将其他王子驱逐出境。对于他
们，唐朝统治者历来强调以礼待人，尽己所能给予他们悉心照料与妥善安
置，而他们中不乏有人常年生活在唐朝，还有一些人隐姓埋名于唐朝寺庙
之中。当然，伴随着频繁的外交往来、友好的外交关系与重道义的大国形
象而来的，必然是文化交流频率的加快、文化传播效率的提升及文化传播
内容覆盖面的扩大。例如，据《册府元龟》记载，仅在贞观元年（公元
627 年）至大历七年（公元 772 年）的百余年间，就有"康国（撒马尔罕）
使臣来长安朝贡 31 次，石国（塔什干）21 次，安国（布哈拉）17 次"[①]。
如此频繁的文化传播，直接带来了这一时期多元文化在长安的齐放异彩。

　　由上述可见，统治阶级秉持"为政以德""和合善治"的价值理念贯
穿于唐宋两朝文化对外传播的全过程。一方面，统治阶级倡导复归先秦儒

---

① 　郑师渠：《中国文化通史》（隋唐五代卷），北京师范大学出版社 2009 年版，第 95 页。

家的王道，不仅强调以修身正己、率先垂范来带动国家内部道德水平的整体提升，还试图通过凝聚人心、达成共识实现大同盛世的美好愿景。另一方面，唐宋两朝着重对外塑造诚信道义的礼仪之邦形象，并在理论与实践上予以推动和落实。这一时期尤其是在处理多元文明交锋交融的冲突矛盾过程中，不仅强调对一己之文明葆有高度的自信，对异域文明秉持包容与尊重，更强调要在深刻洞察双方文化精神内核的基础之上，对各自文化体系中良莠杂陈的构成要素进行剥茧抽丝。尔后，通过创造性转化与创新性发展，不断再造各自文化发展历程中新的辉煌，最终达到多元文明"各美其美，美人之美；美美与共，天下大同"的美好状态。

（二）自上而下　齐之以礼：构建文化对外传播机制

自汉至唐，在继承和延续先秦外交思想的基础上，中国古代外交制度的基本格局大致形成，逐步成为封建王朝国家机器的重要组成部分。以此为基础孕育而生的文化对外传播机制亦逐步成熟定型，形成了由中央决策机制、专职外交机构和地方执行系统共同组成的中华文化对外传播机制。

首先是中央决策机制层面。这一时期高度重视文化对外传播事宜，凡是涉及国家文化安全及处理文化冲突事务，必须以议题形式呈于百官大会、宰相决策乃至御前决策。在征询各级府衙及朝臣意见之后，才由统治者最终作出决断。这样的决策机制在一定程度上保障了国家文化传播战略及处理文化传播事务的合理性。一方面，唐宋两朝统治者高度重视文化对外传播，积极促成中华文化走出国门。例如，这一时期逢使节来访，除向其展示中华礼仪之美外，还常精挑细选能代表中华文化精髓的回礼赠予对方，其中不乏以《毛诗》《礼记》《左传》《文选》等为代表的文化典籍。在唐宋统治者看来，"渐以诗书，陶一声教"（《新唐书·卷一百四·于志宁传》），赠予其诗书礼仪既是文化自信的充分表现，又能增进异域国家对中华文化的了解与认同，强化双方的友好邦交关系。另一方面，这一时期的唐宋统治者认为，在保障文化安全的前提下要主动对邦交各国进行文化传播，从而增进文化认同与凝聚价值共识。例如，据《新唐书·卷二〇二·文艺传·萧颖士传》记载，萧颖士[①]的"化理"思想流传至日本后，在日本社会引起了广泛讨论。唐天宝十一年（公元752年），日本遣使入唐，请求唐朝允许萧颖士东渡讲学。此事在决策会议上引发了积极讨论，诸如陆质、赵匡、韩愈及柳宗元等名士都参与其中。虽然此事遭到了中书舍人张渐等人以文化安全为由的极力反对，最终唐朝还是决定以传播中华文化为重，准备在照料周全的前提下应允萧颖士东渡为师。此后，萧颖士的讲学在日本引起了很大反响，一定程度上促进了中华文化在日本的深入传播。这就从一个侧面反映出唐朝对于文化对外传播的积极态度与处理文化安全事务的谨慎态度。

其次是专职外交机构层面。作为中国古代的"九寺"之一，鸿胪寺历来承担着主持国家外交活动的重要职责。至唐宋时期，中国古代外交机制基本得以定型，而鸿胪寺除了中央专职外交机构的功能定位外，还承担了大量的文化对外传播工作。一方面，需要迎来送往，以礼事宾。鸿胪寺将"以礼事宾"的原则贯穿于外交活动始终，无论是参观行程还是外交会晤，对外积极塑造礼仪之邦的文化大国形象。例如，据《唐六典·卷一八·鸿胪寺》记载，逢外国使节来访，鸿胪寺要"辨其等位，以宾待之"，即通过辨别使节的外交级别，确定接待礼仪规格和待遇高低。外国使节在华期间的参观活动行程都由鸿胪寺统一安排。例如，开元五年（公元717年），日本国使就曾上奏，要求"请谒孔子庙堂，礼拜寺观"（《册府元龟·卷九七四·外臣部·褒异》），意即日本大使提出要参拜孔子庙堂和参访庙寺事宜，必须经由鸿胪寺上报批准后才能成行。此外，鸿胪寺还负责安排引导外国宾客参观国内的朝会活动，其安排之细令人咋舌，甚至于对宾客参

---

① 萧颖士是唐朝著名文人。他提出要从宪章、文德、礼制、典法等多方面构建文化共同体，受到唐朝朝廷与海外民众的推崇，曾经进士及第、名重一时，与李华并称"萧李"。

观时所站立的位置都有着详细的要求。据《新唐书·卷一六·礼乐志六》记载，若是外国君王参观，鸿胪寺专员要引导其步入朝堂"依北面立，所司奏闻"；若是外国使节参观，要引导其"东方、南方立于大次东北，西方、北方立于西北"。另一方面，需要文书来往，双向沟通。唐宋两朝的外交文书包含诏、制、盟文、奏议、牒等多种形式，在中书省撰制后鸿胪寺负责对其进行传递、翻译、收集及上报等工作。可以说，外交文书的来往是文化双向沟通的重要途径。具体而言：其一，撰制外交文书是国家在特定历史文化背景下处理的特定外交事务，带有政治、军事、社会、礼制及文化的深刻烙印。因此，外交文书既是一国对他国的郑重承诺或严正交涉，又是对本国文化的审美情趣、思维方式及价值理念的生动呈现。其二，外交文书的翻译工作是实现文化双向沟通的重要环节。唐宋两朝高度重视外交文书的翻译工作，对此有着严格的规定和专业的队伍。例如，据《唐六典·卷二·尚书吏部·吏部郎中员外郎》记载，鸿胪寺有"译语并计二十人"，表明外交文书的翻译已趋向专业化。其三，外交文书的信息收集、上报工作是实现了解蕃情、增进文化认同的主要途径。鸿胪寺的重要职责之一，便是"殊方异类，辐辏鸿胪"（《唐会要·卷七·封禅》），即朝廷要通过鸿胪寺上报的信息了解周边国家的情况并据此制定交往政策。由此可见，从宾客的迎来送往到朝见礼宾，从款待宾客到日常管理，从了解国情到翻译传递，鸿胪寺要负责上至君主和使节，下至质子、留学生与僧侣等往来人员从入境直至出境的全过程，可谓全面管理、无微不至。

最后是在地方执行系统层面。这一时期的地方执行系统大致分为四种：以道、州、县为主的地方行政系统，以道与军、镇、戍、关为主的军事边防系统，以都护为主的边境镇抚系统，及其他使职与中央派出机构。[①]地方执行系统既配合专职外交机构如鸿胪寺开展文化外交，又在国家指导

---

① 黎虎：《汉唐外交制度史》，兰州大学出版社1998年版，第411页。

下开展跨国人文交流。较之于前两类对外传播机构，地方执行系统的文化对外传播通常依托于具体事务开展，成效亦更为显著。第一，在外交事务中重视礼待文化。唐宋两朝在边境道州县等地方行政机构设有接待专员，确保在来访国入境第一时间向其介绍本国文化、展现本国礼仪。例如，据《入唐求法巡礼行记》记载，当日本藤原常嗣使团到达扬州后，扬州节度使曾委派"勾当日本国使"王友真专门负责接待日本使团。由此可知，当时设有"勾当日本国使"，专门负责接待来自日本的使团。与此同时，在双方发生外交冲突时，地方行政机构还要负礼仪慰抚之责。例如，据《新唐书·卷二十二下·南蛮传下·室利佛逝》记载，室利佛逝国曾遣使来唐，表示本国曾被唐朝边吏掠夺，损失严重，唐朝统治者随即派广州刺史前去室利佛逝国进行礼仪慰抚。第二，在外交事务中传播中华文化。在强盛国力与中华文化的吸引下，诸多国家纷纷派出使节要和唐宋交好，因此这一时期的地方执行系统承担了大量的对外介绍本国历史与文化概况的工作。例如，据《续日本纪》记载，长安二年（公元702年），日本粟田真人派遣使团到边境后，盐城府衙即委派官员前去慰问欢迎。针对日本遣唐使提出的关于国号改为"大周"的疑问，盐城官员不仅向对方介绍了本国改唐为周的历史，还与其展开了一番关于礼仪敦行的讨论。又如，据《新唐书·卷二二·礼乐志十二》记载，佛教古国骠国（今缅甸）欲通过人文交流与唐朝建立友好关系，但苦于语言不通迟迟未有进展。西川节度使丰皋物色了大量精通两国语言文化的专职人员，并对两国乐曲进行翻译和加工，即"复谱次其声，又图其舞容、乐器以献"，最终既促成了两国开展文化交流，也为唐朝文化进入骠国百姓的日常生活作出了重要贡献。第三，在外交事务中传递价值理念。互市是中国古代开展对外贸易的重要渠道。唐宋时期要求地方府衙既要负责边境互市的审核、上报与管理，及时有效地对非法贸易进行查禁，还要在管理互市的过程中重视传递国家治国理念、展现大国气度。例如，据《唐会要·卷八六·奴婢》载，长庆元年（公元

821 年），平卢军节度使薛平上奏，称辖区内有海贼掠夺新罗人，在互市将其卖为奴婢。他认为，新罗与唐朝交往甚多，其百姓在唐朝被掠卖实在是有损唐朝大国形象，于是乎请奏要严查此事，并建议"起今已后，缘海诸道，应有上件贼诶卖新罗国良人等，一切禁断"。唐穆宗接到奏折后立即诏令严格执法查办。两年后，又有新罗使节金柱弼进状，一方面感谢唐朝此前严查海贼买卖新罗人口之事，另一方面希望唐朝能给予方便，帮助大量滞留唐朝的新罗百姓特别是流浪于唐朝沿海村落的老弱病残者搭乘便船回到新罗。唐穆宗随即安排地方行政州县妥善处理此事。这不仅展现了这一时期在处理外交事务时的大国气度与道义担当，也因此成为中国与朝鲜半岛友好关系的重要记载。

由此可见，这一时期依托于渐趋成熟健全的外交制度，逐步建立起成熟稳定的文化对外传播机制。具体来看：第一，在决策机制层面，基本形成了以御前决策为核心、宰相决策为基础、百官大会决策为辅助的相辅相成、密切配合及运转高效的三级决策体制。凡涉及国家文化安全的对外传播事宜，须提交中央决策机制讨论裁决，若是处理双边文化冲突时，统治者更是慎之又慎，需要经过多次商议后才能付诸实施。第二，在专职外交机构层面，形成了以诸卿系统的鸿胪寺与尚书系统的主客司为主要责任机构的外交机构，而中央关涉机构则包括中书省、门下省、尚书省、九寺及五监等其他相关机构。这些专职外交机构担负着协助统治阶层制定国家文化传播战略、协调文化传播事务以及在国家外交活动中尽可能展现文化大国形象等多项职能。第三，在地方执行系统层面，地方边境的州郡和官员既需要执行中央的对外交往政策和指令，还承担着诸如掌握外交动态、提供外交情报、迎送外交使节、授受外交文书、办理外交关涉及管理边境互市等一系列繁重事务。[1]总体而言，唐宋两朝以中央决策系统为核心，将

① 参见黎虎：《汉唐外交制度史》，兰州大学出版社 1998 年版，第 11—18 页。

文化对外传播职能充分下放到专职外交机构与地方执行系统，在国家机器内部全面贯彻文化对外传播理念，最终构建起一种组织有序、高效运转、奖惩分明、协调配合的中华文化对外传播体制。

（三）国强民富　由内而外：形成文化对外传播格局

唐宋两朝是中国古代史中全面开放的重要时期。对于这一时期全面开放的盛况，诗人笔端早有诸多精彩的描述，诸如"百蛮奉遐赆，万国朝未央"（李世民：《正日临朝》）、"千官起居环佩合，万国会同车马奔"（白居易：《江南遇天宝乐叟》）、"大国礼乐备，万国朝正元"（王建：《元日早朝》）等都是当时全面开放盛况的生动体现。作为推动文化对外传播的主导力量，唐宋两朝统治者推崇"和合"理念，通过统合国家力量、夯实现实基础、构建传播体系，成功地将国富民强、交通便利、全面开放等综合国力优势转化为促进中华文化走向世界的传播优势。

第一，这一时期强盛的综合国力是推动文化对外传播的物质基础。在《新唐书·卷五一·食货志》中曾对这一时期的经济繁荣之状有过详细描述："是时，海内富实，米斗之价钱十三，青、齐间斗才三钱，绢一匹钱二百。道路列肆，具酒食以待行人，店有驿驴，行千里不持尺兵。天下岁入之物，租钱二百余万缗，粟千九百八十余万斛，庸、调绢七百四十万匹，绵百八十余万屯，布千三十五万余端。"这则史料所记载的物价稳定、居有定所、行有所粮、国库充裕等情况，足见这一时期国力之强盛。此外，唐朝农业与手工业的发达亦促成了商业市场的繁荣昌盛。以都城长安的东西市为例，东市有"街市内货财二百二十行，四面立邸，四方珍奇，皆所积集"（徐松：《唐两京城坊考》），商贸繁盛，奇珍异宝应有尽有；西市"市内店肆如东市之制""市署前有大衣行"且多有"杂糅货卖之所"（韦述：《两京新记》）。尽管格局相似，但东西两市在售卖商品上有很大区别，更加反映出当时商贸的繁盛状况。两宋时期，虽然经济重心南移，但经济实力仍然处于世界前列。当时有谚语云："苏湖熟，天下足"，即是描述繁荣的农业及桑蚕业；而"笙歌富庶千门乐，市井喧哗百货通"（朱淑真：《游旷写亭有作》），则是描述当时城市发达的经济与贸易活动。这一时期是中国古代史上经济发展的鼎盛时期，而伴随着频繁的对外贸易而来的，必然是人员流动的加速及文化传播速度的加快。

　　第二，这一时期发达的交通条件为文化对外传播提供了便利和保障。作为中国古代史上对外开放的顶峰，强盛的国力与发达的交通使得唐朝与当时世界上 70 多个国家建立了友好通使关系。在唐朝，开通道路与别置馆驿，几乎与国家的大一统是同步进行的。今有学者根据《新唐书·地理志》记载，将以安西、北庭两大都护府为中心向西域扩散的道路梳理为西州至焉耆、焉耆至安西（龟兹）[①] 等十个段落。细分若此，可见唐朝陆路交通之发达，也在一定程度上便利了贸易往来和人员流动。晚唐以降直至两宋振兴，尽管政治和军事相对羸弱，但对外开放的步伐却是不断加快。造船业的发达、指南针的应用等因素促成了宋朝空前繁荣的航海业。据史料记载，早在宋朝，已有载重 500 吨以上的大船，即"船形制圆短，如三间大屋……登降以梯级，非甚大风不行"（张舜民：《画墁录》）。此外，在广州、扬州等地，海上贸易繁荣，有诗作"屯门铚铙杂大鼓，舶船接尾天南回。斛量珠玑若市米，担束犀象如肩柴"（郭祥正：《广州越王台呈蒋帅待制》），生动描绘了当时的广州海上贸易船舶络绎不绝、奇珍异宝大放异彩之繁荣景象。另据记载，当时与宋朝通商的国家有 50 多个，覆盖从东南亚诸国到中南半岛诸国，再越马六甲、印度洋到阿拉伯半岛乃至非洲东岸诸国，此外还要加上日本和高丽。宋朝海上贸易的范围之广，自西太平洋到印度洋、波斯湾，直接超出了任何一个前朝前代。[②] 总体而言，较之前

---

① 荣新江：《唐代安西都护府与丝绸之路——以吐鲁番出土文书为中心》，《龟兹学研究》（第五辑），新疆大学出版社 2012 年版，第 173 页。

② 漆侠：《宋代经济史（下）》，中华书局 2009 年版，第 1014 页。

朝历代，无论是陆路还是水路，无论是域内还是域外，这一时期在交通条件上都有较大的改善和发展，从而为中华文化对外传播提供了坚实保障。

第三，这一时期多元包容的社会结构为文化对外传播营造了良好氛围。在中国古代辩证思维的影响下，唐宋两朝秉持求同存异观点，努力探寻不同文化背景下人们的共同诉求，以尽可能达成共识促进民心相通。同时，在处理外交关系时亦主动承担化解差异、维护和平的责任，最终对内营造和谐共生的社会秩序，对外塑造担当道义的大国形象，赢得了周边国家百姓的信任与尊重。具体来看：第一，增强文化的亲和力。唐宋文化位居这一时期的世界首位，题材上雅俗共赏，内容上丰富多元，形式上更是百花齐放，从唐诗宋词到歌舞艺术，满足了不同国家地区民众对于中华文化的认知兴趣和需求。第二，增强文化的威慑力。正如前文所述，唐宋两朝在对外交往中尤以传播大国形象为重，不仅从未恃强凌弱，历来崇尚一视同仁、相互尊重，还曾经多次出兵协助弱小国家和地区维护国家安全。例如，贞观十九年（公元 645 年），百济与高丽联合出兵侵犯新罗，新罗于是遣使求救于唐。唐太宗李世民在征询大臣们意见后决定东伐高丽，并让来访大使回去告知新罗君主组织人马联合出兵："语尔可汗，我父子并东征高丽，汝若能寇边者，但当来也"（《旧唐书·卷一百九十九下·北狄列传》）。这不仅加强了唐朝与新罗的友好关系，也在一定程度上对外彰显了唐朝军队的威慑力与中华民族的高度自信。第三，增强文化的感召力。正如前文所述，儒家仁政思想融入华夏政治语境后，为中国古代君王的外交思想奠定了"和合"的精神底色。唐宋两朝统治者秉持"和合"的外交理念，强调要将"和合善治""齐之以礼""信义为本"的文化大国形象传播出去，展现大国的担当与道义，也增强了中华文化的影响力与中国价值的感召力。唐宋两朝既主张尊重多元文化发展规律，广泛容纳异质文明之间的差异性；又强调从"相近"或"相似"的审美趣味角度，探寻多元文化之间的共通性。这些主张赋予了这一时期的中华文化以海纳百川、有容乃大的博大胸襟和独特气质，也因此在域外各国掀起了慕华访华之风。一时间不仅域外国家积极派遣大使和王族前来结好、朝贡、请求联姻，来华经商、游学、参访之士更是络绎不绝，足见这一时期中华文化强大的感召力。

作为推动文化传播的主导力量，唐宋统治者推崇"和合"理念，通过统合国家力量、夯实现实基础、构建传播体系，有效地将综合国力优势转化为传播优势，进而缔造了中国古代文化传播史上的辉煌成就。与此同时，在此背景下，唐宋文化也因此成为连接世界不同文化圈的重要桥梁，在平等、包容的社会结构中，在开放进取的社会心态下，彰显出中华文明的生命力，绽放出人类文明的绚烂之花。

二、民间交流　拓宽中华文化对外传播路径

推动文化对外传播，单单依靠国家间的交流合作显然是不够的，必须纳入民间人文交流。按照性质进行划分，以民间力量为主体推动的文化对外传播活动大致可分为两类：其一是带有营利性的传播活动，即在朝廷的政策指导与行政监管下，民间组织以营利为目的开展的文化对外传播活动。在唐宋时期，主要体现为以文化商品为依托开展的文化产业生产和文化贸易往来。其二是具有非营利性的传播活动，即在政府的政策支持下，民间力量策划、推动和开展的不以营利为目的的传播活动。在唐宋时期主要指的是由留学生、学者、僧人等传播群体开展的，包含跨境教育、学术交流、宗教传播等形式的传播活动。较之于国家主导的文化对外传播活动，民间层面开展的传播活动体现出传播主体多元化、传播空间复合化、传播路径双向化等鲜明特点。

（一）商人群体：丝绸之路的文化传播者

广义上的丝绸之路是贸易之路，亦是中华文化的对外传播之路。沿着这些贯通中西、链接南北的交通要道，商队和船队在从事商品转运贸易的同时，与沿线国家和地区开展了频繁且深入的文化交往，直接或间接地充

当了中华文化对外传播的文化使者。

一方面，是依托于商品进行的对外传播。作为文化符号的交换形式，商品贸易的背后即是文化传播。具体来看：第一，商品的物质生产过程不可避免地烙上了中华传统文化的痕迹，是对中国百姓社会习俗和价值理念的充分展示。第二，商品的跨境流通过程，同样也是文化从输出到输入的传播过程，商品流通与文化传播具有时空的同一性。第三，商品的异域消费过程，是国外百姓对中华文化从感性认知到理性认同的传播过程，并且这种文化涵常带来无心插柳、润物无声的效果。例如，阿拉伯商人苏莱曼在《苏莱曼东游记》中，详细记载了唐朝与外国的商贸往来，"外国输入的商品主要是香药、犀牙、玳瑁、珍珠、琥珀、棉布及玻璃制品等，而中国输出的则是丝绸、陶瓷、铜、铁、麝香、大黄以及纸张、葛布等"①。在该书中，他称赞中国丝绸之美，并惊讶于丝绸在唐朝的普及程度，"中国人不论大小，不论冬夏，都穿丝绸的衣服。但是，最好的丝绸是留给国王的，余下的大众都可以穿——能穿多好就穿多好"②。他还惊叹中国瓷碗的上乘品质："可以做得和瓶子的玻璃一样薄，里面如果放了流质，外面可以看得见。"③又据《诸蕃志·苏吉条》载，当地居民"饮食不用器皿，铖树叶以从事，食已则弃之"，即当地居民当时还未使用器皿用餐。因此，他们见华侨商人"投以瓷椀，则俯拾，忻然跳呼而去"，即看见中国商人的瓷碗十分喜悦，直接反映了当地居民对宋瓷的喜爱。④可以说，在唐宋时期，那些柔软精美的丝织品、做工精湛的瓷器、场景丰富的画作等，随着商队船队源源不断地运往国外，成为各国君主及上流社会争相收藏与相

① 参见苏莱曼：《苏莱曼东游记》，刘半农、刘小蕙译，华文出版社 2016 年版，第 111-115 页。

② 苏莱曼：《苏莱曼东游记》，刘半农、刘小蕙译，华文出版社 2016 年版，第 37 页。

③ 苏莱曼：《苏莱曼东游记》，刘半农、刘小蕙译，华文出版社 2016 年版，第 47–48 页。

④ 陈昌福：《日本华侨研究》，上海社会科学院出版社 1989 年版，第 176 页。

互馈赠之佳品，也是他们对中华文化产生感性认知的开始。当它们或陈列于宫殿屋宇或穿戴于人们身上之时，展现的是中国的山川城池、神祇传说、风土人情、社会习俗及服饰饮食等文化元素。可以说，附着于商品之上的文化传播价值已经远远超过商品本身的物质价值。作为中华文化对外传播的重要载体，它们携带着巨大的文化力量，在为国外百姓提供生活便利的同时，更满足了他们对于遥远东方古国及其璀璨文化的想象与向往。

另一方面，是以商人为载体进行的文化对外传播。唐宋时期对外贸易频繁，大量商人往返于丝绸之路，在沿线国家和地区建立商业据点，云集于长安、广州、泉州等地。他们在开展转运贸易获取经济利益的同时，无形间成为推动中华文化走出国门的文化使者。具体而言：第一，为了保持与中国商业伙伴的沟通与往来，获得他们的信任以维持长久的合作，外国商人们积极学习中国的语言、风俗与习惯，往来贩易，互通有无。例如，据《资治通鉴·卷二二六·建中元年条》记载，当时的长安聚集了大量外国商人，他们在中国设邸店、置田产，并往返于丝绸之路运输商品。既有经营珠宝、香药等外来珍品的，也有开设食铺和酒店的，还有举贷谋利的。还有一些自海路西来的胡商都选择在广州登陆，在杜甫诗中将那里商船云集的场景描绘为"洞主降接武，海胡舶千艘"（《送重表侄王砅评事使南海》）。他们在积极融入中国文化的同时，也将中国文化元素融入沿线国家和地区的文化交流中，间接地成为中华文化走出国门的重要媒介。第二，得益于商人的经济援助与旅途上的结伴而行，留学生与僧侣等其他民间组织得以在艰难漫长的旅途中完成文化传播的历史使命。例如，据《唐大和上东征传》记载，鉴真第一次计划去日本时携带有大量香料、铜制器具、乐器、武器、书籍、经像等等，并携带"青钱十千贯，正炉钱十千贯，紫边钱五千贯"，其中大量得益于商人捐赠。季羡林先生曾从经济关系、来源关系、意识形态、共同的历史使命等方面，详细论述了商人与佛教关系密切的原因："商人们积极出钱出物，供应僧伽。结果是佛教徒得到衣食之资，商人得到精神上的慰藉，甚至物质上的好处，皆大欢喜，各得其所"①。商人与留学生、僧侣的结伴而行，在历史文献与丝绸之路遗留的文化古迹中多有记载。留学生和僧侣一般不直接从事生产经营活动，因而要完成如此艰难的旅途实属困难，而商人们往往最容易聚富也最乐于施助，故常常成为跨文化宗教传播与跨文化学习教育的最大赞助者。他们在结伴而行、完成各自的历史使命的同时，也在促进各国文化交流、推动中华文化对外传播等方面发挥了重要作用。

（二）留学生群体：六学一馆的文化授业者

唐宋时期是中国古代教育体制的成熟定型阶段。一方面，这一时期将尊儒崇圣确立为教育主旨。另一方面，则完成了中央官学、地方官学的两级教育体制的设立，并在课程设置、教学内容与科举考试科目等方面进行了同步调整。此外，更重要的是，在开放包容的历史背景下，加之政治开明、经济繁荣、社会多元及交通便利等优势，唐宋教育机制亦呈现出整体开放的状态。在遣使传教异域与万国学子来朝中，唐宋两朝逐渐形成了"使去传风教，人来习典谟"（李隆基：《赐新罗王》）的留学盛况。具体而言，体现在如下几方面：

第一，唐宋两朝坚持在对外教育中传播和弘扬本国传统文化的优秀成果。来到中国，留学生们首先要过的是语言关和历史关。唐朝官学的教育内容以经学与文学为主，同时辅之以书、算、律、医、历等其他内容。留学生的经学课程包括了必修课、专修课、选修课三种类型。在必修课方面，《新唐书·卷四十四·选举志》有载："《孝经》《论语》皆兼通之""凡治《孝经》《论语》，共限一岁"。由此可见，留学生必须修满一年的《孝经》和《论语》才算合格。在专修课程方面，留学生要学习包含"春秋三传"与《礼记》《周易》《尚书》《毛诗》《仪礼》《周礼》在内的"九经"。对于

---

① 季羡林：《季羡林讲佛教》，中国社会出版社 2009 年版，第 51 页。

留学生而言，"通二经"是考核合格的最低标准。此外，来自不同国家的留学生还可以根据自己的学习兴趣自主选择不同的课程。对于汉语基础较差的学生，通常重点选择《切韵》《说文》《字林》等音韵方面的课程，以加深自己对汉语语音的理解；对于汉语基础较好的学生，通常选择《史记》《国语》等史学课程，以加深对中华文化的感悟。例如，吉备真备在唐17年，除了学习必修科目外，还特别学习了《切韵》《说文》《字林》。对汉语文十分精通，也为他后来在日本传播中华文化奠定了良好基础。

第二，唐宋两朝坚持聘请名士大儒授课，以提升对外教育的质量和实效。当质子与留学生入学之后，将由鸿胪寺接待、造册登记并安排食宿。经朝廷批准后，留学生们将统一纳入国子监统领下的六学馆。在学习汉语语言之余，他们要同普通中国学生一样，学习国学、太学、四门、律学、书学及算学等科目。唐宋两朝尤其注意在儒学经典科目教学安排上的师资配备，常安排当时的名士大儒为留学生授课，以加深其对儒家文化的深入了解。例如，鸿胪寺曾安排国子监助教、著名儒士赵玄默为留学生们讲授经义。开课之前，留学生们按照中国礼仪行束脩之礼，即"阔幅布以束修之礼，题云'白龟元年调布'"（《旧唐书·卷一百九十九上·列传》）。赵玄默才华横溢、精通儒学，其讲学受到留学生特别是日本留学生的热烈追捧。其中，日本留学生阿倍仲麻吕在聆听赵玄默讲授儒学后深受启发，不仅因"慕中国之风"改名晁衡①，还参加科举考试乃至进士及第，自此留在中国直至终老。另一位日本留学生吉备真备拜赵玄默为师学习汉音，他勤奋好学、身通六艺，回国后受重用官至右卫士督，更重要的是他大力推动中华文化在日本的传播和日本文化特别是语言文字、礼仪习俗的革新。在

---

① 朝衡，日本名为阿倍仲麻吕，又称仲满。《新唐书·日本传》称其"慕中国之风，因留不去，改姓名为朝衡"，又作"晁衡"。盖当时"朝""晁"二字可互通混用，为求行文统一起见，本书一律用"晁衡"。

日本统治者大力推广唐音之时，吉备真备的唐音被作为标准用以矫正本土汉语发音。同时，他还与空海等人一同尝试将汉字的偏旁冠盖改造为日本片假名、将汉字草体改造为平假名，为日本文字的创建作出了重要贡献，也因此成为中日友好关系的亲历者与见证者。

第三，唐宋两朝坚持将传播礼制文化作为对外教育的重点教学内容。礼制是儒家文化的核心。《礼记·礼运第九》有言，"礼者，君之大柄也，所以别嫌明微，傧鬼神，考制度，别仁义，所以治政安君也"，意即礼制是君王治国理政的根本，唯有从精微处对不同身份的人加以区分和避嫌，并遵守以神为宾等礼节，以礼相待，才能国泰民安。唐宋两朝是中国古代礼制变革的重要时期，这一时期的统治者高度重视以礼治国的重要性。作为中国古代礼制发展史的里程碑之作，《大唐开元礼》在拟定初稿后几经商讨才最终定下150卷的体例，被后世称之为"唐之五礼之文始备"（《新唐书·卷一一·礼乐志》）。尽管留学生并非全部具备面圣的资格（只有少数等级高贵或杰出者才能体验宾礼），但是，礼仪学习仍是所有留学生习业的重点。例如，据《唐会要·卷三十五·学校》载："初入学，皆行束修之礼，礼于师。国子、太学，各绢三匹。四门学，绢二匹。俊士及律书算学，州县各绢一匹。皆有酒醢。"意即留学生入学之前，要仿照本土学生礼节，向先生纳献束修以行拜师之礼。此外，留学生的休假制度包含常假与制假两部分。其中，常假分为旬假、田假和授衣假；制假分为元日、上元节、寒食节、佛祖降生日、唐高祖及后任各皇帝的诞辰日等。在这些假日里，留学生们不仅要参加中国的重要文化仪式，感受礼仪之邦的魅力，还可以巡游周边，广交四友，以亲身体验增进对中国百姓的了解与认同。例如，在严绍璗先生的《日本〈千载佳句〉白居易诗逸句辑稿》一文中，曾经引用日本学者山田孝雄的话，称"当时遣唐之使、留学之生，与彼其墨客韵士，肩相比，臂相抵"，由此即能看出当时留学生与本土学生的交往之亲密和感情之真挚。

留学生群体在中国学习之后，一般回到本国即受到重用，他们为推动中华文化对外传播及促进本国文化革新作出了重要贡献。首先，留学生们回国时常带有大量中国书籍与唐宋时期的先进技艺、工具等，因而直接成为推动本国文化进步的丰富资源。以吉备真备为例，在他归国携带的书籍中即有《唐礼》130 卷、《乐书要录》10 卷、《大衍历经》1 卷、《大衍历立成》12 卷，以及测影铁尺 1 枚、铜律管 1 部等。[①] 其次，留学生们回到本国后，大多受到统治者重用，成为推动本国文化革新的直接领袖。以日本为例，贞观十九年（公元 645 年），日本中大兄皇子得到大臣中臣镰足的支持，消灭了专权的大臣苏我氏，拥立孝德天皇，建元大化，进行了自上而下的政治、经济改革，日本历史上称之为"大化改新"。在推进改革的关键人物中，大熊皇子和大臣中臣镰足都是当年唐朝留学生南渊请安的学生。最后，留学生们将在中国学习的经历和成果直接转化为创建本国文化的基础。同样以日本为例，大化改新在政治上仿照唐制，确立了中央集权的行政制度；在经济上，仿唐的均田制和租庸调制，制定了班田收授法和租庸调制；在法律上，仿照《唐律》制定日本法律；在军事上，参照唐府兵制，制定日本军防体制；在教育上，依据中国教育制度对本国教育体制进行革新，成立太学与国学，太学内设"明经道"与"纪传道"等科目，分别修习《周易》《尚书》《史记》《汉书》等汉文书籍；在文字和书道等方面，吉备真备等人仿照汉字楷书创造了片假名等。[②] 上述这些都是中华文化在日本影响力的具体体现。

（三）僧侣群体：宗教庙堂的文化践行者

僧侣群体是推动文化对外传播的重要主体之一。唐宋时期来华僧侣络绎不绝，他们或取经学禅，或求法请益，或参拜巡礼，在取得真经、寻得

---

① 王仲荦:《隋唐五代史》，上海人民出版社 2016 年版，第 632 页。
② 王仲荦:《隋唐五代史》，上海人民出版社 2016 年版，第 634 页。

自渡的同时，直接促成了汉传佛教在周边国家的传播与发展。与此同时，僧侣们产生的影响又远超宗教传播。除了带回的大量书籍、技术、工具直接促成了本国社会变革之外，在华修行与学习的经历亦使得他们在回国之后，多数得到统治者重用，对本国政治、经济及社会革新起到了重要的推进作用。

首先，僧侣群体取经学禅，认知中华文化。朝鲜半岛是汉传佛教的主要兴行地区之一，自新罗统一半岛（公元 765 年）至惠恭王时期（公元779 年）是汉传佛教在朝鲜半岛传播最为密集的时期。具体而言，大致体现于两个方面：一方面，唐宋两朝大量向朝鲜半岛赠送佛教典籍，帮助其传送佛典经义。例如，贞观年间，唐太宗应新罗国王之请，向其赠送《瑜伽论》100 卷。武则天统治时期的长安年间，新罗使节金思让回国，就将其所携《最圣王经》献于新罗国王。大中年间，新罗国王使节阿湌元弘回国，也携中国赠予的经卷若干轴。① 另一方面，朝鲜半岛大量派出僧侣来到中国求法请益。朝鲜半岛统一后，佛教经典残缺导致义理难通，因而朝鲜僧侣急于入唐学习释教义理、求法问道。陈景富与黄有福先生在其《古代朝鲜僧人入华求法请益活动的兴起与发展》一文中指出，古代朝鲜僧人入华求法请益活动可大体分为三个阶段，即 6 世纪末以前的兴起时期，此后至唐朝末年的深入发展时期，以及五代至北宋初期的独立发展时期。② 虽然目前关于唐宋时期朝鲜僧侣的数量尚无定论，但是朝鲜僧侣位居来华僧侣首位这一论断是毋庸置疑的。崔致远有诗《有唐新罗国故知异山双溪寺教谥真鉴禅师碑铭并序》言："采玉者不惮崑邱之峻，探珠者不辞骊壑之深"，该诗即描述了朝鲜僧人不畏路途艰辛、前赴后继赴唐求法请益的

---

① 杨昭全：《中国——朝鲜·韩国文化交流史》，昆仑出版社 2004 年版，第 316 页。

② 陈景富、黄有福：《古代朝鲜僧人入华求法请益活动的兴起与发展》，《五台山研究》1991 年第 4 期，第 38–42 页。

壮观场景。这一时期来华请益的朝鲜僧侣中，不乏一些高僧，诸如新罗西明学派创始人圆测法师；制定对后世影响巨大的"慧藏定律"的慧藏法师；被称为"海东华严初祖"的华严二祖智俨的弟子义湘法师；玄奘门下四高足之一的神明法师等唐朝佛教史上著名的新罗僧人。时至今日，他们在朝鲜半岛的文化影响还发挥着重要作用。

其次，僧侣群体参拜巡礼，亲近中华文化。唐宋时期汉传佛教在日本的传播直接奠定了日本佛教的根基。从传播时间维度看，这一时期汉传佛教在日本的传播大致分为三个阶段：第一阶段从初唐到中唐时期，僧侣们跟随遣唐使团来华，除了参拜巡礼、研习佛教，更重要的是系统学习唐朝的政治制度、经济政策及国家治理方略，以便归国后为日本统治者服务。第二阶段是从"安史之乱"到唐朝末期，中国国内佛教发展环境受损，加之日本遣唐使由于各种原因停止派遣，僧侣只能搭乘商船入唐。由于当时中日海上通航条件恶劣，且来往商船质量参差不齐，常有全船覆没的事故发生，因而使得这一时期来华僧侣的数量一度锐减。第三阶段是宋朝前期到宋朝中期，全面开放力度增大，海上贸易发展迅速，技术精湛且容量巨大的商船增多，中日民间交往重新恢复往日盛况。而当时的日本正处于新一轮社会变革的酝酿期，迫切需要传播新的佛理以巩固统治思想，而宋朝佛教特别是律宗与禅宗深入且系统的发展，恰好满足了这一需求。上述种种因素叠加，促成了这一时期中日佛教交流继中唐之后达到新的高峰。

最后，僧侣群体建功立业，传播中华文化。作为唐宋时期对外传播中华文化的重要使者，僧侣群体的对外传播活动呈现出三个鲜明特征：第一，僧侣群体的取经学禅，体现出周边国家和地区对中华文化特别是汉传佛教的浓厚认知兴趣。以朝鲜僧人慧藏为例，他出身于新罗贵族世家，因仰慕中国佛教鼎盛，欲在朝鲜弘扬佛教，所以上表乞求国王能派其入唐求法。他在贞观年间入唐，曾被唐太宗李世民作为国宾请入宫宣讲《华严经》。慧藏在华16年后回到朝鲜受到重用，他不仅多次被请入宫为朝鲜统治者宣讲汉传佛教，促进了佛教典籍在朝鲜的传播，还被委任主管朝鲜僧尼事务。他制定的"慧藏定律"有效促进了朝鲜佛教的发展，直接促成了"国中之人，受戒奉佛，十室八九，祝发请度，岁月增至"[①]的朝鲜佛教盛况。第二，僧侣群体在华求得真经、解除疑惑之后，回到本土进行传经送宝，促进了佛教在本土的传播。第二，僧侣群体促成了汉传佛教在本国的广泛传播，直接奠定了本国佛教的根基。以日本天台宗开山鼻祖最澄为例，他深受恒武天皇重用，并曾以遣唐使还学僧（即一年短期留学僧）的身份入唐。在唐求法期间，他系统学习了天台宗等宗派义理，还特别注意收集日本佛教缺失的文献。一年后，最澄学成，并带着大量佛教典籍回到日本。在恒武天皇的大力支持下，他正式创建日本天台宗，此后日本禅宗各派的创立者均出自天台宗门下。最澄曾被清和天皇追予谥号"传教大师"，足见其对日本禅宗发展的贡献之大。第三，借助僧侣群体在本国的权威影响，大量中华文化元素在国外社会得以广泛渗透。僧侣们在传播佛家经典要义的同时，还将大量的中国经史子集典籍带回日本。神田喜一郎在《中国书籍记事》一文中说，他们"不惜重金购买汉籍带回日本……现存于奈良正仓院的诸多文书即为实证……现在还有少量当时从中国引进的古写本的实物流传于世。此后，引进汉籍的浪潮益发高涨……其中不乏精品珍籍"[②]。这些都促成了中华文化元素在日本社会各个阶层及各领域的广泛渗透。第四，僧侣群体在华期间参拜巡礼、广为交友，他们与中国僧侣之间的友情也成为促进中外人文交流缔结友谊的重要见证。作为新罗华严宗的开山鼻祖，新罗僧人义湘被称为"海东华严始祖"，也是新罗佛教史上的"十圣"之一。据《宋高僧传·卷四·唐新罗国义湘传》记载，义湘曾跟随商船泛

---

① 杨昭全：《中国——朝鲜·韩国文化交流史》，昆仑出版社 2004 年版，第 324 页。

② 内藤湖南、长泽规矩也等：《日本学人中国访书记》，钱婉约、宋炎等译，中华书局 2006 年版，第 181 页。

海至唐，立志要"生生世世归命和尚，习学大乘，成就大事"。在华十年，他始终师从终南山至相寺的智俨三藏，精研《华严经》等典籍。义湘归国后，在新罗创建了浮石寺，大力推弘华严教法，直接推动新罗华严宗进入成熟阶段。此外，他还同中国华严宗三祖贤首法藏来往密切。法藏曾委托弟子将《华严探玄记》等典籍的抄写副本赠予义湘，亦曾隔海寄书以表问候，成为中国新罗佛教史上华严一派交流的佳话。

值得注意的是，尽管在这一时期，商人群体、留学生群体、僧侣群体在推动中华文化对外传播中发挥了重要作用，但是民间力量却不限于此。囿于篇幅和体例所限，这里不能——列举，只能选取民间力量中的典型群体予以介绍。总而言之，作为国家主体对外传播的"黏合剂""补充剂"，唐宋时期的民间力量在扩大传播覆盖面、软化因国家传播带来的思维定式、满足传播受众对中华文化的兴趣需求等方面发挥了重要作用。因此，也成为这一时期促进中外人文交流的重要推动力量。与此同时，这一时期在鼓励民间力量开展对外传播，并为对外传播尽其所能地提供各种便利条件等方面的历史经验，亦为拓展中华文化国际传播路径提供了重要参考。

三、个体参与　丰富中华文化对外传播实践

较之于国家主导与民间推动的文化对外传播活动，个体传播侧重于日常生活与社会交际中，展现海外华人的个人形象、言谈举止及其对于中华文化的感悟体会。因此，个体传播是对宏观层面的国家传播与民间传播的有益补充，也被誉为"行走的国家名片"。尽管"华侨"这一固定称谓出现较晚，但是随着对外贸易的日益繁盛，唐宋时期的中国移民已具有"侨居"的性质。他们在侨居国或经商贸易，或传播知识，或亲授技艺，或行医济世等等。他们在带入大量中国元素的同时，也以自己的一技之长为推动中华文化在侨居国落地生根作出了重要贡献。

（一）"以侨为媒"：侨居华商的文化对外传播实践

侨居华人以商人为主，他们在积极从事贸易往来获取经济利益的同时，积极对外输出中华文化元素，成为建立中国与周边国家友好交往关系的文化使者。

首先，侨居华商有着进行文化对外传播的天然优势。为了拓展贸易并在侨居国站稳脚跟，华商们必须通蕃语、晓蕃情，而对于侨居国而言，与华商开展密切合作，既能增加财政收入，又能加强同中国的友好交往。因此，华商备受侨居国统治者的尊重与欢迎。据《文献通考·卷三三〇·交趾》条引《桂海虞衡志》一段话："闽人附海舶往者，必厚遇之，因命之官，咨以决事。"[1] 意即福建商人到交趾国（今越南境内）后，会受到越南统治者的厚待，并任命其官职，向其咨询事宜并获取建议。又据《夷坚三志·王元懋巨恶》载："泉州人王元懋……尝随海舶诣占城，国王嘉其兼通番汉书。延为馆客，仍嫁以女，留十年而归。"[2] 泉州商人王元懋通晓占城（今越南境内）文字，为当地国王重用，并定居当地娶妻。这虽然只是两则个例，但也足以说明华商在国外的地位之重。此外，史料中还记载了许多关于华商代表唐宋统治者与侨居国进行友好往来，并帮助侨居国出谋划策的例子。以备受占城（今越南境内）统治者信任的陈惟安为例，据《宋会要·番夷四·占城》记载，绍兴二十五年（公元1155年），占城部领向国王上报，陈惟安带着宋朝统治者的赠礼回到占城，并且记载其"递年兴贩本番，译语至熟，正音两通，兼与番王知熟"[3]，即不仅通晓两国语言，而且与占城国王十分熟络。也正是由于陈惟安牵线，占城与南宋很快达成共识，建立了友好往来关系。由此可见，这一时期的华商已经开始担

---

[1]　陈昌福：《日本华侨研究》，上海社会科学院出版社1989年版，第173页。

[2]　陈昌福：《日本华侨研究》，上海社会科学院出版社1989年版，第173页。

[3]　陈昌福：《日本华侨研究》，上海社会科学院出版社1989年版，第173页。

任协助朝廷维持与侨居国友好外交关系的重任。

其次，随着商船到达侨居国的，有大量的丝织品、书籍、陶瓷、画作与雕塑，均质量上乘、技艺精湛。它们被带到侨居国百姓的日常生活中，成为推动中华文化在侨居国落地生根的重要载体。其中，最具代表性的便是书籍。例如，作为中国最早的一部诗文选集的《昭明文选》与白居易的诗文选集《白氏文集》一经传至日本，就受到日本国人的热烈欢迎，甚至作为练习唐诗的写作范本，以帮助日本诗人学习骈俪对偶。日本江户时代儒学家林鹅峰就曾指出："《文选》行于本朝久矣，嵯峨帝御宇，《白氏文集》始传来本朝，诗人无不仿《文选》《白氏》者。"[1] 此外，随着宋朝活字印刷术的流行，书坊营业勃兴，大量中国书籍更是随着华商流向海外，成为直接影响各国文化革新的重要因素。例如，南宋景德三年（公元1006年），宋商曾令文赴日本，带去了《白氏文集》《五臣注文选》，赠给日本摄政藤原道长。绍兴二十年（公元1150年），又有宋商刘文冲将《五代史记》《唐书》《东坡指掌图》等书籍赠予日本的藤原赖长，而赖长则以沙金回赠。就连当时成书不久的《太平御览》，也是经宋商之手传入日本。由此可见，华商在推动中华文化特别是文化产品流入侨居国方面作出了重要贡献。

最后，华商成为中国百姓在侨居国的杰出代表，而华商在侨居国的集散地也成为中华文化在海外的聚集地。以日本为例，在日本，宋朝商人自鸿胪馆前往博多聚集而居，建造住所进行住蕃贸易，久而久之，博多就被日本人称之为"唐坊"。1977年，在日本福冈，因为建造地铁在博多遗迹群发现大量中国陶瓷器，堆积如山，足以证明当时在博多贸易之兴盛。在挖掘中，亦出现了大量与宋朝明州瓦相同的瓦片，可见当时日本的唐坊整

---

① 刘永连、刘家兴：《从漂流人故事看唐代中外海上交通和海外认知——以〈太平广记〉资料为中心》，《陕西师范大学学报（哲学社会科学版）》2015第5期，第42-52页。

体风格近似宋朝的建筑风格。此外，当地还出土了大量中国灯火器、酒杯、香炉与水壶等器具，亦可想见当时有大量中国用品在日本流传。到了宋朝，随着民间贸易和交流的繁盛，在宫崎宫前已经形成了一条唐人街，所住华侨近千户。其中，最著名的是被誉为"博多商人鼻祖"的谢国明。他精通经商并乐善好施，不仅捐建承天寺，还向博多当地人传授了多种中国技艺。至今，在日本福冈，还流传着关于谢国明传授中国文化的故事。为了纪念谢国明，日本人民还在御笠桥附近建造了谢国明墓地，为其树立"显彰碑"，歌颂其在日本的功绩和贡献。同时，在谢国明所捐建的日本承天寺，至今还保存着一幅元禄年间绘制的谢国明像。每逢谢国明的忌辰，当地居民都会供奉出来拜祭，由此可见谢国明在日本的影响之大。[①]

（二）"以侨为渡"：旅居僧侣的跨文化传播

隋唐时期，海上贸易勃兴，海外华侨以商人为主体。随着海上贸易与陆地贸易的联结，贸易往来逐渐深入周边国家和内陆地区，商人也因此开始向内陆地区发展。不少僧侣搭乘商船前往各国，长年驻扎国外，研习佛典，取经求益，弘扬佛法，他们活动的区域也从沿海地区深入各国内陆地区。两宋时期，特别是在南宋时期，大量禅僧泛海东渡日本，如兰溪道隆、无庵普宁、无学祖元等高僧，人数也较隋唐时期有了很大的增长。尽管僧侣不能同商人一样在海外有固定的居住场所甚至定居娶妻生子，但是，他们却是海外华侨的重要组成部分，对周边国家和地区的政治、文化、社会变革均产生了较大的影响。

以日本为例，在中国古代旅日华侨中，旅日僧侣占有相当的数量，他们对于佛教在日本的发展，以及儒学文化在日本的传播都产生了重要影响。具体来看：第一，旅日侨僧直接促成了中国佛教传入日本。据《扶桑略记》记载，司马达止来到日本，不仅在日本建造寺庙，行佛教礼仪，还献舍利

---

① 罗晃潮：《日本华侨史》，广东高等教育出版社 1994 年版，第 77 页。

于日本大臣苏我马子。司马达止对佛教的弘扬，使得苏我马子大受影响。在苏我一派的努力下，佛教在日本流传开来，也为后来推古朝改革时期的圣德王子兴隆佛法、广造佛寺奠定了基础。第二，日本还通过来华的学问僧和请益僧，招聘了许多唐朝高僧前往日本传法。据日本史籍记载，"这些被招聘赴日的僧侣人数比不属僧籍的还要多。其中事迹较显而有姓名见载于史籍的便有近 30 人"[1]。单是天宝十三年（公元 754 年），跟随鉴真大师东渡日本的僧侣就有 24 人。此后，历宋元明清四朝达千余年，这些以弘扬佛法为主，同时也传播中华文化的中国僧侣东渡日本便不绝于途。今天日本鹿儿岛的坊津市，之所以名为"坊津"，便是"来日僧人之港"。因为"坊"是对日语僧人的敬称，至今那里还有不少寺院。古代东渡侨日僧侣已经成为旅日华侨的重要组成部分，也是日本华侨历史的一大特色。第三，这些来自中国的侨日僧侣，对日本佛教的创建与发展有着不可磨灭的贡献。在日本佛教史许多宗派的开山祖师中，很多都是这一时期渡日的侨僧。其中较早的有中国侨僧道明和道荣。道明是日本大和长谷寺的开创僧，他在日本塑造了象征秘密佛教的 11 面观音，对日本密教的发展有着莫大之功。而道荣则是在佛经的注音及读音规范方面有所建树，他创建的方法由天皇下诏定位准则。在《续日本纪》就曾载这一诏书："释典之道，教在甚深……宜依汉沙门道荣……等转经唱礼，余音并停之。"[2] 可见对于日本的经典转读，都依靠于熟谙汉语的僧侣予以解释规范。后来还有更为著名的道璿、鉴真等侨日高僧。例如，道璿就曾帮助日本天皇建立东大寺以传华严之学，成为日本华严宗的始祖。在《大日本史·佛事》中曾载："华严宗又曰贤首宗，圣武帝天平八年唐僧道璿归化，始传此宗"[3]，即明确指

---

[1]　罗晃潮：《日本华侨史》，广东高等教育出版社 1994 年版，第 41 页。

[2]　罗晃潮：《日本华侨史》，广东高等教育出版社 1994 年版，第 42 页。

[3]　罗晃潮：《日本华侨史》，广东高等教育出版社 1994 年版，第 42 页。

出华严宗（即贤首宗）是由道璿所创。

作为旅日侨僧的杰出代表，鉴真东渡日本弘法这一传奇般的事迹，更是光照后人。他和弟子不仅把律宗正式传入日本，成为日本律宗的开山祖，还将唐朝最先进的建筑、壁画、书法及医药等知识带到了日本，并大力加以传播。例如，现在日本的唐招提寺建筑群，就是鉴真及其弟子留下的杰作——整个建筑和装饰体现了鲜明的唐朝建筑特色，亦是日本现存天平时代最恢宏的建筑之一。鉴真及其弟子大都擅长书法，赴日时曾携带王羲之、王献之父子真迹，其传授的中国书法艺术至今仍为日本人民喜爱。此外，鉴真还亲自向日本人民传授制造豆腐、酿造酱油等饮食文化和技艺，对于日本人民的生活产生了较大的影响。广德元年（公元 763 年），鉴真在日本唐招提寺圆寂，终年 76 岁。其弟子们采用干漆夹纻法这一技艺为其制作的坐像，至今仍供奉在寺中，被日本统治者定为"国宝"。日本人民称鉴真为"天平之甍"，意为鉴真大师的成就足以代表天平时代文化的屋脊。同时，鉴真慈悲普度的悲悯胸怀、海纳百川的开放胸襟以及坚韧不拔的顽强意志，早已写入中日文化交流史册，并为后人留下了讲信修睦、百折不回、光照日月的"鉴真精神"。

总体而言，远渡重洋弘扬佛法的僧侣们共同构成了这一时期宗教传播的独特风景。作为文化传播的重要路径，佛教向亚洲各地的传播大致沿着两条路径：一条是向南，由印度传入斯里兰卡、缅甸与泰国等国；另一条是向北，由帕米尔高原传入中国，后经中国传入日本与朝鲜等国。尽管中国并非佛教的发源地，自西汉末年、东汉初年传入的汉传佛教经魏晋南北朝的酝酿发展后，至唐宋时期才达到顶峰，但是汉传佛教对外传播的世界意义却是巨大的。一方面，它在中国的发展历程，体现了中华文明对于外来文明的兼容并蓄与吐故纳新。自初时被视为异域方术，自隋唐演化为天台宗、华严宗等"八宗"，汉传佛教才带着独一无二的中华文明精神气质传播到日本与韩国，成为中华文明兼容并蓄与强大生命力的生动体现。另一方面，从对外传播史上看，无论是唐宋僧人越洋弘法，抑或是国家间互赠经卷典籍，以"人"为媒介的文化交流乃是这一时期宗教传播的突出特征。通过僧人这一媒介，汉传佛教得以生生不息，中华文化得以走向世界，而那些僧侣们长途跋涉却初心未改的感人故事，也因此成为中外人文交流史上熠熠生辉的历史佳话。

（三）"以侨为桥"：侨居士人的跨文化传播

除了华商和僧侣，唐宋时期还有大量的知识分子和专业技艺人员侨居海外。其中，很多人在海外定居或加入他国国籍。他们以自己的一技之长为侨居国的文化发展作出了重要贡献。

唐宋时期，特别是宋朝，出现大量文人前往朝鲜半岛定居的情况，也因此成为中国古代朝鲜华侨的鼎盛时期。历史上的朝鲜深受中国文化影响，统治者不仅崇尚中华文明，还提倡官方和民间大量吸收中国文化。宋朝时，高丽王朝大量派遣使节、僧侣、学生和商人来到中国，学习儒学、佛学、建筑和工艺，鼓励他们与中国文人交往。同时，高丽王朝还主动吸引文人学士到高丽定居。据《高丽史》记载，宋朝的文人来高丽返回时，高丽都会热切挽留，如"宋人田盛善书札，东养有武艺，敦请留止，且加职秩，以劝来者"[1]，讲述了因为宋朝文人田盛擅长书札和武艺，高丽王朝极力挽留并授以官职，希望他留下进行技艺的传授。又如，宋朝著名进士慎修定居高丽，高丽委以参知政事要职。他去世时，国王还派人吊祭，由此足见宋朝文人在高丽的重要地位。除了文人学士，还有大量身怀技艺的人接受海外的聘请。例如，唐朝时，日本遣唐使团和留学生就致力于在中国招聘技艺精湛的人带回日本。以公元735年随第11次遣唐使团来日本的袁晋卿为例，因为他"善文选、尔雅音"，到达日本后，被连续委任要职，天皇还为他赐姓清村宿弥（宿弥是日本贵族之姓），由此可见日本朝廷对他

---

① 杨昭全、孙玉梅：《朝鲜华侨史》，中国华侨出版公司1991年版，第51页。

的尊重。① 这一时期有很多身怀技艺的人最后留在了日本，成为旅日华侨，并以自己的辛勤劳动为侨居国的文化发展作出了重要贡献。

在两宋的旅日华侨中，还有大量的知识分子。他们不满南宋朝廷的所作所为，纷纷东渡避乱试图寻求外援，后因宋朝大势已去，只得以宋朝移民的身份侨居海外，其中又以李用为代表。李用是南宋著名的理学家，他在读了周敦颐、程颢、程颐诸人的著作后，闭门专心研读理学近 30 年。李用著有《论语解》，深得理学精髓，宋理宗曾下诏将此书发行全国。由于不甘事元，李用在德祐二年（公元 1276 年）东渡日本。在日本期间，李用"以诗书教授日本人，多被其化，称曰夫子"②，而李用本人也被认为是我国最早留名可证的海外华侨教育家，对中日两国教育交流作出了重要贡献。

侨居士人中不乏能工巧匠、技艺精湛者。他们在侨居国辛勤劳作，一定程度上促进了当地建筑、刺绣、艺术等方面的繁荣发展。以刺绣工艺为例，从今天的日本奈良法隆寺和正仓院保存的工艺品中，仍能看到唐朝工匠对于螺钿、金银平脱、铸镜及刺绣工艺等技术的使用。到了宋朝，日本有大量佛像雕刻师和手艺工匠，在博多甚至远至关西的京都、奈良都留下了他们的足迹。在日本关西地区，当时最著名的华侨佛像雕刻师和工匠是陈和卿兄弟。据《东大寺造立供养记》载："东大寺之大佛像，乃宋佛师陈和卿与其弟陈佛寿等宋工七人铸造者，南大山之石狮子及四天王像，亦为宋工字六郎者及其数人所造。"③ 除此而外，还有很多从事雕版刊刻业的手工劳动者，他们把中国先进的印刷技术传到海外，对于海外文化的发展有着积极的推动作用。

---

① 罗晃潮：《日本华侨史》，广东高等教育出版社 1994 年版，第 45 页。
② 罗晃潮：《日本华侨史》，广东高等教育出版社 1994 年版，第 79 页。
③ 罗晃潮：《日本华侨史》，广东高等教育出版社 1994 年版，第 78 页。

总体而言，相较于国家、民间推动的文化对外传播，个体传播虽然在规模上未能比及。但是，传播个体作为"行走的国家名片"，他们注重在日常生活语境中以华侨华人的外在形象、言谈举止、日常行为与生活习惯，来展现中华文化的独特魅力。从传播实效角度而言，他们在微观层面传播的文化元素、传递的文化理念，给予了海外民众以直观的中华文化认知体验，因而更具丰富性、灵活性与实效性。

就本节而言，我们认为，国家、民间与个体构成了唐宋时期对外传播体系的主体力量。一方面，这一时期明确了传播主体的各自职能分工。具体而言，国家以文化外交的形式，推进文化的对外传播；社会组织以民间交流的形式，增进海外民众对中华文化的认知与认同；大众个体在与海外民众的日常交往中，传播自身对于中华文化的感悟与理解。他们在保证国家主导力的基础上，充分发挥了民间力量之柔性传播、大众个体之灵活传播的优势。另一方面，这一时期，通过将文化对外传播职能贯穿于国家职能的始终，一定程度上强化了官方及民众的文化自信与文化传播意识。与此同时，唐宋朝廷还培养了一大批文化对外传播人才，他们在各个领域、不同行业进行不同层面的文化对外传播——不仅为文化对外传播提供了充分的智力支持，还有效促成了官方、民间、个体三大传播主体的相得益彰与良性互动，从而为当今推进中华文化国际传播提供了重要的历史参考与有益启迪。

第二节　凝练精神标识　探寻中华文化的世界意义

文化精神标识，是对特定时期文化的时代意义、民族精神与核心价值观的高度凝练。在以人文精神、和谐意识、伦理本位、忧患意识、整体意识等为基本内涵的中国文化精神引领下，唐宋两朝在中华文化与域外文化互学互鉴、中华民族成员身份识别、国家形象对外传播过程中，逐渐凝练并确立了以"尚公""贵和""思辨""重礼"等为基本内容的文化精神标识。这些精神标识以其在中国文化精神中的重要地位，成为世界多元文化精神谱系中不可或缺的重要内容，同时也为当代中国以和平合作、开放包容、互学互鉴、互利共赢的文化精神引领中华文化国际传播提供了重要参鉴。

一、推崇开放包容的"尚公"价值

"尚公"是中国传统文化的基本价值取向，"尚"即"推崇"，"公"即整体。"尚公"既强调整体利益高于个体利益，又强调在充分维护整体利益的同时兼顾保护个体利益；既不过分扬公抑私，亦不过度重私轻公，主张公私关系处于协调发展的状态。在文化传播方面，"尚公"的价值体现为，在坚持本民族文化传统的同时，实现传播中华文化与吸纳异质文化的整体发展。

对整体的强调，是由中国古代社会以家族为本位的基本理念所决定的。孟子说："天下之本在国，国之本在家，家之本在身。"（《孟子·离娄上》）在中国古代的伦理观念中，人们普遍认识到，家庭的整体利益直接关系到每个家庭成员的切身利益，个人的社会地位是由家族的地位所决定的。这种整体观延伸到国家、世界范围，便形成了中国人独特的家国情怀。具体来看：第一，在国家层面，"尚公"价值体现在由国家来统一调度推进文化传播。唐宋朝廷在中央决策机构、外交专职机构和地方执行机构三个层面，构建起一套系统全面的文化传播机制。而且，还通过对外贸易、对外教育、对外交往等多种方式，为中华文化对外传播提供了全方位的有力支持。第二，在社会层面，"尚公"价值体现在本民族的一致对外，呈现为高度的文化自信。在家国情怀的感召下，知识分子体现出对民族文化的高度自信，并寄希望于著书立说、入仕从政，以实现自我价值、报效国家。

因此，唐朝贞观年间一度形成了"天下英雄，入吾彀中矣"（李世民：《唐摭言》）的社会局面，也为国家发展和社会进步储备了大量优秀人才。第三，在世界层面，"尚公"价值体现在站在世界整体高度推进多元文化的兼收并蓄。一方面，唐宋两朝特别强调提升国家文化软实力，并以积极主动的文化外交推动中华文化走出国门、维护自身文化大国的国际地位。另一方面，唐宋两朝能够站在世界整体的角度，平等包容地看待与异域文明的差异，倡导异质文明的交流互鉴。在一定程度上能够做到在坚持本民族文化传统的同时，主动吸纳外来文化的优秀养分，在不损害世界整体利益的同时，实现本民族的创新发展。

"尚公"价值的确立，标志着中华文化对于整体利益与个体利益协调发展的追求，也因而赋予中华文化以强大的文化凝聚力和吸引力。一方面，将强调整体利益的模糊理念，转化为处理具体事务时清晰的实践引导。唐宋时期形成了社会上下在思想和行为上的高度统一，从而赋予了唐宋文化以某种文化凝聚力。唐玄宗时期，大胆提拔文人，诸如姚崇、宋璟、张九龄等布衣入相，其时大展宏图者大有人在。"开元中宰相至十数人，皆文学士也"（《唐音癸签·卷二十八·谈丛四》），一时间上至将相公卿、官僚士大夫，下至平民百姓、庶族士人都积极投入文化的学习与传承中。李白诗云："如逢渭川猎，犹可帝王师"（《赠钱征君少阳》），杜甫诗云："致君尧舜上，再使风俗淳"（《奉赠韦左丞丈二十二韵》），由此足见当时唐宋文化的强大凝聚力。另一方面，又将对于整体性的抽象理解，转化为应对文化差异时具象的价值研判，从而形成了唐宋时期民众对于本民族文化的高度自信，赋予了唐宋文化以独特的吸引力。这一时期的中国，是世界上物质文明与精神文明最为发达的国家之一，也是世界经济、文化交流的中心。唐宋文化特有的宏伟气度和博大胸襟，吸引了周边国家和地区主动地结好交往，中华文化也因此远播四方，对世界文化特别是亚洲诸国的发展产生了深远的影响。其中，最具代表性的文化传播载体即为汉字，诸如日本的平假名和片假名、朝鲜的吏读、越南的字喃，都深受汉字的影响。同时，汉字作为一种精神纽带联结了各国人民，在历史上成为决定这一地区文化发展的重要因素。

二、主张和平合作的"贵和"价值

"和"是中华文化的重要特征，其强调"和合五教"（《国语·郑语》）、"感人心而天下和平"（《易·咸卦》）。"和"是中华文化的精髓所在，提倡"百姓昭明，协和万邦"（《尚书·尧典》）是中华民族自古以来的不倦追求。中华"和"文化源远流长，它蕴涵着中国古人对于人与自然、社会、他人及自身关系的隽永思索。与此同时，"合"又是实现"和"文化的基本途径。荀子多次强调"人生不能无群"（《荀子·富国》），指出人与动物的最大差别，即是"人能群，彼不能群也"（《荀子·王制》）。因为人"不能兼技"，所以只能通过分工协作而共谋生存，即"人何以能群？曰：分。分何以能行？曰：义。故义以分则和，和则一，一则多力，多力则强，强则胜物"（《荀子·王制》）。在荀子看来，人因分工而集群，因合作而实现群体发展。故只有群体合作，个人才能安乐；若群体因乱而离，个人则无法安乐。

"贵和"价值在三个层面展现的丰富内涵，是唐宋文化精神标识的重要组成部分。首先，唐宋两朝非常重视国家之间关系的和谐，强调"和也者，天下之达道也"（《礼记·中庸》），主张国家间应亲仁善邻，讲信修睦，共同发展。面对国家之间的矛盾，强调"礼之用，和为贵"（《论语·学而》），主张"和也，中节也"（《礼记·中庸》），即以友好的协商方式，避免矛盾激化。而"和而不流"（《荀子·乐论》）则强调，凡事必缘理，既要坚持原则又要灵活处理问题。第二，唐宋两朝主张"爱人如己"的王道政治，反对强加于人的霸道政治。其提倡国家之间"兼相爱，交相利"（《墨子·兼爱下》），强调仁政、德政。又提倡"言必信，行必果"（《论语·子路》），认为只有言行一致，方可成就"以和邦国，以谐万民，以安宾客，以说远人"（《周礼·周官》）的伟业。第三，唐宋两朝主张人与自然、人与人之间的和谐，追求"天人合一"（张载：《正蒙·东铭》）、"民胞物与"（张载：《正蒙·西铭》），以致"天何言哉四时行焉，百物生焉"（《论语·阳货》）的和谐之境。

在"贵和"精神的引导下，唐宋文化对外传播的实践过程，亦是追求和谐共生、合作共赢的过程。具体而言，主要体现在：其一，既注重多元文化和睦相处、和谐共生，又强调国家主导、明确中华文化对外传播的战略目标。其二，既理解与尊重异质文明的差异性与多样性，又强调保持中华文化的独特性与凝聚力。其三，既强调人类文明交流互鉴，汲取多元文明优秀成果，丰富中华文化的价值内涵，又注重保留本民族宗教信仰与文化习俗，增强中华文化的向心力与独立性。以唐朝为例，"东至高丽，南至真腊，西至波斯、吐蕃、坚昆，北至突厥、契丹、靺鞨，谓之'八蕃'，其外谓之'绝域'"（《新唐书·卷二二一·西域传赞》）。当时与唐朝交好的国家和地区，除了高丽、真腊等"八蕃"之外，还有大量相对偏远的国家和地区。由此可见，唐朝交往国家和地区之繁多，文化辐射范围之辽远。对此，欧阳修、宋祁曾评论道："唐之德大矣！际天所覆，悉臣而属之，薄海内外，无不州县，遂尊天子曰'天可汗'。三王以来，未有以过之。至荒区君长……一为不宾，随辄夷缚，故蛮琛夷宝，踵相逮于廷"（《新唐书·卷二一九·北狄传赞》）。他们认为，唐朝之所以能成就对外交往盛况，以及唐朝天子之所以能被尊为"天可汗"，甚至偏远国家和地区的君王都带着大量奇珍异宝，前来与唐交好，其中最重要的原因之一即在于唐朝奉行仁政、德政。而王维的诗句"九天阊阖开宫殿，万国衣冠拜冕旒"（《和贾舍人早朝大明宫之作》），也是对当时接踵而至、万国朝宗、主动交好的对外交往盛况的生动描绘。

三、强调互学互鉴的"思辨"价值

公元 628 年，唐太宗下令在太学中修建孔庙，随后又命硕学大儒审定儒家经典标准文本。至此，儒家思想再次成为国家确认的官学。随着道家复兴与佛教传入，唐朝社会上下对一种以宇宙发生论为代表的思辨文化产生了浓厚兴趣。随着儒释道三教论衡，思辨文化与儒释道三教之精华融会贯通，促成了集中华文化与域外文化于一体的新儒学的形成。宋明时期的新儒学，又称"宋明理学"，其最早提及者是韩愈和李翱。韩愈在《原道》中说："斯吾所谓道也，非向所谓老与佛之道也。"（《昌黎先生文集·卷一一》）李翱在《复性书》中也发表了类似见解："性命之书虽存，学者莫能明，是故皆入于庄、列、老、释。"（《李文公集·卷二》）这些都是在强调儒释道三教合一的重要性。新儒学肇端于宋初的周敦颐和邵雍。无论是"无极而太极。太极动而生阳，动极而静，静而生阴，静极复动"（周敦颐：《太极图说》），还是"一动一静交，而天地之道尽之矣"（邵雍：《黄极经世·观物外篇》），都体现着新儒学的思辨意味。至北宋，公元 11 世纪下半叶，新儒学在程颐、程颢的理论中趋近成熟。由程颐创立、朱熹集大成的"程朱学派"（理学），以太极之理作为哲学的最高范畴，主张格物致知，提出知行学说。由程颢创立、陆象山与王守仁完成的"陆王学派"（心学）提出"心外无物""心外无理"，主张"致良知""知行合一"。这两大派别的形成，共同促进了中国古代思辨哲学的发展。

倡导互学互鉴，是"思辨"价值的重点。在中国古人看来，"和实生物，同则不继"（《国语·郑语》）、"仁者以天地万物为一体"（《二程遗书·卷二上》）、"相辅而行"（张岱：《历书眼序》），体现的都是"思辨"价值。对"思辨"价值的考量可从三个维度展开：一是承认和尊重客观事物的矛盾性和多样性；二是承认和尊重事物之间存在对立统一关系；三是承认和尊重不同事物与不同观点之间的相互补充与相互作用，这是新事物与新思想产生与发展的前提。唐宋时期达到中西文化互学互鉴的顶峰。自唐朝中叶起，以造纸术、印刷术、火药和指南针为代表的四大发明及大量的科技成果，经中亚、西亚及北非传至欧洲，对欧洲资本主义的发展起到了关键作用。马克思曾在《机器、自然力和科学的应用》一文中，将中国科技在欧洲的传播视为"预告资产阶级社会到来的三大发明"[1]。在他看来，"火药把骑士阶层炸得粉碎，指南针打开了世界市场并建立了殖民地，而印刷术则变成新教的工具，总的来说变成科学复兴的手段，变成对精神发展创造必要前提的最强大的杠杆"[2]。英国经济学家约翰·霍布森在《西方文明的东方起源》一书中，探讨了中国古代科技，特别是唐宋时期的科技对欧洲近代文明所作出的重要贡献。在他看来，除了四大发明之外，还有诸如蒸汽机、焦炭冶炼技术、炼钢技术及纺织机械等英国工业革命的重要技术支撑，都同中国唐宋时期创造的先进技术有着密切关系。他还认为，英国工业革命取得成功的主要原因就是英国人能够吸收、改造中国早期的发明与技术。他甚至提出："如果没有中国的早期发明，就不可能会有英国的改进。还有，如果没有中国的这些贡献，英国很有可能还是一个渺小而落后的国家，游离于一片同样落后的欧洲大陆边缘。"[3] 正是通过这一时期频繁的中外人文交流，代表了中华民族伟大智慧的优秀成果才得以造福于世界人民，成为助推人类文明发展进步的重要动力。

四、力主互利共赢的"重礼"价值

众所周知，中国自古便有"礼仪之邦"的美誉。在古人看来，"礼"是"人道之极"（《荀子·礼论》）。"礼"的作用是辨别等级、规定界限，

---

[1] 《马克思恩格斯全集》（第47卷），人民出版社1979年版，第427页。

[2] 《马克思恩格斯全集》（第47卷），人民出版社1979年版，第427页。

[3] 约翰·霍布森：《西方文明的东方起源》，孙建党译，山东画报出版社2009年版，第194页。

明确责任，而"重礼"的表现则是"衣服有制，宫室有度，人徒有数，丧祭械用皆有等宜"（《礼记·王制》），即要求人们从衣食住行到待人接物均应符合礼的规定。经过长期的浸润熏陶，"礼"被看作是"人之所以为人"的内在规定性。而"重礼"价值则从外在强制逐渐转变为人们的内在自觉，并为社会广泛认同，最终形成了中国古代社会源远流长且根深蒂固的"重礼"传统。

以礼相待，追求互利共赢的和谐局面，是"重礼"价值的精髓，也为唐宋时期推进文化对外传播发挥了重要作用。对此，可从治国理政、社会治理与道德修为三个维度进行考察：第一，就治国理政而言，"重礼"意味着序家园、定社稷与治国安邦的治国理念。所谓"人之命在天，国之命在礼"（《荀子·天论》），以及"礼之于正国家也，如权衡之于轻重也，如绳墨之于曲直也"（《荀子·大略》），都强调以礼维护国与国、国与民之间的固有秩序。唐宋时期是中国礼制完备和定型的重要时期，唐太宗修订隋朝礼仪制成《贞观礼》，唐玄宗制定集礼典之大成的《大唐开元礼》，足见礼制在治国理念中的重要性。具体来看：一方面，完善国内礼制，唐宋两朝以《周礼·天官》为依据，设"太宰之职，掌建邦之六典。三曰礼典，以和邦国，以统百官，以谐万民"（《太平御览·礼仪部·卷一》）。通过设立相应职位掌管礼制，在规范礼制的同时巩固执政根基，促进社会和谐。另一方面，又将礼制延伸至邦交关系，以《周礼·春官·宗伯》为依据，"以飨燕之礼亲四方之宾客，以脤膰之礼亲兄弟之国，以贺庆之礼亲异姓之国，以赐同姓之国同福禄也，以贺庆之礼亲异性之国"（《太平御览·礼仪部·卷一》）。强调的是依据不同等级的邦交关系和亲疏程度，施之以不同等级的礼节，在发展与周边国家地区的友好关系基础上，对外塑造礼仪之邦的国家形象。第二，就社会治理而言，"重礼"是一种润物细无声的道德教化。以礼相待，主张既要尊重国家的立法典籍，也要恪守社会普遍接受的礼俗典范。在"重礼"价值的引导下，唐宋两朝上至君臣、下至百姓都在潜移默化中恪守礼仪、依礼行事，以形成"道之以德，齐之以礼，有耻且格"（《论语·为政》）的社会局面。第三，就道德修为而言，受"重礼"价值的浸润熏陶，社会上下盛行塑造"君子"人格，主张以"礼"规范社会个体思想道德、举止行为，帮助、引导个体追求理想人格及完善人性修养，从而沿着"士人—君子—圣人"渐次递进的顺序进行内省和外修。在这样的环境中，唐宋倡导民众孝亲敬长的道德形象和礼尚往来的君子风范，不仅向海外宾客展现了中华文化的礼仪之美、树立了良好的中华礼仪规范，也因此在耳濡目染间使之成为中华文化的独特精神标识。

基于此，我们认为，这一时期在文化对外传播过程中，形成了推崇开放包容的"尚公"价值、主张和平合作的"贵和"价值、强调互学互鉴的"思辨"价值及力主互利共赢的"重礼"价值。这些精神标识，既在中华优秀传统文化的陶冶与涵育中集中体现了其人文精神，同时也在引导文化对外传播的过程中使其自身播扬海外。它们在参与世界多元文化总体对话的同时，成为世界文化百花园中奇艳之繁花，并为奠定儒家文化圈的文化根基提供了重要的精神支撑。

第三节　创设文化符号　诠释中华文化的独特魅力

一个屹立于世界民族之林的伟大民族必然有其极具辨识度的文化符号体系。由中华文明独一无二的理念、智慧、气度、神韵凝聚而成的中华文化符号体系，是对内凝聚人心铸牢中华民族共同体意识、对外增进国家认同展现中华民族文化自信的重要载体。习近平总书记强调，"推动各民族文化的传承保护和创新交融，树立和突出各民族共享的中华文化符号和中华民族形象，增强各族群众对中华文化的认同"①。唐宋文化对外传播过程中创设和推广的诸多文化符号，不仅是对这一时期中华民族价值理念、思维方式、信仰风俗、审美情趣与精神风貌的高度凝练和生动呈现，更是挖掘与提炼新时代中华文化符号体系进而展现中华民族文化精神、文化胸怀与文化自信的重要源泉。②

一、以汉字之美书写文化自信

概括而言，汉字之美可从两个维度予以解析：一方面，汉字之美，在其形体构成之美。作为形、音、义"三位一体"的图形符号，以义构形、睹形见意的构字特点赋予汉字兼具高度抽象与生动表意的独特魅力。鲁迅先生曾言汉字有三美："意美以感心，一也；音美以感耳，二也；形美以感目，三也。"（《汉文字史纲要》）汉字之美，一在其象形，以其高简古奇的形态、画龙点睛的笔触寓"神"于"形"，使人睹形见意；二在其悦耳，"平、上、去、入"四声以其音节分明、声调匀称让人印象深刻；三在其形美，以其平衡对称的结构、行云流水的风格令人叹为观止。另一方面，汉字之美，在其文化底蕴之美。作为服务于汉语表达的书面符号系统，汉字承载着丰富的中华文化信息，是对中华民族文化精神、文化胸怀与文化自信的生动呈现。汉字既记录历史——汉字的发展过程是深入了解中国社会各个阶段多姿多彩生活的重要线索。正如陈寅恪先生所指出的，"凡解释一字即是作一部文化史"（《"鬼"字原始意义之试探》）。汉字亦传播文明——中国自古即有仓颉造字、许慎解字的传说故事。自商代起，汉字及

---

① 《习近平谈治国理政》（第三卷），外文出版社 2020 年版，第 300 页。
② "文化"一词丰富的语义性决定文化符号分类标准的多样性。例如，存在物质文化符号与精神文化符号的性质之分、文字语言符号与非文字语言符号的载体之分等。为力求全面概述，在此仅从内容角度即语言文字符号、文学艺术符号、礼仪文化符号与科技创新符号四个方面对唐宋文化符号体系进行阐述。

其形成的中国古代文言系统就已跨越历史与方言的重重阻碍，开始了从中原向四面辐射并传播至古代四邻国家和地区的悠久历史。

唐宋时期的汉字传播，是中国古代文字传播的重要阶段，并呈现出与中华文化圈壮大发展同向同行的发展态势。一方面，作为文化传播的重要载体，相同或相似的文字使用习惯推动了思维方式、生活习惯和审美情趣的同步发展，为中华文化圈的发展提供了有利条件。另一方面，中华文化圈的发展又为汉字的广度与深度传播提供了平台和路径，文化圈内的国家和地区纷纷在密切交流的基础上效仿中国汉字进行本国文字的创制或改造。具体而言，这一时期的汉字传播大致可分为三个阶段：第一阶段，作为外来语，汉字并未融入本国文字，日常用语和书面记录仍以本国文字为主。第二阶段，创制汉字的假借字或自造方字用以记录本国部分语言，使得日常用语和书面记录呈现出汉字与本土文字混合使用的状况。第三阶段，在汉字的基础上创制本国文字，全面记录本国语言，成为本国文化的重要组成部分。这三个阶段并非所有国家都会经历，视其与中国文化交往密切程度而有所区别。其中，日本、朝鲜、越南是完整经历由中国汉字转化为本国文字的主要代表。特别是在日本，直至今日仍可看出汉字的深远影响。汉字在日本的传播，也因此成为中日两国之间开展深度文化交流的重要载体。

隋唐以前，日本对汉字的使用多见于外交文书和仿制汉镜的铭文上。到了遣唐使时期，在统治者的大力推广下，日本掀起了学习汉字的高潮。初用汉字时，日本人民书其形、读其音、明其义，在书写诵读汉字时一并学会了用汉语表达。至奈良时代，日本统治者大力推广唐音，多次以遣唐僧和学问僧，诸如道荣、胜晓、吉备真备等人的唐音为标准，矫正本土汉语发音，同时，申令本国教育必须使用标准唐音。此外，遣唐僧和学问僧在讲经传律时多用唐音。因此，较之单纯口学识语，他们的教学能更深入地融入日本文化之中。到了平安时代，遣唐僧吉备真备和空海等人开始尝试以部分汉字的偏旁冠盖代替整个汉字,于是创制了作为字母使用的片假名。同时,他们以某些汉字草体创制了平假名。后来,在此基础上,由天台宗名僧安然排定了今天日语字母表五十音图。至此,汉字汉语已不再视为外来语,而是被大量吸收到日本语言中,成为日本文化不可分离的重要组成部分。直至今日,日语发音中仍留有唐音元素。1981 年,日本国语审议会通过了《常用汉字表》,其中仍列有今用汉字 1945 个。此外,日本古老的书文均以汉字书写,只是个别场合用汉字表达人名、地名的专用名词时会夹杂一些日本语法。遣唐僧空海所编撰的《篆隶万象名义》,也成为日本古代史上第一部汉语字典。总体而言,在日本学者看来,片假名、平假名与五十音图的出现,不仅仅是吉备真备、空海大师和安然大师等伟大人物的个人贡献,更重要的则是历史发展之必然,是唐朝文化对外传播的结果,是日本人吸收中华文化的一种创造。例如,日本学者森克己就曾指出,在遣唐使末期的平安时代,中华文化对日本文化的影响结果逐渐显现。其中,位居首位的即是"从万叶假名飞跃而发明假名文字,遂使汉文日本话,并出现和歌、物语之类日本文学的发达"①。

唐宋时期的朝鲜与越南,亦是受汉字影响较深的近邻国家。纵观朝鲜半岛文字表记史,汉字本土化过程大体可分为两个阶段:第一阶段是"借字表记时期"。汉字传入朝鲜半岛大约是在公元 3 世纪,至唐朝时汉字已在朝鲜半岛广泛使用。至公元 7 世纪中期,在总结朝鲜汉字使用经验基础之上,强首等人创造了"吏读"用法——以汉字之音或意标记朝鲜语,至此朝鲜半岛才真正有了自己的语言工具。至宋朝时,朝鲜半岛的借字表记发展至最高峰,对汉字的字、形、音、义的本土化改造或全盘借用已经趋于成熟,几乎可以用来较为完整地记录朝鲜语,因此,汉语文言的权威性进一步得到巩固。第二阶段是新文字创制后的"汉字应用时期"。公元 14

---

① 池步洲:《日本遣唐使简史》,上海社会科学院出版社 1983 年版,第 74 页。

世纪，朝鲜王朝第四代君主世宗在原有基础上发明了朝鲜文"训民正音"。原有的借字表记逐步被替代，汉字退为用于表记实词，在朝鲜语中体现出朝鲜语语言汉化的部分。尽管如此，汉字作为一种辅助文字，依然是朝鲜文化无法完全割舍的重要组成部分。

汉字在越南的传播，源于秦始皇时期大规模的边境移民。自汉至晋1000多年，在越南的本土主体民族京族使用的京语中大量吸收了汉语。至唐朝时，大规模的文化传播促成了汉字在越南社会的广泛应用，府衙公文、科举考试及重要的典籍资料多用汉字撰写，许多越南士人已经能熟练应用汉字写作，汉字也因此被越南人民称为"儒字""咱们的字"。至宋朝时，在效仿汉字结构及形声、会意、假借等造字方法的基础上，越南人民依据京语读音创制了喃字（亦称字喃）。后期，他们还将喃字演变为假借喃字、形声喃字和会意喃字。随着喃字的表意逐渐丰富，喃字在越南社会广为盛行起来。但是，由于其书写复杂且不能表音，笔画也常多于汉字（通常是两个汉字拼为一个喃字）。因此，虽有喃字，但越南人仍用汉字写诗作文、著书立说和开科取士。

汉字的传播意义不仅停留于文字的创制等直接意义层面，更重要的在于其所承载的文化意义。第一，在日常交际功能方面，汉字的传播使得汉字成为当地人民日常生活不可或缺的交际工具，上至国家层面的国策律法和历史典籍，下至日常生活的家谱传承与佛堂对联，都有汉字的影子。第二，在思维方式的影响方面，汉字不仅是交际工具，更是思维工具。人们在接受一种文字的同时，亦在接受其承载的思维方式。同时，汉字的传入，也影响了当地文学作品、艺术创作和社会思潮等精神产品的产出与变革。第三，在价值理念传播方面，汉字在外译过程中被注入了新的思想内涵，激发了当地文化更化革新的活力。同时，也正是因为汉字的借用，深受中华文化圈影响的国家在文化精神、思维方式、道德观念、审美情趣、文学艺术等各方面都受到了一定程度的同化，出现了诸如民风民俗、民间礼仪等多方面的相似性或趋同性。

二、以诗词之韵咏颂文化自信

习近平总书记指出，以诗经、楚辞、汉赋、唐诗、宋词、元曲与明清小说等为代表的中国古代文学作品共同成就了辉煌灿烂的中国文艺的历史星河，正是因为"中华民族文艺创造力是如此强大、创造的成就是如此辉煌，中华民族素有文化自信的气度，我们应该为此感到无比自豪，也应该为此感到无比自信"①。中国古代文学是世界历史上发展最为悠久的文学之一，它以其从未中断的发展历程与前所未有的辉煌成就，成为人类文明史上影响世界的文化瑰宝。唐宋文化是中国古代文学史上最具活力的重要篇章，它生动地诠释了唐风宋韵与中华气象，是这一时期中华文化最具辨识度的重要文化符号。

中国是一个"诗"的国度，唐诗是诗国中最辉煌的成就。唐诗篇什繁复，名家辈出，流传至今的作品多达 55000 多首，家传户诵的名篇更是数以千计。唐诗的发展尤以盛唐、中唐两个时期的诗坛最为璀璨夺目，也最能体现唐宋文化的基本旨趣。以王维、孟浩然为代表的山水田园诗派传达的审美意境，是中华民族热爱自然、重视人与自然和谐关系的民族心理的艺术沉淀。以高适、岑参为代表的边塞诗派交织着英雄气概的豪情与儿女衷肠的柔情，诠释了反对武力、热爱和平的民族精神。被视为"盛唐气象"的诗仙李白，其诗作中充满着对美好理想的颂扬与对黑暗现实的憎恶，交织着浪漫气息与理想主义色彩，体现了追求自由与解放、控诉与反抗黑暗社会的不屈精神。还有怀天下疾苦、书万世诗史的杜甫，他以清醒的洞察力、积极的入世精神记录着动荡历史中平凡的小人物故事，其中蕴含着忧国忧民的家国情怀与沉郁顿挫的真挚感情，集中体现了中国古代知识分子

---

① 《习近平谈治国理政》（第二卷），外文出版社 2017 年版，第 350 页。

以天下为己任的胸怀与对天下苍生的赤诚之心。

在中国古代诗歌发展史上，唐诗、宋词各有千秋、交相辉映。相较于唐诗，宋词在题材上更倾向于描述个人生活而非揭露社会现实，在艺术形式上更倾向于抒情而非叙事。并且，宋词也以其委婉含蓄的美学特征、低回往复的审美情趣与深情绵邈的独特魅力，集中体现了中华民族传统审美思想的独特性。宋词名家辈出，流派众多，后人多将其划分为恢宏广阔的豪放词派与清丽动人的婉约词派。具体而言，婉约词派盛行于北宋词坛，无论是在题材走向抑或是风格倾向方面都是大放异彩。其中，既有晏殊、欧阳修地对士大夫雅致生活的描述，也有柳永对底层民众生活情趣的记录；既有典雅凝重的周邦彦词作，也有清新的李清照诗词。作为豪放词派的杰出代表，苏轼一方面打破了婉约词派的题材领域，以大量抒情述志、咏史怀古的词作革新了北宋词风，另一方面又将大量壮阔高昂的元素纳入以柔声曼调为主的传统词乐之中，使其呈现出高昂、飘逸、雄壮的崭新风格。靖康之变后，国破家亡的动荡生活引起了两宋之际词坛风气的巨大变化。苏轼诗词中初露端倪的豪放词风逐渐为以辛弃疾为代表的南宋词人所继承，豪放词派也以其家国之恨的内容和慷慨激昂的词风与婉约词派分道扬镳。至此，豪放词派与婉约词派双峰并立的局面即成为宋朝之后中国词坛的基本格局。

唐宋文学独具一格的含蓄深沉、意味隽永的艺术特征，是对中华民族平和、宽容、偏重理性的文化性格的沉淀，这一特征对四邻万国产生了巨大的吸引力。据载，"已而高丽、百济、新罗、高昌、吐蕃诸国酋长，亦遣子弟请入国学。于是国学之内，八千余人，国学之盛，近古未有"（《唐会要·卷三五》）。由此可见，当时掀起了入唐习业、咏颂诗词的热潮。在中外文化频繁交流的过程中，诗词成为重要的交流手段，传播诗词亦成为重要的文化交流内容，其中尤以日本、高丽与新罗为重。

唐诗作为文化符号在日本的传播主要通过三个路径：其一，唐诗"顺流"，文集渡日。日本是与唐朝交往最为密切的隔海相望的邻邦，唐诗"顺流"入日，主要是通过遣唐使、学问僧、留学生与商人，他们携带着大量文集、诗集渡海归国。据《旧唐书·日本传》载，来唐人士常"所得锡赍，尽市文籍，泛海而还"，即不惜重金倾其所有购买唐朝文集带回本国。在近年出土的日本正仓院文书、平城京木简中，就曾发现列有《王勃集》《太宗文皇帝集》《虞信集》《骆宾王集》等唐朝盛行诗集的名单。由此可见，当时日本社会文潮与唐朝文学的发展几乎是同步的，也从侧面反映了唐朝诗集在日本的流行盛况。例如，以善人乐教闻名的萧颖士在日本广受欢迎。刘太真的《送萧颖士赴东府序》称："顷东倭之人，逾海来宾，举其国俗，愿师于夫子，非敢私请。"(《旧唐书·张荐传》)日本愿举国请其为师，足见当地民众对萧颖士的推崇。又如，元稹的诗歌一传到日本，就极受欢迎。白居易谈及元稹诗歌在东夷诸国的传播盛况时曾指出，"公凡为文，无不臻极，尤工诗……自六宫、两都、八方至南蛮、东夷国，皆写传之，每一章一句出，无胫而走，疾于珠玉"(《全唐文·卷六七九》)。可见，元稹的诗歌彼时几乎为东夷诸国百姓所广为传颂。此外，白居易的诗作也在日本大受欢迎。据《入唐求法巡礼行记》载，白居易的诗作《白氏长庆集后记》刚刚在唐朝出版，仅隔一年，就经日本学问僧惠萼抄写携带归国，其传入日本与在中土传播几乎同步，而《长恨歌》《琵琶行》等诗集在日本民间更是家喻户晓。当《白氏文集》流传到日本时，由于其诗浅显易懂，且反映了社会各阶层的生活，因而很快受到日本文人的普遍喜爱，以至争相传诵与仿写，影响十分广泛。正是因为唐朝文人在日本备受欢迎，日本来唐的使者也特别注意搜罗求购或抄写唐人的诗文集，日本才能获得许多珍贵的唐朝诗文写本。在遣唐僧空海的《献书表》中，曾经详细记录了归国后献书日本天皇的情况。其中，目录中有很大部分，是当时在唐朝社会广受欢迎的诗人的诗格著作或诗篇，如王昌龄的《诗格》、记录有大量唐朝"今人秀句"的《古今诗人秀句》等。此外，当时日本民间还广泛流传着诸如

《唐诗选》等书籍。也正是通过这些诗文集，唐诗在日本的传播才能够更为深入和广泛。同时，唐诗在日本的传播对后来日本文学流派的发展也产生了深远的影响。以江户时代的古文辞学派为例，在明代文坛领袖何景明提出的"文必秦汉、诗必盛唐"这一文学复古主张的影响下，古文辞学派的创始人荻生徂徕提出从研究古语出发来研究古典文学，提倡古文辞学派的诗人从研读唐诗入手开始治学，这亦在一定程度上促进了唐诗在日本江户时代的传播。

其二，题材拓宽，日诗"逆流"。唐诗在向日本传播的过程中，大量唐朝诗集流入日本。唐诗在日本朝廷上下迅速兴盛，朝廷对唐风的效仿，也带动了日本社会涌现出不少唐诗诗人。少量杰出作品随着遣唐使逆流回唐，不仅拓宽了唐诗题材，繁荣了唐朝诗坛，也为东亚文学交流增添了生机与活力。例如，公元751年，在日本编纂的第一部唐诗集《怀风藻》中收录了来自天武天皇、大友皇子等64人的120首诗作，其题材以五言八句、侍宴从驾之作居多。亦有咏思雪梅与吟诵菊情的题材出现，充满了中国文人的情趣，贯穿儒、道、佛的思想。此后，日本编纂的《凌云集》《文华秀丽集》《经国集》等唐诗集，也体现出强烈的对中国六朝与唐朝诗作的模仿。其中，效仿最多的是白居易的诗作。例如诗人大江千里，曾以《白氏文集》的诗句为题，吟咏《句题和歌》多首，献于天皇。又如在广为流传的《源氏物语》中，作者紫式部深受白居易诗歌影响，在书中直接引用白诗多达40余首。他常借用唐诗中的中国典故以抒发情感，其首卷《铜壶》在构思上亦效仿《长恨歌》，体现出唐诗雅致风格与日本"物哀"情趣的有机融合。日本随笔文学的始祖清少纳言崇奉《白氏文集》，其随笔集《枕草子》中贯穿着白居易的自然观。除了唐诗以外，日本的"和"文学也直接或间接受到唐诗的影响。日本最古老的"和"歌集《万叶集》就曾深受中国诗歌的影响。其中确立的五七调，就是仿照中国五七言诗，而长歌亦仿照乐府古诗。题材上，如游宴、赠答、和歌、题咏、送别等，大都模仿唐诗的意境。因此，《万叶集》也是具有浓厚的中国诗意味的。在中国文学影响日本文学的过程中，《昭明文选》一书曾起到很大作用。《昭明文选》是中国文学史上继汉开唐的转化时期——六朝编选的最早的文学总集，人们从中能读到名家作品，因而很受重视。杜甫曾有告诫其子"熟精《文选》理"的诗句，民间也有"《文选》烂，秀才半"的谚语，足见其重要价值。隋唐时期，《昭明文选》传入日本，很快就形成推崇该《文选》之风。在 400 余年间，《昭明文选》几乎成为知识分子的必修课本，对其进行讲解的书籍也有数种流传。还有许多和汉诗文，尽袭《昭明文选》之意。日本汉学家谈到中国文学与日本文学的密切关系时，往往将《昭明文选》与白居易的诗作相提并论。

其三，诗文唱酬，中日"交流"。在中日诗词交流中，还有不少诗文"交流"的现象，形成了唐诗环流体系中的交融点。对于唐诗的爱好，是偏爱唐朝文化的重要表现。当时，来自日本的使者，无论朝臣、僧人，还是留学生，都能够与唐朝诗人诗词唱酬。他们在创作清韵颇浓的汉语诗章中，自然与唐文化融为一体。这种交融以文人间"诗的对话"，特别是送别寄赠之作为代表。在《全唐诗》、日本古籍《千载佳句》等诗集中，都收录了不少两国文人相互往来酬酢、留赠送别的诗篇，生动地展现了当时两国文人之间的亲密交往与真挚情谊。其中，最具盛名的便是因"慕中国之风，因留不去"的晁衡。公元 717 年，晁衡随使来唐求学，因仰慕中华文化，直至 54 年后才回到日本。在唐朝学习期间，晁衡曾受重用任左散骑常侍和镇南都护等高级官员。同时，他广为交友，与这一时期诸多著名文人交往甚密，因此当他在玄宗恩准后返国时，李白、王维、储光羲等诗人纷纷赠诗送别。王维诗序称晁衡与唐朝友人有着"我无尔诈，尔无我虞"的亲密关系，并对其归途的艰险表示担忧且依依不舍，写下诗句"九州何处远，万里若乘空。向国唯看日，归帆但信风……别离方异域，音信若为通。"（《送秘书晁监还日本国并序》）在当时社会误传晁衡途中遇难身死后，李白更是写下"日本晁卿辞帝都，征帆一片绕蓬壶。明月不归沉碧海，白云愁色满苍梧"（《哭晁卿衡》）的悲痛诗句，可见二人感情之真之深。晁衡也曾做离别诗《衔命还国作》："天中恋明主，海外忆慈亲……西望怀恩日，东归感义辰。平生一宝剑，留赠结交人"（《全唐诗·卷七三二》），真挚地表达了思念故土与不舍大唐的复杂心情。

三、以儒学之礼涵育文化自信

毋庸置疑，儒学是中国古代精神文化的核心内容。儒学以宗法社会制度与家族血缘伦理关系为基础，提出一套以礼教为核心的伦理规范。经过后世儒家的传承发展，最终构建起以伦理为本位，集伦理观、政治观与世界观于一体的文化模式，并以其蕴含的丰富内涵及社会价值，成为中国古代社会占据主导地位的文化精神，对中华民族的文化心理产生了不可估量的重要影响。伴随着汉字、汉语、宗教及典籍等文化元素的传播，儒学也在中华文化圈中的各国广为传播。在很长时间内，其占据这些国家文化思想的主导地位，受到官方的推崇与支持，成为中华文化圈国家共同的文化历史现象。

儒学在日本的传播及其日本化，是中日文化交流的重要组成部分。唐朝初期，大批遣唐使、留学生与留学僧负笈中华，或入唐习业或求法请益。在唐期间，他们大量研读儒家经典，深受儒家文化精神的濡染。回国后，不仅携带大量儒家典籍，并在各种场合讲授传习儒家文化。在当时的日本中央官学大学寮，就曾专设明经道（即儒学科），集中系统讲授《周易》《尚书》《仪礼》《礼记》等儒家经典。其中，特别以《孝经》《论语》为必修书目。讲授儒家经典的方法分为"素读""讲义"两种："素读"即以汉音诵读经典原文，"讲义"即在"素读"基础上以法定注释解说经文。自公元7世纪至12世纪，儒学居于日本社会的主导地位。不仅上流社会视中国儒学为统治阶级必备的文化修养，还有许多平民子弟在各类学校诵读儒学经典。因此，儒学在日本社会广泛流传，对当时日本文化各个领域均产生重要影响，其中最为著名的例证即是"推古朝改革"。在儒学的影响下，圣德太子以儒学政治理念为依据，对日本社会关系特别是"君"与"国土"以及"君"与"臣""民"的关系，进行了重新界定并制定了17条宪法，其文化影响至今仍留有痕迹。在日本官方的推崇下，自公元701年，日本社会开始举行祭祀孔子的"释奠"仪式。之后，还效唐制整顿礼制，祭孔规模更大，不久还效仿唐的做法，尊奉孔子为"文宣王"。公元12世纪末以后，随着日本国内社会变革，儒学影响日渐式微。此时正值以程朱理学为代表的新儒学崛起，来宋日僧在求法问道的过程中，也接受了宋学之涵濡。于是，宋学依托于禅宗佛教传入日本，以义理为主的新儒学逐步取代了以明经训诂为主的旧儒学，成为日本儒学发展的主流。同时，在日本学者的努力下，新儒学作为一种独立的思想学说得到发展，并逐渐形成了日本的宋学学派。

由于地理条件的便利，儒学早在汉朝就已传入朝鲜，但其在朝鲜半岛的广泛传播则是在唐宋时期。新罗统一朝鲜后，大力推行儒学，以巩固支撑其政权的思想根基。公元682年，新罗仿唐制设立国学，专供贵族子弟修习《左氏春秋》《尚书》《礼记》《论语》《孝经》等儒家经典，在地方亦设学校招收平民子弟研习儒家经典。此外，儒学还成为当时两国文化交流的重点内容。一方面，新罗大量派遣留学生赴唐习业。其中，诸如崔致远等学者参加宾贡科举，不仅科考登第还成为历史上著名的儒家学者。另一方面，唐朝还主动向新罗传播儒学。在朝廷专派的外交使团中，不乏精通儒学的学者，他们担负起向新罗阐扬儒家经典之重要职责。例如，唐玄宗在委派儒家学者邢璹出使新罗前，就曾嘱托他要"以卿学术，善与讲论，故选使充此。到彼宜阐扬经典，使知大国儒教之盛"（《旧唐书·东夷列传》），即要求邢璹尽其所能、不负众望，到新罗充分阐扬儒家经典，使其知晓文化大国的儒学盛况。这种学者与使者之间的频繁交往，在一定程度上促进了儒学在新罗的传播与发展。对儒学的崇尚，延续至后来的高丽王朝时期。不仅朝廷视儒学为"齐家治国"之学而加以大力推崇，当时的教育体制从办学宗旨、教育内容、教材选用上亦体现出浓厚的儒学色彩。一时间，在朝鲜半岛，上至王亲贵族下至闾巷稚子，都接受着儒学的涵濡。例如，高丽成宗就曾下诏，明示本朝的办学宗旨是推崇儒学："尚切崇儒，欲兴周孔之风，冀致唐虞之理"[1]，即要使得儒学之风在本国盛行，百姓均须知晓儒学之理。总体而言，儒学在朝鲜半岛的广泛传播，对其政治、经济、文化与教育体制，尤其是社会道德观念产生了重要的影响。统治者不但尊崇儒学，极力维护儒家的纲常名教，将儒学蕴含的伦理思想视为维护其政权的精神支撑。而且，在实践上，亦要求社会上下将三纲五常视为天定之秩序、为人之根本，以儒学礼教维持整顿社会秩序。

此外，随着文化交流传至越南，儒学还经由越南传播至东南亚国家。当地居民在长期学习儒学的过程中，逐渐接受了中华文化，并将其融入本土文化思想体系中，成为本土文化的重要组成部分，从而对一些东南亚国家的发展进程产生了巨大影响。譬如，唐朝朝廷在越南当地开设学校专授儒学，并且专设"南选使"用以遴选其中优秀者入朝做官。此外，在当时远赴越南上任的官员中，不乏精通儒学之人，他们在执政期间对儒学的振兴也发挥了重要作用。越南有诗云："威仪共秉周家礼，学问同尊孔氏书"（阮公沆：《简朝鲜国使俞集一·李世瑾》），可见彼时儒家思想在越南文人学者中备受尊崇的程度。

四、以科技之兴构塑文化自信

唐宋时期是中国科学技术发展史上的重要阶段。这一时期是"四大发明"制作、制造的关键时期，同时也是茶叶、丝绸、瓷器等产品及与其配

---

[1]　杨焕英：《孔子思想在国外的传播与影响》，教育科学出版社 1987 年版，第 12 页。

套的农耕技术、冶炼技术等生产技术发展的顶峰，还在数学、化学、天文学等科学领域有着突出贡献，可以说几乎涉及科学技术的各个领域，为人类文明发展作出了不可估量的巨大贡献。英国科学技术史专家李约瑟曾说："那些不为一般人所知的中国科学技术成就，信手拈来就可以写满几大卷。"[①] 正是沿着那些四通八达的交通要道，凝聚着中国人民智慧结晶的科学技术跨越万水千山来到遥远的国度。它们在那里为域外民众的生活提供了便利，启迪着他们的思维，与当地风俗习惯融合后又激发出新的科技火花。例如，在后来出土的文物中，我们常能见到以苏麻离青或紫檀木等国外原材料制作得更为精良的中国产品，也常能见到在中国技术基础上结合自身习惯进行的技术改良。同时，也正是因为中国产品的上乘质量与精湛工艺，在很长时间内，"中国制造"几乎成为沿线国家和地区的百姓称呼优质产品的代名词。

对世界文明的整个进程而言，"四大发明"的影响十分巨大。纸张和印刷术的发明，改变了人类文化积累和传承的方式，为科学文化事业的发展提供了最强大的推动力。指南针的发明，帮助人们开始了远距离的航运，促进了世界各地经济文化的交流，使得整个人类文明更加紧密地联系起来。火药的发明，千百倍地增强了人类征服自然的能力，开辟了社会生产力大发展的广阔前景。在欧洲，"四大发明"传入欧洲正值文艺复兴之时，不仅为文艺复兴运动提供了物质基础，而且成为促进资本主义产生和现代人类精神解放、科学昌明、文化繁盛的最强大杠杆。

公元 2 世纪初，蔡伦发明了新的造纸法，最终实现了人类书写的革命性转变。蔡侯纸的出现，标志着纸张开始取代简帛的关键性转折。到了晋代，纸张完全取代了简帛的地位，成为我国最主要的书写材质。任何伟大的发明都是属于全人类的，都是应该由人类共享的。纸张的发明，就是人

---

① 潘吉星主编：《李约瑟文集》，辽宁科学技术出版社 1986 年版，第 194–195 页。

类文明史上开出的最灿烂的花朵。蔡侯纸在中国出现后不久，也就开始了向海外的传播。在魏晋时期，纸张与造纸术就东传到朝鲜。隋朝末年，高句丽的僧侣画家昙征到日本后，传授了造纸术与制墨技术，从此日本掌握了造纸术，促进了日本文化的发展。中国的纸张与造纸术的发明在东传的同时，也开始向西传播。唐朝是纸张与造纸术西传的高峰期。公元751年，唐朝与大食在怛逻斯发生战事，2万唐军被俘。俘虏中有一些造纸工匠，是他们将造纸技术传入撒马尔罕，并建立起撒马尔罕的造纸业。此后连续几个世纪内，撒马尔罕都以其精良的纸张制作，成为阿拉伯世界最重要的纸张供应中心。从此，造纸术从这里出发传播至西亚诸国，中国工匠则在阿拉伯境内建设工厂传播造纸术。而中国工匠在阿拉伯半岛设立的这些造纸厂，对于推广纸张的使用起到了决定性作用。经由埃及，造纸术又传入西西里岛，并且沿着地中海继续西行，在公元11世纪末传入摩洛哥和西班牙。大约从公元9世纪开始，阿拉伯纸传入欧洲。这种被欧洲人称为"大马士纸"的阿拉伯纸迅速得到广泛应用。后来，在西班牙、意大利、德国等地也迅速发展起纸张生产，直至到美洲、欧洲和澳大利亚。至此，中国人发明的造纸术，经过1000多年的漫长岁月，传遍世界各地，为世界文化的发展作出了重要贡献。纸张的应用，推动了阿拉伯科学和文化的昌盛与发展——大量科学著作和人文经典得以被保存下来，翻译事业有了发展的可能，纸张的普及使得人们短时期内便可抄录多卷本的科学巨著。

继造纸术发明之后，被称为"文明之母"的印刷术又被中国人发明。这不仅提高了纸张的利用效率，也提升了人类文明的传播效率。在印刷术发明之前，文字的记录主要依靠手抄誊写，在人力物力上不仅花费较多，且容易出现错漏。印刷术的发明避免了这些问题，更好地满足了文化发展与传播的需求。最初的雕版印刷是在战国时期的印章和东汉时期的石刻拓印的启示下发明的。一般认为，雕版印刷术的发明大约在隋唐之际。一经发明，就以其工艺简单、费用低廉、印刷便捷而深受人们欢迎。早期的印刷活动主要是在民间进行的，用雕版印刷佛像等数量较多的宗教画，后来发展为用雕版印刷流通较广的书籍。世界上现存最早的雕版印刷品是公元868年刻印的《金刚经》，此卷雕刻精美，刀法纯熟，印刷清晰，说明当时的刻印技术已经很发达。又如，唐朝诗人元稹曾在书中记录了江浙一带刊印售卖自己与白居易诗作的情景，即"至于缮写模勒，衒卖于市井，或持之以交酒茗者，处处皆是"（《元氏长庆集·卷五一》）。这里的"缮写模勒"即是刊印，而"衒卖与市井"则是指在市集上售卖。这则史料足以说明，在当时的江浙一带刊印诗集的技术已经十分成熟，售卖印刷书籍已经十分普遍。随着雕版印刷业不断得到发展与推广使用，到公元9世纪时已经成为一种新兴的重要手工业部门，对社会经济生活和科技文化发展起着越来越大的作用。至宋朝，雕版印刷业已是十分兴盛，刻印了大量卷帙浩繁的类书，如《太平御览》《册府元龟》等，就以其校勘精湛、雕版精美、印刷精致被后人视为稀有珍品。公元11世纪中叶，刻字工人毕昇在总结前人雕版工艺的基础上发明了活字印刷术，形成了从制活字、排版、印刷的一整套完整的印刷工艺方法。早在唐朝时，发明不久的印刷术，即已跟随工匠流传到朝鲜、日本、越南等一些中华文化圈范围内的国家。在当时的朝鲜半岛，印刷术很快就有了较大发展，印刻了相当数量的各种书籍。高丽还花费巨大的财力与人力，用了60多年的时间雕版印刷了《大藏经》6000卷，显示出朝鲜半岛的印刷技术与印刷规模。在活字印刷技术传至朝鲜半岛后，朝鲜人在其基础上改进创制，发明了世界上最早的金属活字。他们在广泛使用和提高印刷效率的同时，对国内国外都产生了重大影响，从而推动了印刷业与印刷技术的发展。

人所共知，火药与火器也是中国古代最重要的发明之一。南北朝时期炼丹家魏伯阳和葛洪等在炼制丹药时，为控制火候而发明了火药。唐初名医孙思邈在《丹经》一书中已经明确提出火药制方。到了中唐时期，在《铅贡甲庚至宝集成》等书中，已有详细的关于火药使用的记载，说明当时的人们已经熟知火药的燃烧及其爆炸性能。宋朝在唐朝的传统火攻法基础上，使得火器的制作和应用有了很大发展。火箭、火炮是宋军的常备武器。火器制造史上的一个划时代进步，是南宋时期管状火器的出现。在中国的火药与火器发明不久，便开始流传至海外。公元 12 世纪初，朝鲜军队已开始使用火器。朝鲜著名军事科学家崔茂宣曾向中国商人请教制造火药的方法，并大量生产火药，他在研究宋朝武器的基础上，制造出不少新武器。崔茂宣还将自己的火药制作思路编写成《火药修炼之法》，是朝鲜历史上第一部关于火药火器的专著，对火药火器在公元 15 世纪及其以后的发展作出了积极贡献。公元 13 世纪，火药火器的制作随后通过阿拉伯人这一媒介传入欧洲，被广泛应用于军队装备与各种战事，产生了巨大的影响，对世界历史进程起到了重要的推动作用。恩格斯在《德国农民战争》一文中曾经指出，"一系列或多或少具有重要意义的发明大大促进了手工业的发展，其中具有光辉历史意义的是火药和印刷术的发明"①。后来，他在 1875 年的版本上又加上了注释，认为"现在已经毫无疑义地证实，火药是从中国经过印度传给阿拉伯人，又从阿拉伯人那里同火器一道经过西班牙传入欧洲的"②。火器对摧毁欧洲封建制度起到了重要作用，从而推动了欧洲文明发展的进程。另一方面，在资本原始积累过程中，西欧殖民势力向各地进行殖民侵略，也把火器传到非洲沿海地区和三大洋其他地区，成为资本主义殖民扩张过程的有力工具。

至于指南针，在中国上古神话关于黄帝大战蚩尤的传说中，就有关于能指定方向的"指南车"的传说，说明中国古代很早即已开始了对辨别方向的仪器的研究和发明。东汉时的王充在《论衡》中曾有关于"司南"的记载："司南之杓，投之于地，其柢指南。"后来，古人在司南的基础上研

---

① 《马克思恩格斯文集》（第 2 卷），人民出版社 2009 年版，第 221 页。
② 《马克思恩格斯文集》（第 2 卷），人民出版社 2009 年版，第 221 页。

制改进，制成了人工磁化的、灵敏度高的磁性指向仪器，即"指南针"。宋朝科学家沈括在《梦溪笔谈》中，曾详细记载了四种磁针指南方法。人们在指南针的启示下，发明了罗盘。宋朝时，罗盘便已应用于航海事业。北宋时期，朱彧在《萍洲可谈》中说："舟师识地理，夜则观星，昼则观日，阴晦观指南针。"书中关于海船的航海记录，乃是世界上关于指南针应用航海的最早记录。南宋时期，罗盘导航已经成为航海的唯一依据。罗盘在航海中的运用，提高了航路的准确性，能够帮助船只在固定的航线上安全航行，为船只在起航港和目的港之间定期往返提供了保障。此外，航海过程中对罗盘的使用，还促成了航海图的出现，对航海事业的发展起到重要作用。到了南宋，我国的航海业已经相当发达。南宋的大海船经常直达苏门答腊、印度和波斯湾沿岸的阿拉伯各国。后来，阿拉伯商船开始广泛使用罗盘进行导航，不久后罗盘由阿拉伯传入意大利，并流传到印度洋、地中海区域。实用航海图也随之出现，在一定程度上促进了欧洲航海业的变革与发展，并在此后的欧洲大航海时代发挥了重要作用。其中，最突出的作用之一，即在于其直接导致了达·伽马发现印度新航路，哥伦布发现美洲大陆和麦哲伦的环球航行，并由此促进了欧洲商业贸易的扩大和工厂手工业的发展，为资本主义的产生与发展提供了必不可少的前提。李约瑟曾指出："磁罗盘……在西方世界有着惊人的社会影响……它不但使环绕非洲成为可能，而且也发现了美洲大陆。随着大量白银的涌入，市场上不计其数的新商品的销售以及殖民地和种植园的开拓，这对欧洲生活产生了多么深远的影响。"[1] 同时，他指出，"中国不但在磁极性、磁感应、磁化、磁偏角等知识方面占优势，而且可以肯定对这方面的研究至少早在 10 世纪就开始了"[2]。由此可见，中国科技对世界文明发展产生的重要影响。

---

[1]　潘吉星主编：《李约瑟文集》，辽宁科学技术出版社 1986 年版，第 234 页。

[2]　潘吉星主编：《李约瑟文集》，辽宁科学技术出版社 1986 年版，第 233 页。

　　总体而言，唐宋时期在文化对外传播过程中创设的汉字之美、诗词之韵、儒学之礼与科技之兴，它们在增进了海外民众对于中华优秀传统文化的了解与认同的同时，也致力于造福于海外民众，为提升其物质生活与精神生活水平，乃至为整个人类文明的共同进步和发展作出了重要贡献。与此同时，必须注意的是，文化一词是语义最为丰富的词语之一，文化符号的语义亦是如此。尽管囿于行文我们无法一一罗列，但是，作为这一时期对中华民族价值理念、信仰风俗、审美情趣、思维方式与精神风貌的生动呈现，前述特色鲜明的文化符号体系无疑成为推进中华文化走出国门的强大动力。

第四节　构建制度体系　夯实中华文化的传播基础

　　一般而言，文化制度是指"一国通过宪法和法律调整以社会意识形态为核心的基本文化关系的规则、原则和政策的总和"[1]。唐宋两朝多元文化共生共存、繁荣发展的背后离不开文化制度的有力保障。具体而言，这一时期，通过大力推进文化教育事业、创新科举选拔优秀人才、兴学重学扩大教育规模、严格把控典籍刊印流程、规范管理文化教育市场等文化教育举措，唐宋两朝在推动文化教育事业繁荣发展的同时，亦为中华文化国际传播奠定了扎实的传播基础。

一、尊圣崇儒的执政理念与教育资源的扩大化

　　通过大力发展文化教育，构建能够与其强盛国力相匹配的文化共同体，是贯穿唐朝国家治理始终的重要理念。一方面，唐朝教育在国家经济支撑、

---

[1]　张光杰：《中国法律概论》，复旦大学出版社 2005 年版，第 63 页。

政治制度推行与社会环境引导等诸多因素作用下蔚为大观，从中央官学到地方官学，从官方办学到民间私学，国家教育资源极为丰富。唐朝中央官学设国子学、太学、四门学、书学、律学与算学计六学馆，地方官学则以州、县、乡、里四级划分同时设经学、医学、崇玄学三门；民间私学方面涵盖了隐居读书、私人讲学、私塾、家学、寺学等多种类型，总体上看不仅打破了历朝历代"学在官学"的传统局面，还真正将孔子的"有教无类"思想贯彻到教育实践，较好地推动了国家教育事业的大众化与普及化。另一方面，在统治者的大力倡导下，汇聚当时著名学者，前后耗费近30年集体编纂而成《五经正义》，其重大意义在于不仅初步解决了当时经学注疏与传承文本不统一的问题，更重要的是为后世提供了编纂典籍教材的规范模式，即先综合南北学术所长形成统一的文本样式，后以朝廷之权威性在官学推广进而影响私学。至此，唐朝不仅在国家层面对学术文本与教育文本进行了大一统，而且在教育领域建立起成熟的教材编撰、教育考核制度，从而为文化传播奠定了扎实的学术基础。

宋朝初年，为了避免再现五代时期短暂政权的悲剧，统治者奉行重文抑武执政理念，通过"更戍法"削夺武官军权、设置文官掌控枢密院以制衡将帅统领的三衙，进而缓解武官藩镇割据局面，以实现社会的繁荣稳定与政权的长治久安。此外，宋廷还大兴文化教育事业，在唐朝科举制度基础上进行革新与完善。为了加强官方舆论的引导，大量重用科举出身的文臣，严格规范科举用书，使得一时间科举考试成为取士入官的风向标，并决定了这一时期士子的研习方向。同时，充分重视和发挥馆阁编修书籍的职能与提升馆阁之臣的政治地位，大兴教育事业。北宋期间就曾出现庆历、熙丰和崇宁三次著名的兴学活动，从"宋初定天下，惟汴有学"（曾占易：《南丰县兴学记》）到"设遍天下，而海内文治彬彬"（《宋史·一五五·选举志一》）。自庆历办学后，中央至地方学校系统日臻完善，学院及私塾如雨后春笋般出现，对于促进社会文化教育的发展发挥了重要作用，形成了

"每一里巷须一二所，弦诵之声，往往相闻"（耐得翁：《都城纪胜·三教外地》）的盛况。

二、严控品质的制度建设与教材典籍的标准化

作为传播主流价值观、维护政权主流意识形态根基的主要载体，以官刻书籍为重点的典籍传播一直备受唐宋两朝统治者的高度重视。严格控制典籍的制度设计，涵盖版本选取、编纂校正、定版刊印、发布传播等典籍刊印的全部流程，还包括典籍出版后教育机构的教材用书与科举考试的考试用书选定。可以说，无论是中央机构还是地方机构，都展现出审慎对待典籍刊印与教材使用的态度。因此，这一时期官刻书籍的质量也较前朝更高。

尽管唐朝朝廷提倡对外塑造和合共生、多元包容的国家形象，但是在教材编纂、典籍刊印与书籍流通等方面的管理制度却是十分严苛的。特别是作为学校教育与科举考试用书的经史类官刻书籍，必须由官方统一刊印管理，不允许民间私自刊印传播。并且，中央官学对其版本的选取、校对及刊印都十分审慎，前文所述历时近30年编纂而成的《五经正义》便是最好的例证。中央官学对典籍高度重视的态度，也影响了地方官学与民间私学。及至宋朝，对于官刻书籍的编纂、刊印与流通的管理工作更为严苛。例如，宋廷就曾多次颁布禁书令，以整饬书籍流通市场。与此同时，宋廷还设立了专门从事典籍整理的机构，通过完善典籍管理制度，确保市面上刊印和流通的典籍能够真正代表和展现中华文化精髓，避免因书籍纰漏影响对外教育质量甚至影响到国家形象和中华文化的对外传播。诚然，为唐宋两朝所禁书籍大部分是危及封建王朝统治的少量书籍，并不足以影响到这一时期文化发展的整体局面。但是，唐宋两朝对于教材典籍的规范化管理，不仅体现了中国制度文化的精髓，在流传到国外后亦为周边国家和地区所认可、学习与效仿，而且也为当前我国制定与中华文化典籍管理及文

化传播内容相关的制度提供了重要的参鉴依据。

首先，高度重视典籍刊发是规范文化传播的必要前提。虽然从主观上看，统治者严控典籍的出发点，在于树立皇权权威、巩固意识形态、加强大统一的中央集权，总之是为朝廷服务，但在客观上却促进了儒家经典的标准化，确保对外传播的必须是能够真正代表中华文化精髓的儒家经典。例如在宋太祖时期，统治者急需借助思想大一统以纠正五代时期遗留的"礼乐崩坏，三纲五常之道绝，而先王之制度文章扫地而尽于是矣"（欧阳修：《新五代史·晋家人传》）的混乱局面。因此，宋廷高度重视儒术文化建设，即通过重用文官、完善科举、规范典籍等制度建设，试图获得民间对于朝廷皇权合法性的高度认同，但其客观作用却是隐性、持久的。其次，严控典籍刊发，促进了这一时期知识文化的快速传播与传播效率的提升。书籍传播速度是反映这一时期文化程度的重要标志。印刷术的快速发展，促成了宋朝经历了"自篆籀变而为隶，竹简变而为缣素，缣素变而为纸，纸变而为摹印"（罗壁：《罗氏识遗·成书得书难》）的过程。因此，宋朝成为中国古代书籍发展的最重要时期之一。在依靠纸质书籍传播知识的时代，知识文化的传播因其媒介的改变而加快速度、提升效率，因而在一定程度上促进了知识信息的更迭与文化的繁荣兴盛。最后，官方对于书籍质量的高度重视，促进了这一时期科学研究与学术研究的发展，促成了学术话语体系的完善。一方面，诸如在宋真宗时期，时局相对稳定，大量经史书籍得到系统校勘与刊印，反映出当时社会对于此类书籍的迫切需求。为此，官方必须组织专人整理经史类书籍、对典籍内容进行补偏校正以满足社会需求、统一思想。另一方面，社会的需求和国家的引导，促使学者大量著书立说、阐明观点，一时间促成了学术文化的繁荣发展。

三、引育并施的国家监管与文化市场的规范化

文化市场的繁荣兴盛，是唐宋时期文化发展的又一特质。这一时期的

文化市场不仅是文化产品、文化服务与文化资源交易活动开展的主要场所，更是文化生产者、文化经营者与文化消费者进行中外人文交流的重要领域。为了更好地对文化市场进行培育、监管与引导，唐宋两朝通过制定文化市场管理制度，对良莠不齐的文化产品进行管控。这些管控措施在规范市场管理的同时，也净化了文化市场环境，促进了文化市场的良性循环发展。并且，在一定程度上还能够确保对外传播的文化产品与文化服务的质量与取得积极的效果。

宋朝是中国古代经济发展的鼎盛时期之一。这一时期，朝廷对文化市场进行了商事管理、专卖管理与行会管理三个方面的监管，取得了一定成效，并在一定程度上能够为当前我国规范文化市场提供有益借鉴。首先，在商事管理层面，随着市场规模的扩大，两宋文化市场大致可分为图书交易市场、教育交易市场、休闲娱乐市场与艺术品交易市场四个类别，各类别市场遍布全国，商业经济较为繁盛。为了加大对文化市场的监管，宋朝以"过税""住税"为名目征收商品流通税，对偷税漏税、受贿瞒报者实行严厉惩罚，很大程度上促成了市场价格的明朗化与合理化，实现了文化市场的良性发展。其次，在专卖管理层面，随着海上贸易的发展，大量舶来品涌入国内，海外贸易的种类从北宋初期的 50 多种迅速上升到南宋时期的 300 多种。为了加强对文化市场的监管，避免舶来品传播影响国内文化发展，朝廷设立了市舶司，同时颁布《市舶条法》，对舶来品实施严格的专卖制度。例如，宋太宗就曾下诏："私与蕃国人贸易者，计直满百钱以上论罪，十五贯以上黥面流海岛，过此送阙下"（《宋史·卷一八六》），对文化产品专卖管理之严格程度可见一斑。最后，在行会管理层面，两宋时期商业经济的发展，促成工商业行会的迅速成长。例如，当时就有记载："（元丰八年）在京诸色行户，总六千四百有奇"（李焘：《续资治通鉴长编·卷二四四》）。通过行会传播，宋廷对文化市场的发展加以引导，并且制定针对文化产品的监管政策，从而为当时文化市场的活跃和发展提供了可持续的推动力。

第五节　输出文化产品　促进中华文化的优势转化

文化产品对外输出的数量之多、范围之广与力度之大，是唐宋文化拥有强大国际影响力的重要原因之一。唐宋两朝以都城为中心向四周扩散，于陆路交通、驿传制度、内河航运与海上交通四个层面，编织起发达繁密的立体交通网络。不仅突破了自然地理方位障碍与社会文化习俗制约，推动了贸易往来，而且在政治、经济、军事与民族等方面，亦促进了多层次、多领域、多渠道的文化交流。这一时期，对外输出的文化产品品类丰富、数量繁多，其中，最具代表性的当属茶叶、丝绸与瓷器。这三类文化产品及其衍生产品的对外输出，满足了唐宋两朝与丝绸之路沿线国家增进认同、友好相处的强烈愿望，强化了对外贸易的文化属性与价值意蕴，从而为中华文化走出国门架起了重要的友谊桥梁，至今仍发挥着深远而持久的政治、经济和文化功能。

一、和合共生：中华茶文化的对外传播

中华茶文化是中华优秀传统文化的重要组成部分。作为世界上最早种茶、制茶与饮茶的国家，中华茶文化始于唐而兴于宋，从最初的药饮、羹饮、调饮、清饮，到如今普及大众、雅俗共赏的茶文化，中华茶文化承载着中华文明的伟大智慧，蕴含着中国人的处世智慧与审美趣味。作为唐宋时期文化对外传播过程中重要的文化产品，中华茶文化在繁盛的茶叶出口贸易的推动下传播到世界各地，与当地民风民俗交汇融合，最终形成了丰富多彩的世界茶文化场景。

（一）和合共生：中华茶文化的价值意蕴

中华茶文化源远流长，早在秦汉时期饮茶之风就已在社会盛行，但是只能算是饮茶习惯，尚未上升到审美趣味与文化层面。唐朝是中华茶文化的信史起点，一方面，随着制茶工艺、煮饮器具与冲泡方式的改良，茶的口感有了很大提升。另一方面，当时的社会精英——僧侣、文人与官吏通过作诗吟诵、舞文泼墨与唱和赋诗，将饮茶活动由单纯的生理需求层面上升到结交同仁、游山玩水、精神慰藉、人生思索等精神需求层面，茶由此进入与文化水乳交融之境。作为世界上现存最早、最完整、最全面介绍茶的第一部专著，陆羽的《茶经》由备茶品饮之道，推演至通过饮茶陶冶情操、修身养性之术，是中华茶文化在唐朝定型升级的重要标志。宋朝茶文化的兴盛表现在多个方面：第一，宋朝饮茶之风日盛，上至王侯将相下至乡间庶民均有日常饮茶之习。"茶之为民用，等于米盐，不可一日以无。"（王安石：《议茶法》）第二，在延续陆羽力推的"清饮法"基础之上，宋朝对茶器的材质、外形及茶用具的种类进行改良，不仅带动了瓷器、木器等相关工艺的发展，使得饮茶与赏器、论道、赋诗、品文融为一体，成为一种精神文化享受。第三，饮茶之风遍及全国境内城乡。中华茶文化与当地的民风习俗融合，形成了许多具有鲜明地方特色的茶文化形态。例如，含有宗教因素的道观茶文化、寺庙茶文化等；以地域区分的武夷山茶文化、云贵高原茶文化等；以茶叶品类区分的绿茶文化、黑茶文化等。时至今日，中华茶文化仍是一个包容诸多难以通约或合并的不同茶文化类别的集合概念，成为中华优秀传统文化的宝贵精神财富。

"和合共生"是中华文化的精髓，亦是儒、释、道三家最精深的哲学智慧。中华茶文化于唐宋时期儒、释、道三家并重的背景下孕育而生，因而不可避免地刻上了"和合共生"的精神烙印。儒家和谐中庸的修身之道、佛家和诚处世的人生态度、道家天人合一的和美境界，交汇融合组成了唐宋茶道的基本格调：首先，强调天人合一的品茗环境。天人合一是中华文化的精神底色，强调品茶环境与自然环境的和谐统一，是中华茶文化的美学基础。唐朝文人常于野外品啜香茗，"晦夜不生月，琴轩犹为开……茗爱传花饮，诗看卷素裁"（皎然：《晦夜李侍御萼宅集招潘述、汤衡、海上人饮茶赋》）。唐朝名僧皎然的这首茶诗，描述的是傍晚时分佳朋相聚、传花饮茶之其乐融融。"飞泉天上来，一落散不收……追薪爨绝品，瀹茗浇穷愁"（朱熹：《康王谷水帘》），描述的是于谷帘泉边以泉水煎茶品茗、茗景相互映衬之奇绝场景。唐宋文人既寄情于山水，又忘情于山水，在月下桥边、松竹花间与山水泉旁，以茶为引，体悟人生百态、感受宇宙万物，是中华民族天人合一、道法自然精神追求的生动呈现。其次，追求超然旷物的人生风韵。"喜怒哀乐之未发，谓之中；发而皆中节，谓之和"（《中庸》），中华民族中庸致和的处世态度与茶的雅致平和是融会贯通的。"茶之为用，味至寒，为饮，最宜精行俭德之人"（陆羽：《茶经》），在唐宋文人的描述中，茶性是清新淡泊、雅致高洁的。因此，常年饮茶之人心思澄明、性情平和，在处理待人接物，特别是处理对外关系时，更是强调睦邻友好、和平相处。第三，主张随缘自适的茶禅一味。在唐宋文人的描述中，茶味之冲淡清苦与佛性之参破"苦谛"天生之间，便是同一种兴味。因此，品茗之时，先苦后甘、啜苦咽甘，能帮助坐禅者提神益思、妙悟人生。而品茗之地讲究静净，修习佛法主张静坐。品茗可以涤除玄鉴，帮助坐禅者静坐精虑、参悟佛理。"携籝北岭西，采撷供茗饮。一啜夜窗寒，跏趺谢衾枕"（朱熹：《茶坂》），即描述的是文人结跏趺坐，饮茶醒神清思以助参禅的场景。时至今日，唐宋时期定型的茶禅一味、以茶参禅的基调仍具有深远影响。在当今茶道中，仍强调在清静空幽的自然环境中品茗论道，在随缘自适的心境中参禅悟道，在对佛理禅意的感悟中体会澄怀味象，从而寻求淡泊明志、明心见性的超然心境。

（二）茶叶贸易：中华茶文化的对外传播

中国茶叶贸易自古代至近代大致沿着四条路径走出国门：其一是向东

路径,传播至朝鲜半岛与日本,自唐宋时期始,时间最早。其二是向西路径,经由新疆与西藏传播至中亚与印度,始于两汉兴于唐宋。其三是向北路径,传播至蒙古与西伯利亚,以元朝为盛。其四是向南路径,以明朝郑和下西洋为肇始,经由中南半岛传播至非洲、美洲与欧洲。就时间跨度与贸易形式而言,现有记载最早的茶叶贸易,源于公元473～476年中国商人与土耳其商人在蒙古边境的以物易茶。从此,开启了近千年中国茶叶出口外销贸易的历史。唐宋时期是中国茶叶贸易管理规范定型的起点,朝廷高度重视茶产品的对外贸易。唐朝专设市舶司管理茶叶对外贸易,宋朝专设茶马司管理"以茶易马"的物物交易。一时间,不计其数的茶产品被满载客商的商队,分别沿着陆上丝绸之路、海上丝绸之路、茶马古道,运往遥远的国度。不仅本土商人大量参与到如火如荼的茶叶贸易中,还出现了大量外国商队长期驻扎于中国从事茶叶贸易活动。唐宋时期,茶叶贸易从生产、供应到销售,形成了系统完整、分工细密的商品产业链条。

茶叶贸易既是以物易茶的"物物"交易,更是中西文化交融相生的生动呈现。伴随着源源不断的茶叶供应,呈现在世界其他国家人民面前的,还有中国茶叶独具一格的品饮方式,及其蕴含的含蓄内敛、淡泊平和的东方美学。来自中国的茶与当地的民俗习惯交汇融合,便形成了丰富多彩的世界茶文化,在满足人们生理享受的同时亦提高了审美趣味。

中华茶文化在日本的传播,大致始于奈良时代初期,由遣唐使将茶种、制茶工艺与饮茶艺术传播至日本。永贞元年(公元805年),日本高僧最澄禅师携带茶种归国,并将其栽种于日吉神社境内。该地遂成为日本最古老的茶园,而最澄禅师也因此被誉为日本种茶技术的第一位开拓人。一年后,曾于长安求学的空海禅师归国,带回中国制茶的石臼(现仍存于奈良法隆寺内),并将在中国习得的制茶技术一一传授。在中华茶文化的日本传播史中作出重大贡献的,还有永忠法师。他曾于茶文化圈的中心——都城长安居住30余年,深刻领悟中华茶文化之独特魅力,归国后曾向嵯峨天皇亲手奉茶，以此开启日本饮茶史的第一页。僧侣们的提倡促成了日本饮茶之风兴起。日本社会或饮茶作诗，或寓情于茶，或以茶参禅，茶道艺术迅速在日本社会发展起来。南宋孝宗乾道四年（公元 1168 年），荣西法师回国，著有《吃茶养生记》一书。作为日本的第一部茶书，其观点深得陆羽《茶经》之理。

中华茶文化传至日本后，形成了以"和敬清寂""一期一会""独坐观念"为特征的日本茶道思想。分别来看：其一是"和敬清寂"的茶道四谛。"和"源自儒家的"和合共生"；"敬"源自禅宗的"心佛平等"；"清"体现了道家的"物我合一"；"寂"是前三者的集合，也是茶道追求的最高境界，体现的是佛教涅槃、寂静、空寂、寂灭的审美情趣。其二是"一期一会"的处世态度，是佛教无常观的具体体现。强调世事无常，人们一生往往只有一次见面的机会，因此，必须倍加珍惜、坦诚相待。这种强调自然客观结果、注重社会性礼节的处世态度，不仅贯穿于日本茶道艺术的全过程，也体现在日本茶道的语言文化中。时至今日，日本茶人仍忠实地遵守着"一期一会"的信念，珍惜每一次茶事，并从中获得生命的充实感。其三是"茶禅一味"的审美情趣。这一情趣基本沿用了中华茶文化以茶参禅、因茶悟禅的审美情趣。在布置饮茶环境时，借鉴了禅宗恬静淡雅的坐禅环境，主张在怡然自得却不失庄严肃穆的氛围中，观赏茶师点茶调茶的优美姿态，体悟匠人精神在现实生活中的呈现，从而将茶道、禅道与日常生活有机融合，实现人、茶、禅、道的多元合一。

总体而言，作为日本最具特色亦最具影响力的文化形态之一，日本茶道是中华茶文化与日本本土文化相交相融的衍生物。它萃取了中华茶文化对天人合一、旷然超物、茶禅一味的价值精髓，又延续了日本本土哲学、宗教、美学与道德等文化因素的精神追求，是中日文化交流的重要结晶，也是对茶文化本身及世界茶文化的丰富和发展。

二、兼收并蓄：中华丝文化的对外传播

作为人类文明史上文明交流互鉴最耀眼的舞台，在漫长的历史演进过程中，丝绸之路浓缩了亚欧大陆在政治、经济、社会、文化等诸多方面的精华，是东西方物质文明与精神文明会聚最直接的亲历者与见证者。在这条链接亚欧大陆的交通大动脉上，以中国丝绸为代表的商品互通，带动了贸易畅通、文化融通、科技互通与民心相通，沿线国家人民共同谱写了一部经济互利、人文互启的史诗乐章。因此，丝绸之路不仅是一条商业贸易之路，更是一条文化交流之路。

（一）兼收并蓄：丝绸文化的价值意蕴

这条贯通南北、链接东西的交通动脉，为后世冠以"丝绸之路"的美名，足见丝绸在中国古代对外贸易中的重要地位。作为东方文明的重要名片，中国丝绸以其兼具艺术性与实用性的上乘品质与文化底蕴，广受海外民众喜爱，也因此成为中华文化对外传播的重要载体，对树立中国形象、增进价值认同发挥了重要作用。

一方面，中国丝绸背后承载着中华民族的伟大智慧。栽桑、养蚕与织造技术是中国古代人民的伟大发明，是中国古代物质文明与精神文明的集中体现与有机融合。蚕丝的应用，对于丰富人类物质文明生活作出了重大贡献，在世界文明史上占有光辉的一页。首先，从历史起源来看，中国丝绸的渊源可以追溯到遥远的新石器时代晚期。新中国成立以来，我国考古工作者在良渚文化遗址与仰韶文化遗址中都曾发现家蚕丝的丝绸残片，表明距今 5000 多年前我国人民已经初步掌握了丝织技术的原始生产手段。第二，从技术进展来看，唐宋时期是中国丝织技术的重要发展阶段，也因此成为我国农耕技术发展过程的缩影之一。在以男耕女织为基本形态的封建社会，缫丝织绸生产一直是以家庭副业为主进行的，因而进展较为缓慢。唐宋时期，国力的强盛与百姓的富裕，催生了民间对于丝绸产品的供应需

求，海陆交通的畅通则带来了源源不断的海外丝绸供应需求。同时，随市场需求扩大而来的，是对丝绸制作技艺与产品类型的更高要求。在此背景下，唐朝多次下诏劝课农桑，并通过多种渠道，对民间改良丝织技艺提供必要帮助。在劳动人民的创造发明下，桑叶种植与缫丝技术的制作产区不断扩大，生产技术迅速提升，产品样式也更加丰富，丝绸业劳动生产率的提升与海内外贸易需求之间形成了良性互动。第三，从行业发展来看，伴随着丝织业的迅速发展，官营丝绸生产机构规模扩大，民间丝绸生产机构数量增多。为了更好地进行生产监控和行业监管，唐宋两朝在官营丝绸生产机构设置了专门管理机构。除对工匠进行调配、考勤和检验等管理外，还对具体生产过程进行管理。例如，在成品检验环节，唐朝就专设尚供局以检验丝绸生产和保管丝绸，设"尚功二人，掌女功之程，总司制、司珍、司彩、司计"（《新唐书·卷四七·百官志二》）。对于民间丝织户，朝廷亦从整体上严格管控丝绸质量。这就在一定程度上保证了丝绸产品的上乘质感与丝织行业的高效产出。及至宋朝，虽然生产重心逐渐南移，但是以官营、私营与官雇民机包织的丝织行业已臻于完善，形成了从栽桑、浴蚕，乃至牵经络纬上机织造及成衣的一整套过程，从而为明清时期的丝绸生产技术奠定了基础。此外，唐宋时期还总结劳动人民的生产经验，编写了诸多蚕织生产专著。例如，在秦观的《蚕书》、陈旉的《农书》等书中，都对当时耕织生产的整个生产工艺有生动的描述。

另一方面，中国丝绸承载着中华文化的思想精髓。首先，从丝绸品质看，唐宋两朝的丝绸产品，较前朝种类更为丰富、质量更为上乘，集艺术性与实用性为一体。这一时期精湛的丝织技艺，使得中华神话祥瑞之物、东方国度奇观秘境与唐宋街市百姓习俗等，都能呈现于一方丝绸之上。在赋予丝织品美感的同时，也促进了中华文化元素在海外民众间的人际传播。其次，从文化意蕴看，丝绸及其代表的中国服饰文化充满了柔和、优雅、飘逸之美，是中华文化气韵的最好寄托。在普及东方服饰文明的同时，也增进了海外民众对遥远东方文明的向往和想象。在阿拉伯商人苏莱曼的中国游记中就曾对中国丝绸的普及程度表示惊叹："中国人不论大小，不论冬夏，都穿丝绸的衣服。但是，最好的丝绸是留给国王的，余下的大众都可以穿——能穿多好就穿多好。"[①]一时间，中国丝绸以其优良的服用性能与精美的装饰效果，成为这一时期沿线国家对外贸易中最主要的高档货物。在海外，购买丝绸、穿着丝绸成为富有及拥有地位的象征，对海外民众的生活习惯起到了重要的影响。尤其在东罗马，中国丝绸几经转手到达东罗马已是贵若黄金。最后，从科技进步看，伴随着丝绸贸易的扩大，中国的养蚕缫丝技术及织造技术也随之传播至海外，促进了世界各地丝绸技术的提高。例如，朝鲜的朝霞䌷、鱼牙䌷，日本的美浓絁及西方的波斯锦、提婆锦等，都是中国丝织技术在当地的发展演进。而在鉴真大师东渡日本的成员中亦不乏技术精湛的绣师，是他们将中国织绣技术传至日本，在惠及百姓生活的同时亦成为中华丝文化的传播者。

（二）丝绸贸易：丝绸文化的对外传播

古代丝绸之路的畅通打开了中国对外开放的大门。中国丝绸随着源源不断的驼队、商船传遍世界，中国的缫丝技术也随之传播至海外。唐宋时期的丝绸贸易在丰富世界人民物质生活的同时，也促进了世界各地丝织技术的整体提高。

唐朝时期的丝绸贸易传遍欧亚，甚至远至非洲。其中，陆上丝绸之路以西域道、西藏道与永昌道为主，海上丝绸之路则以面向朝鲜和日本的东海线、经由广州到达波斯湾，以及经由越南到达中南半岛的南海线为主。通过实行"关中本位"政策，唐朝朝廷为丝绸贸易的发展提供了重要保障。一方面，在陆上丝绸之路上，西域道是一条横贯欧亚大陆的丝路要道。近年来，在这一地区出土的大量文物中，都有唐朝丝绸的存在。例如，

---

① 苏莱曼：《苏莱曼东游记》，刘半农、刘小蕙译，华文出版社 2016 年版，第 37 页。

在吐鲁番出土的文书中，就曾记载当时这一地区丝绸贸易的繁忙景象。另一方面，在海上丝绸之路上，面向朝鲜和日本的东海线丝绸贸易亦十分繁忙。在史书中就曾记载，开元年间，唐玄宗赠新罗王瑞文锦、五色罗等丝绸产品，而新罗王亦回赠其朝鲜产的朝霞䌷。此外，广州港承担着大量的丝绸贸易迎来送往的重任。到了宋朝，中外丝绸贸易更为繁盛。出于扩大财政收入考虑，宋廷鼓励丝绸出口，特别是禁止铜钱外流后，大量丝绸织物成批运销海外。宋朝丝绸的对外输出主要经由广州、明州与泉州三大港口，运往日本、朝鲜与东南亚、阿拉伯等国。这其中尤以泉州港为重，来自阿拉伯国家的伊本·巴图塔就曾在他的游记中如此描述当时的泉州："这是一个大城市，的确好极了。他们织造的天鹅绒锦缎和各种缎子就以Zaituniah 城命名，比杭州（Khansa）和北京（Khanbaliq）的织物还要好。"[①]南宋赵汝适亦记载，当时泉州港的丝绸已远销坦桑尼亚等 23 个国家与地区，不仅种类繁多，而且促进了当地丝织业的发展。例如，在丝绸之路的终点芦眉国（位于今地中海沿岸），就有"四万户织锦为业"（赵汝适：《诸蕃志·芦眉》）。

丝绸贸易对文化传播的推进，更直接地体现在对沿线各国经济和社会全面发展的有力推动。一方面，丝绸贸易的繁盛，促进了沿线各国丝绸生产的发展与水平的提高。例如，前文提及的朝鲜、日本乃至西方各国对中国丝绸技艺的改进，以及与丝织工艺密切相关的竖机、苏木染料技术的发展。可以说，中国丝绸技艺的发展带动了整个世界丝织技术的发展，造福了世界各国人民。另一方面，贸易流通中的丝绸，不仅作为商品而流通体现其使用价值，而且作为货币而流通，又具有交换价值的功能。例如，开元二十年，唐朝朝廷就曾明确下诏："绫罗绢布杂货等，交易皆合通用"（《册府元龟·卷五〇一·钱币三》）。当时在与域外国家进行贸易往来时，

---

① 王小甫等：《古代中外文化交流史》，高等教育出版社 2006 年版，第 237 页。

丝绸产品成为核算载体，可以进行"以物易物"的商品贸易。丝绸产品以其兼具使用价值与交换价值的功能，在当时成为流通于生产者、贸易者与消费者之间的"第二货币"，这在一定程度上促进了货币的流通与社会经济的发展。

此外，丝绸贸易还促进了沿线各国服饰文化的效仿与革新。例如，日本的奈良时代即十分注重吸收唐朝的文化与技术。在唐朝服饰传入日本后，首先在日本贵族中广为流传，被称为唐风贵族服。后来，日本人对唐风贵族服进行了"国风化"改造，制作出既符合日本民众穿着习惯，又具有唐朝服饰中华韵味的和服，这也是丝绸贸易推动中日文化交流的又一重要成果。

三、海纳百川：中华瓷文化的对外传播

古代丝绸之路亦称"中国瓷器之路"，足见陶瓷在中国对外贸易史上的地位堪与丝绸媲美。作为中国古代重要的工艺门类，陶瓷以其匠心独运的造型设计、新颖别致的场景想象与做工精湛的工艺技术，体现出中华民族的伟大智慧与对美好生活的期盼，也因此受到世界各国民众的喜爱，成为这一时期中华文化对外传播的重要载体。

（一）海纳百川：中华瓷文化的价值意蕴

唐宋时期，尤其是宋朝，是中国古代对外贸易史上陶瓷外销的鼎盛时期。北宋赵汝适在《诸蕃志》中，曾经记载当时经由泉州运出的中国陶瓷，沿着海上丝绸之路被运往世界各地，最远可达非洲的肯尼亚。这一时期的陶瓷产品，无论从造型设计、制作流程，还是其承载的文化内蕴与技术演进特征上，都蕴含着中华文化"海纳百川，有容乃大"的价值意蕴，成为中华文化对外传播的重要载体。

首先，在造型设计方面，唐宋时期是中国陶瓷发展史上的重要时期，瓷器种类十分丰富。其中，唐朝以越窑的青瓷、邢窑的白瓷为代表，宋朝

以柴、汝、官、哥、定五大名窑为代表。它们直观地体现出中国陶瓷的胎、釉、色、形、纹之美，并以其清新脱俗的造型、精湛制作的工艺以及雍容典雅的色彩，受到世界人民的喜爱，成为中外文化交流的重要使者。第二，在制作流程方面，唐宋陶瓷是物质文明与精神文明的完美结合。以物质形态存在的瓷土，经过烧制、上釉、绘画等艺术加工后，呈现于世人面前的，是蕴含着人类智慧与创造、承载着审美情趣与文化特质的艺术品。因此，就此而言，陶瓷不仅仅是以物质形态存在的人类造物。因为无论是制作技艺、装饰工艺还是陶瓷传播，都与这一时期中华文化的基本特质密不可分，所以它更是物质文明与精神文明互动的成果。第三，在文化内蕴方面，唐宋时期的陶瓷又是唐宋文化精神的集中体现。唐朝"席卷天下，包举宇内"的气魄，赋予唐瓷具有唐诗一般的丰富神韵；宋朝"内敛温敦、含蓄深沉"的哲思，寄以宋瓷拥有宋词一般的温润如玉。在这个意义上，陶瓷已不再是单纯满足生理需求的器物，更重要的是其所承载的中华饮茶文化、中华哲思内蕴、唐宋时代精神、唐宋审美情趣等文化元素。第四，在技术演进方面，陶瓷是中外文化交流的重要成果。唐朝生产的邢窑、定窑白瓷、越窑青瓷、耀州窑的唐三彩陶器与长沙窑的青釉褐等，远销海外，扬名天下，谱写了对外文化交流的光辉篇章。在陶瓷外销与技术外传的同时，高丽在唐瓷技术基础上，研制了"翡色"青瓷器与"新罗三彩"。日本、埃及、波斯等国也在效仿唐三彩的基础上，制成了"奈良三彩""埃及三彩""波斯三彩"，这些都是人类文明交流互鉴的最好佐证。唐宋两朝以博大的胸襟，包容吸纳域外文化，采撷英华，终至形成气度恢宏、史诗般壮丽的中华文化。作为这一时期域外文化在中国精彩纷呈的缩影，从陶瓷的造型、装饰到绘画，都可以感受到其背后扑面而来的异域风情，展现出中华文化海纳百川的独特魅力。

（二）陶瓷贸易：中华瓷文化的对外传播

自唐宋时期起，随着国内外市场对于陶瓷需求量的大幅提升，瓷器开始成为中国对外贸易的大宗商品，一度居于文化产品出口的首位，也因而使之成为这一时期中华文化对外传播的重要载体。

唐宋两朝是中国古代瓷器大量外销的繁荣时期，在其构建的陆上、海上丝绸之路的沿线国家和地区，几乎都可见到唐宋瓷器的遗迹。现在埃及首府开罗南郊的福斯塔特，在唐宋时期是埃及土伦王朝的首都，因而一直是阿拉伯国家的主要货物集散地与财富会聚地。在这里目前发现的中国陶瓷多达万片，其中大量是唐宋时期的三彩、白瓷、青瓷和长沙窑瓷，数量最多的则是越窑的青瓷。[①] 具体来看，唐朝陶瓷贸易主要通过两个渠道：其一是陆路方面，西北经由古丝绸之路到达中亚、波斯与天竺，东北经由朝鲜到达日本，陆路运输瓷器困难造成瓷器破损率大，因此出口数量较小。其二是在晚唐时期通过海路方面，一条从广州港口经由东南亚到达地中海沿岸，另一条经由明州向东到达新罗与日本。唐朝的越窑青瓷、邢窑白瓷与唐三彩是最早销往海外的陶瓷器。作为外销瓷，它们在造型装饰上保持着鲜明的中国传统风格。及至宋朝，由于陶瓷业的蓬勃发展，名窑产品层出不穷，加之国际市场的需求日增，使得与此密切相关的造船业，到了北宋时期也相当发达。当时造船业的发达与指南针的应用，以及宋廷在广州、泉州、杭州、明州等港口设立市舶司，鼓励从事外贸，以广招徕，进一步促进了陶瓷贸易的发展。而形成这一盛况的主要原因是：一方面，技术的成熟与商业的发达提高了制瓷产出与商品流通的效率，因而使得唐宋时期成为中国古代瓷器外销史上的黄金时期。唐朝时，越窑是传统青瓷的典范，邢窑是新兴白瓷的代表，今人常以"南青北白"描述唐朝陶瓷的概貌。在这两种瓷种以外，还有黑、黄、花釉，并有装饰开一代风尚的唐三彩与绞胎，其中使用的釉下绘画的手法，开创性地引领了后世中国陶瓷装饰风范的根本转向。宋朝则是陶瓷工艺趋近精良的关键时期，无论是在陶瓷产量

---

① 张国刚、吴莉苇：《中西文化关系史》，高等教育出版社 2013 年版，第 94 页。

还是在艺术品质方面都取得了非常高的成就。釉色的增多，在传统青、白、黑瓷以外创造出彩瓷与绘花等多种装饰技艺，加之封窑技术的进步，大大提高了瓷器的坚硬度，一时间使得陶瓷几乎取代了金属与漆器，成为海内外民众争相使用的生活用品。宋朝也因此被后人冠以"瓷的时代"之名。另一方面，随着中华文化在贸易国的逐步深入，带有中华元素的文化产品广受欢迎。而集美观性与实用性于一体的陶瓷，就成为海外民众竞相购买的主要商品，迅速风靡海外，各国民众无不以珍藏中国陶瓷为荣。在苏莱曼的中国游记中，除了感叹中国丝绸之美，还曾惊叹中国瓷碗的上乘品质："可以做得和瓶子的玻璃一样薄，里面如果放了流质，外面可以看得见"[1]。随着宋朝的全面开放，中国与世界进行贸易的局面逐步打开，陶瓷产品经由东南亚与东亚运往世界各地，几乎覆盖了世界大多数国家，也因此一度被海外民众冠以 china 之名。以朝鲜为例，朝鲜的陶瓷技艺深受中国影响。公元 12 世纪时，宋朝越州瓷的青瓷大量流入朝鲜，给朝鲜的制瓷技艺以重要影响。公元 1122 年，北宋学者徐兢随使赴朝鲜，归国后写成《宣和奉使高丽图经》。书中记载道，高丽的陶瓷匠师们模仿宋朝定窑造型制成青色陶瓷，取名"翡色"，其"制作工巧，色泽尤佳"[2]。在唐宋陶瓷技艺的影响下，朝鲜不仅官窑大量研发陶瓷技艺，许多民窑也烧制陶瓷，使得制陶业在当时的朝鲜十分兴盛。

总体而言，在蓬勃发展的茶叶贸易、丝绸贸易、陶瓷贸易等对外贸易的推动下，附着于商品之上的社会风俗、生活习惯与审美情趣，如同文化因子一般，浸染着中华民族的风采，为当地的风土人情吸纳、改进之后，逐渐成为本土传统文化的重要思想渊源，并对当地的社会发展进程产生了巨大的影响。

---

① 苏莱曼：《苏莱曼东游记》，刘半农、刘小蕙译，华文出版社 2016 年版，第 47–48 页。
② 朱培初：《明清陶瓷和世界文化的交流》，轻工业出版社 1984 年版，第 150 页。

第六节　提供服务支持　完善中华文化的传播功能

一般而言，文化服务以满足民众的文化需求与文化兴趣为目标，这种行为通常不以实体形式呈现，而是国家机构、民间力量或社会组织为文化实践活动提供的各式文化支持行为。唐宋两朝通过设置对外文化服务机构、制定对外贸易政策及提供文化配套服务等措施，"招诱安存"来华经商的海外民众，取得了良好的成效。一方面，文化服务完善了对外贸易的招商配套，满足了外商在华期间的文化兴趣与认知需求，更优良的营商环境经过口耳相传必然吸引更多的外商来华开展对外贸易。另一方面，优质周到的文化服务让外商在日常交往语境中就能感受到文化大国的独特魅力，因此也在一定程度上促进了中华文化的对外传播。

一、自上而下提供对外交往服务

正如前文论及，在中华文化对外传播的历史演进过程中，文化传播与对外交往始终是密不可分的。作为构建国家形象的一种重要手段，文化外交是指以国家为行为主体，通过向他国传播本国价值理念等文化途径，而进行的一种发展双边关系、符合国家利益的外交活动。以文化交往为媒介发展双边关系，进而实现国家对外战略，是这一外交活动的根本宗旨。

在中国古代，最初的外交管理是附属于民族与边疆事务的，呈现出民族、外交与边疆事务三者混通的管理体制。至汉朝，外交事务才逐渐从民族、边疆事务的附庸地位中摆脱出来，成为国家政权机构中自成体系的一个重要部门。唐朝在汉朝的基础上，形成了自上而下的三级决策体制，表明我国古代外交制度已经臻于完善。[①] 在统治者高度重视文化传播以构建

---

① 黎虎:《汉唐外交制度史》，兰州大学出版社 1998 年版，第 14 页。

文化共同体的执政理念引导下，从朝廷外交层面为文化交往提供服务以促进文化传播，则成为这一时期从中央机构到地方机构的主要执政理念。

作为中日文化交流史上最辉煌的一页，总计有 19 批 300 余人的遣唐使团是将中华文化播扬至日本的中坚力量。他们在唐期间，积极朝觐天子、求学请益、交朋结友，回国后积极传播中华文化，并结合本民族实际推进本国政治、经济、文化、教育的全面改革，为推进中日文化交流作出了不可磨灭的贡献。因此，以唐朝对遣唐使提供的文化服务为窗口，足以窥见这一时期对外交往文化服务的整体状况。具体来看：第一，文化礼遇体现于遣唐使团在华期间的全过程。据《册府元龟》载，开元五年（公元 717 年），"日本国遣使朝贡，命通事舍人就鸿胪宣慰"（《册府元龟·卷九七一·外臣部·朝贡四》）。在遣唐使团到达中国的第一时间，驻守当地的朝廷官员及时设宴款待并为其接风洗尘，随后又将委派地方官员护送遣唐使团前往都城朝觐皇帝。当他们抵达都城后，朝廷会及时遣派重臣到鸿胪寺，向来使进行礼节性慰问。同时，鸿胪寺等相关机构还要对遣唐使团在都城期间的礼仪陪同、参观访问与食宿接待等全部活动进行细致妥当的安排。第二，文化礼遇体现于将中华文化精髓渗透到在华期间的日程安排中。虽然历次遣唐使团规模庞大，但是都受到朝廷的欢迎和优待，不仅会承担其部分费用，而且在朝觐皇帝时，朝廷也将根据不同级别进行包括官职册封与器物奖赏等方面的恩赐。鸿胪寺与四方寺在安排遣唐使团参观觐见时，特别重视通过仪式旁观、孔庙参观等方式传播中华文化精髓。例如，前文即已提及，在《新唐书》中记载，在遣唐使朝觐皇帝时，特别注重对其进行朝觐礼仪的宣传，以此塑造礼仪之邦的大国形象。同时，参观孔子庙堂几乎成为遣唐使在长安期间的必备日程。这些活动一定程度上增进了遣唐使对唐朝文化的深入了解与认同，也为其日后归国传播中华文化乃至参与本国文化变革奠定了基础。最后，文化礼遇体现于重视引导遣唐使团在日常语境中以身体悟中华文化。在安排日程时，除了朝廷安排的参观孔庙、朝觐皇帝与官员接待等高规格活动外，遣唐使团在华拥有高度自主的日程安排权。因此，他们通常利用闲暇时间，积极开展采买、游历或交朋结友，在深入实地的同时亲身体悟中华文化的独特魅力。同时，对中国朝章礼仪的了解，也是唐朝向遣唐使团传播中华文化的重点。通过在诸如元日、上元节、寒食节及皇帝诞辰日等节日，朝廷会召集遣唐使团观摩仪典，以加深其对中华礼仪的了解。当各遣唐使团离开中国返回日本时，同样会受到来自朝廷与百姓的隆重欢送，而朝廷对赏赐其带回日本的礼物，也是精心挑选那些能够代表中华文化精髓的物产。

总体而言，唐宋两朝正是通过一系列细致周到、关怀备至的文化服务，不仅成功地塑造了热情好客、温文尔雅的礼仪大国形象，为中外友好交往史留下一段段佳话，而且也能够吸引更多的海外宾客前往中国，从而为中华文化的对外传播提供了重要载体。

二、由内及外提供对外贸易服务

对日益兴盛的陆上、海上对外贸易进行管理与服务，是唐宋时期对外文化服务的重点。唐宋两朝一方面设置了诸如市舶使、互市监、押蕃舶使、市舶司等职位，专职负责蕃国入唐之后的朝贡管理、接转贡献、上报蕃情与过所管理；另一方面，还设置了蕃学、蕃坊、蕃市作为往来蕃客的活动场所。正是通过这些细致周到的对外贸易服务，朝廷为当时来华经商的蕃客提供了便利与优待，在增加国家财政收入并繁荣国内经济的同时，也增进了蕃客对中华文化的了解，无形中成为宣传中华文化的重要方式。

唐朝的市舶使最早设于开元初年。关于这一职位设定，最早的历史记载大约是在《旧唐书·卷八·玄宗上》："（开元二年十二月）时右威卫中郎将周庆立为安南市舶使，与波斯僧广造奇巧，将以进内。监选使、殿中侍御史柳泽上书谏，上嘉纳之"，意即通过委派周庆为安南市舶使，专职负责管理波斯僧人进贡方物事宜。作为朝廷派往外地专职负责贸易管理的专使，"舶脚、收市、进奉"是其工作的核心内容。① 具体而言：首先，市舶使要负责对其驻地的对外贸易进行全面管理，在蕃舶抵达之后及时检查并向朝廷上报情况，同时还设"阅货宴"加以款待。其次，市舶使需要对蕃船征收一定关税，在增加国家财政收入的同时，也保证了蕃客不为地方官吏随意剥削，一定程度上保证了市场的透明度。最后，节度使要代表朝廷优先征收蕃舶的货物以供皇室之需，同时将蕃商向皇帝进贡的珍异物品统一进奉上缴。基于此，市舶使的设置不仅保证了中央集权，同时还直接参与到邦交往来，肩负起朝廷引导文化贸易规范化的重要职责。

互市监是唐朝朝廷设于边境地区的对外贸易服务机构，称其"掌蕃国交易之事"（《新唐书·卷四八·百官志三》）。一方面，互市监具体参与到边境贸易的直接管理中，包括为朝廷采买货物、与蕃客商定物价、对市场价格进行监控等具体细节，保证了蕃客在互市场所进行贸易的安全性，以及互市市场的稳定发展。另一方面，互市监中设有"互市牙郎"，专职为贸易双方提供翻译服务。这一职位都选取通晓蕃语且能力较强之人担任，而安禄山与史思明均曾经担任过。据史书记载，安禄山为营州柳城"杂种胡人""及长，解六蕃语，为互市牙郎"（《旧唐书·卷二○○·安禄山传》）。因通晓多种语言故担任互市牙郎一职，作为双方交易的经纪人要全程翻译并协助双方确定物价以完成交易。

宋朝在唐朝基础上设置了功能更加完备的市舶司。这一举措不仅提高了朝廷对海上贸易活动的管理效率，同时也强化了其在开展对外贸易活动中的主导权，也因此更利于朝廷将文化传播功能渗透到对外贸易活动中。具体而言，宋朝的市舶司职能更为全面，也更趋专业化与独立性。例如，宋朝新增"货物关税"的船舶税收形式，对往来船舶办理通行证、货物检阅等流程进行了详细规定。为了扩大贸易往来，市舶司对于能够成功

---

① 黎虎：《汉唐外交制度史》，兰州大学出版社 1998 年版，第 523 页。

引进外贸活动的官员予以重赏。在制定交易标准时，鼓励发挥丝绸、瓷器等文化产品的交换价值充当货币，推动了对外贸易的发展。并且，对于提前结束贸易返航的商船进行税收减免等等。宋朝通过多种专业化举措促进了这一时期对外贸易的繁荣兴盛，一定程度上也促进了文化传播的周转效率。

此外，在这一时期对外贸易的推动下，大量海外民众旅居中国，包含使臣、商人、僧侣及旅行家，他们被称为"蕃客""蕃人"。为了更好地为这些海外民众提供服务，宋朝在唐朝的基础上设置了"蕃坊"。在朝廷的大力推动下，蕃坊无论在规模还是功能上都有了发展，为蕃客在华期间的日常生活提供了细致周到的文化服务，也因此逐渐成为由朝廷主导并积极推动建设的主要对外文化服务区域。具体而言：首先，在风俗习惯方面，朝廷在蕃坊内设立番邦寺庙，以满足蕃客在华期间从事本民族宗教信仰活动的需要，体现出对外来宗教风俗的尊重与包容。其次，在组织管理方面，蕃客对于蕃坊有着较高的自治权。通过集中遴选的蕃长，不仅会得到官方认可予以诏封，享受与本朝官吏同级别待遇，还将全面负责蕃坊内部事务的管理工作。宋朝还规定，本朝官吏非特殊情况不得干预蕃长管理内部活动。最后，在贸易发展方面，朝廷在蕃长的帮助下，选拔蕃客内语言精通、贸易熟练者，通过官方培训与业务考核，委任其担任要职，以协助朝廷拓宽对外贸易范围。宋朝的一系列举措收到了良好成效，不仅使蕃客对于中华文化的认同感与日俱增，更重要的是，在蕃坊内部创建的便利的生活条件与良好的营商环境，也吸引了越来越多的海外商人来华经商，蕃坊也因此成为唐宋两朝提供对外服务的主阵地。

三、多措并举提供对外教育服务

正如前文所述，在唐宋时期全面开放的历史背景与较为完善的教育制度保障下，海外国家竞相派遣大量留学生来华，使得唐宋都城几乎成为世界上的留学教育中心。数以万计的留学生自海外来华求学请益，回国后积极参与到本国的文化改革中，因此成为传播中华文化的重要力量。

唐宋两朝针对留学生群体从教育引导与选拔人才两个方面开展文化服务工作。一方面，在主动扩大教育规模的同时，又严格保证教育质量，集中高效组织留学生群体学习中华文化，在源头上确保生源质量的同时着力开展中华文化教育。据《新唐书·卷一百二十三·儒学传》载，"广学舍千二百区，三学益生员，并置书、算二学，皆有博士。大抵诸生员至三千二百。自玄武屯营飞骑，皆给博士受经，能通一经者，听入贡限。四方秀艾，挟策负素，坌集京师，文治煟然勃兴。于是新罗、高昌、百济、吐蕃、高丽等群酋长并遣子弟入学，鼓笥踵堂者，凡八千余人。纡佩袟，曳方履，闾阎秩秩，虽三代之盛，所未闻也。"意即当时朝廷广设学舍，招募教员，不仅由鸿胪寺为留学生提供钱粮，还专设书、算二学博士以教授留学生。于是，四方外邦新罗、高昌等皆遣子弟入唐习业，使得当时在唐习业的留学生多达 8000 余人，其盛况几乎超过前面任何一个朝代。与此同时，值得注意的是，教育规模的扩大并不意味着全部接收，而是有针对性地挑选留学对象，并严格控制其修学年限。例如，新罗曾有多次被拒收留学生的先例。《唐会要·卷三十六·附学读书条》载，"新罗差入朝宿卫王子，并准旧例，割留习业学生，并及先住学生等，共二百十六人。请时服粮料。又请旧住学习业者，放还本国。敕：新罗学生内，许七人，准去年八月敕处分。余时十马畜粮料等，既非旧例，并勒还蕃。"意即新罗在派遣留学生之前，要按照制度规定先将之前的留学生 260 人遣返回国，同时要补给物资，还有一些因被处罚或年限过长而未能通过考核的留学生也要一并遣返回国。这则史料在一定程度上说明了当时唐朝对于留学生管理之严格。同时，留学生们在华期间的所有开支均由朝廷负责。鸿胪寺在照顾留学生们的衣食住行的同时，还会十分细致地依据不同地域的风俗习惯对留学生们进行分类管理。为了增进留学生们对于中华文化的认知，朝廷鼓励他们与本土学生同进同出，在交朋结友发展友好交往关系的同时，亦能加强他们对于中华礼仪特别是日常风俗礼仪的深入了解。此外，朝廷还在留学生在华期间的学习内容与晋升渠道等方面进行大胆革新。一方面，在课程安排上，唐宋两朝对于留学生的个性化学习意愿是充分尊重的。正如前文所述，唐朝中央官学以国子监统领的"六学一馆"为主干。对于留学生而言，中央官学的所有课程是全面开放的。因此，他们在学习必修课程的同时，亦可依据自身兴趣或者学习目标自主选择进入相应的学馆修习。另一方面，在晋升渠道上，唐宋两朝对于留学生的个性化发展意愿也是给予充分自主权的。对于这一时期的留学生而言，他们对未来有着高度的自信心和满腔的抱负。因为他们既可以选择通过宾贡科举进入唐宋朝廷为官执政，亦可凭借在华期间参加过宾贡考试的留学生身份回国，通常情况下会受到本国统治者的器重并委以重任。总体而言，唐宋两朝对于留学生提供的这一系列文化服务，体现了其"唯才是举"的先进人才观，强调的是以人为本，抛弃地域偏见不拘一格地广泛吸引外来人才，也因此成功地招纳更多的海外留学生来到中国求学请益。这既是唐宋时期中华文化高度的文化自信与博大的文化胸襟的生动体现，也是唐宋文化之所以拥有如此强大的文化吸引力的关键所在。

及至宋朝，针对蕃坊的教育问题，为了便于蕃客安心于贸易活动，朝廷在蕃坊中设立了蕃学，作为服务于蕃客后代的教育机构。由此，蕃学应运而生，并逐渐成为蕃坊中对外文化服务的典范。一方面，为了保护外来蕃客的宗教信仰与风俗习惯，蕃学通常只接收蕃客子女入学，而且宋朝的蕃学多设于蕃客往来密集的广州、福州两地。另一方面，朝廷在蕃学的教学内容上给予充分的自主权，同时也主动为蕃学营造良好的教学环境。例如，蕃客子女在蕃学中不仅要学习中华文化相关知识，教师还常对其因材施教、谆谆教导，引导他们学习原来国家的文化，体现出中外文化融会贯通的教育特色。蕃学成为蕃坊中重要的对外教育机构，不仅解决了蕃客子女在华期间的教育问题，使蕃客在华经商少了后顾之忧。更重要的是，无论是蕃坊内的来华客商还是常驻侨民都能在蕃坊中拥有舒适与自由的生活环境，进而对蕃坊产生亲切感与归属感，并增进对中华文化的认同感与体验感。

　　总体而言，唐宋两朝能够很好地做到在对外交往过程中提供文化服务、在对外贸易过程中传播文化元素、在对外教育过程中实施文化引导。上述举措一方面增进了海外来华民众对于中华文化的了解与认同，并使得各种文化传统得以接触、传播、碰撞与交流。另一方面，唐宋朝廷又针对外交使节、外来商客与留学生提供文化服务与良好的待遇，塑造起开放包容、兼收并蓄的大国形象。经过口耳相传，在很大程度上又吸引更多的海外民众来华游历、经商与游学，进而形成了文化传播的良性互动。

第三章　鉴思唐宋文化对外传播方式的当代价值

作为社会主义文化强国建设的重要一环，切实推进中华文化国际传播的战略意蕴不言自明。唐宋两朝是中国古代文化对外传播史上的成功典范，深入挖掘这一时期在推进对外传播能力建设方面的宝贵资源——主要体现于思想资源、实践探索及历史经验等方面，科学借鉴其在凝练精神标识、协同传播主体、丰富传播内容与拓宽传播路径方面所积累的宝贵实践经验，对于拓展中华文化国际传播路径具有重要的参鉴价值。

第一节　唐宋文化对外传播方式的思想资源

中华文化是中华民族发挥主观能动性所创造的物质文化与精神文化的总和，亦是中华民族长久以来思维方式的外在显现。一方面，一个民族的思维方式必然影响包含文化创造在内的思想意识与实践活动。因此，任何民族在文化发展过程中所体现的独特形态，必然与其思维方式、思想传承密切相关。另一方面，文化又具有相对独立性。文化的发展与传播必然会影响民族的发展与进步，也必然影响民族文化的再创造。唐宋两朝在其文化传承过程中所孕育的物态文化、制度文化、行为文化、心态文化①等方

①　文化，大概是在语义方面包容性最强的一个词。世间之物几乎尽可囊入文化语义，它既指代人类在历史发展过程中所创造的物质财富与精神财富的总和，又可意指诸如衣食住行、琴棋书画、礼仪风俗等具象的人类活动要素。国内外关于文化结构的讨论众说纷纭。本书主要依据张岱年、方克立在《中国文化概论》中提出的"文化四层次说"展开讨论。

面的思想资源，是其推进文化对外传播坚实的思想根基，亦为当今推进中华文化国际传播提供了丰厚的传统资源。

一、具有创新意义的物态文化

物态文化由"人类加工自然创制的各种器物，即'物化的知识力量'"构成，是"可感知的、具有物质实体的文化事物"，是"人的物质生产活动及其产品的总和"。① 作为人类文化创造的基础，物态文化满足了人类的基本生存需求，是可感知的具有物质形态的文化事物，因此也直接反映了文化的性质及其文明程度的高低。唐宋两朝在承续历代前朝发展成果的基础上，经过长达几百年的大一统局面，成就了中国古代史上令世人瞩目的辉煌成就——国泰民安与国祚绵延。政局的稳定、经济的繁荣与科技的发达，大大提高了这一时期产品的生产效率，加之国内百姓生活的富足，使得唐宋两朝丰饶的文化产品不再局限于国内市场，而是大批销往周边国家和地区甚至远至欧洲、非洲。这一时期的物态文化在满足海外民众日常生活需求的同时，亦将中国和合共赢、诚信为本的文化大国形象传播至世界各地，成功地开启了唐宋两朝与海外各国经济互利、人文互启的辉煌篇章。

一方面，具有创新意义的物态文化将中华文化精神播扬海外。唐宋两朝以长安、泉州等地为陆上和海上丝绸之路的始发点，将彰显高度发达的物质文明的茶叶、丝绸、瓷器等文化产品行销海外。首先，在这一时期繁盛的茶叶贸易推动下，蕴含着中华民族"和合共生"处世理念的中华茶文化传播至世界各地。作为中华茶文化发展的重要阶段，唐宋茶文化对制茶工艺、煮饮器具与冲泡方式等方面进行了改良。同时，以陆羽的《茶经》为代表，将饮茶之事与赏器、论道、赋诗、品文融为一体，形成了包含天

---

① 参见张岱年、方克立：《中国文化概论》（修订版），北京师范大学出版社2004年版，第4页。

人合一观念的品茗环境、超然旷物的人生风韵、随缘自适的茶禅一味等在内的品茗基调，时至今日仍对世界茶文化发展具有重要影响。其次，作为这一时期东西方文化交流的见证者，沿着连接亚欧大陆的交通动脉，大批量的中国丝绸带着美轮美奂的中华意蕴流向遥远的国度。一方面，中国丝绸从栽桑、浴蚕乃至牵经络纬上机织造及成衣的一整套过程，是这一时期农耕技术发展过程的主要缩影之一。另一方面，中国丝绸及其代表的中国服饰文化具有优雅飘逸的特质，蕴含着中华民族的审美情趣。这些于一方丝绸上织绣的祥瑞之物与奇观秘境，是对遥远东方国度的生动呈现，满足了海外民众对于古老神秘的东方文明的认知兴趣。最后，在唐宋两朝精湛造瓷技术的推动下，中国瓷器在造型特征、制作流程等方面都有了长足发展，成为中华文化对外传播的重要载体。一方面，这一时期的瓷器种类异常丰富，以"南青北白"为代表的唐瓷与以"柴、汝、官、哥、定"为代表的宋瓷既体现了中国陶瓷之美，又以其别致的造型、精湛的工艺与典雅的色彩受到海外民众的喜爱和欢迎。另一方面，经过烧制、上釉与绘画加工的中国瓷器，呈现出如唐诗般恢宏与宋词般清丽之美，承载着中华审美哲思，因而不再是仅仅满足于人们的日常生活需求。

另一方面，物态文化凝结着中华民族的聪明才智，启迪了海外民众的创新智慧，其与当地民风习俗结合之后，形成了更贴近海外民众的新的物态文化。这些优秀的文化成果不断充实着人类文明宝库，推动了世界历史发展的进程。首先，世界各国在掌握中国制茶技术的基础上，结合本民族实际研制了更适合本土居民需求的制茶技术，形成了丰富多彩的世界茶文化。借助频繁的海上贸易，宋朝与日本之间的茶叶贸易愈发昌盛，中国茶文化在日本的传播亦更加广泛。南宋时期，日僧荣西依据自己在中国的所见所闻，创作了《吃茶养身记》。书中详细记载了宋末茶点饮法，这也是日本历史上的第一部茶书。受宋朝"斗茶"习俗的影响，镰仓时代的日本民间形成了"斗茶"之风。在中国茶文化的天人合一、茶禅一味等价值理念的影响下，日本延续本土哲学、美学与道德等文化因素的精神追求，形成了以"和敬清寂""一期一会""独坐观念"为特征的日本茶道文化，影响延续至今。其次，中国丝绸技艺在带动世界丝织技术整体发展的同时，还促进了丝路沿线各国服饰文化的效仿与革新。日本的奈良时代即十分注重吸收唐朝的文化技术。在唐朝服饰传入日本后，首先在日本贵族中广为流传，被称为唐风贵族服。后来，日本人对唐风贵族服进行了"国风化"改造，研制了既符合日本民众穿着习惯，又具有唐朝服饰中华韵味的和服，这也是丝绸贸易推动中日文化交流的又一重要成果。最后，唐宋两朝是中国古代陶瓷大量外销的重要时期，无论是陆上丝绸之路还是海上丝绸之路，在其沿线的国家几乎都能发现陶瓷对当地民众日常生活的广泛影响。在熟练掌握中国制瓷技术的基础上，海外能工巧匠结合本土文化的审美情趣，制作了精美别致的各式瓷器。譬如，日本在唐瓷技术上研制的"奈良三彩"，从造型、装饰到绘画，都能使人感受到扑面而来的中华元素与异域风情，这是中华文化海纳百川的独特魅力，也是人类文明交流互鉴的文化瑰宝。经过漫长的历史变迁，物态文化见证着中华民族以一己之智慧造福世界人民，同时也将中华民族与人为善、热爱和平、勤劳勇敢的价值理念传播到世界各地。

二、具有参照意义的制度文化

制度文化"由人类在社会实践中建立的各种社会规范、社会组织构成"，是人类在创造物质财富的同时，为满足自身生存与社会发展需求，所创造的"一系列处理人与人（个体与个体、个体与群体、群体与群体）相互关系的准则"。[①] 制度文化通常包括国家行政管理体制、教育培养选拔

---

① 参见张岱年、方克立：《中国文化概论》（修订版），北京师范大学出版社 2004 年版，第 4 页。

制度、法律制度及社会礼仪俗规等多方面内容。作为中国制度文化发展史的重要时期，唐宋两朝在制度设计上所进行的一系列大胆革新，不仅实现了安民富民、利民惠民，更是开创了引领亚洲乃至世界制度革新之新风。在唐宋两朝开创的一系列先进制度文化的引导下，周边国家纷纷加以效仿，即以唐宋制度文化为参照坐标，探索构建符合本国实际的先进制度文化体系。这些优秀成果既是人类制度文明史上的伟大创造，亦为中华文化圈的进一步扩展和巩固提供了重要的制度支撑。

　　具体而言，唐宋两朝具有参照意义的制度文化体现在如下五个方面：第一，唐宋两朝是中国古代外交制度成熟定型的重要时期。这一时期建立的上至百官大会与鸿胪寺、下至地方边境的道、州、县的多级外交体制，不仅在设计上完备周密，在运行上更是高效灵活。与此同时，依托于外交制度建立的唐宋文化对外传播体系，不仅将文化传播渗透到各个机构的具体职能分工中，不仅实现了明确传播主体职能，确保充分发挥传播主体优势，而且管理有效、奖惩分明，保证了文化传播、文化市场监管与文化服务的有序开展。第二，唐宋两朝是中国古代对外贸易管理制度变革的重要时期。在国家的统一部署下，唐宋两朝开创性地设置了市舶使、互市监、押蕃舶使等官职用以具体管理对外贸易工作，同时辅之以蕃学、蕃坊、蕃市等场所用以集中管理外来宾客。这些举措不仅为外来宾客提供了细致周到的服务，提高了他们对于中国营商环境的满意度与认可度，吸引了更多的外商前来中国开展贸易活动。同时，还在日常语境中强化了进行文化传播的感召力与影响力，提高了文化传播的周转速度与转换效率，在口耳相传间也成功地塑造了中国热情好客、开放包容的文化大国形象。第三，唐宋两朝是中国古代经济制度快速发展的重要时期。一方面，唐宋两朝积极推进经济建设，不仅大兴水利以造福百姓，而且以法令的形式将前朝历代的赋役与赋税制度确定下来——通过在全国推行租庸调制与均田制，使得这一时期的农耕业、手工业与商业逐步发达，实现了长达几百年的国祚绵延和经济繁荣。另一方面，唐宋两朝为扩大对外贸易，还积极推进交通建设。这一时期的立体交通网络以都城为中心，几乎全面覆盖了陆路交通、驿传交通、内河航运与海上交通四个层面。由此，唐宋两朝不仅突破了自然地理方位障碍，为更好地进入世界贸易网络奠定了交通方面的基础。而且，在商人往来等频繁的人文交流活动中，亦为突破社会文化习俗制约增进民心相通与价值共识创造了有利环境。第四，唐宋两朝是中国对外贸易政策发展的重要时期。这一时期通过颁布大量的鼓励外商开展贸易往来的一系列法令政策，不仅保障了外商在华经商的权利与利益，同时亦维护了市场的稳定，实现了经济的持续发展。一时间，在诸如广州、泉州等重要驿站与港口，聚集了众多来自世界各国开展贸易的船队。正如前文所述，这些行走于丝绸之路的商人们也因此成为推动中华文化对外传播的主要力量之一。第五，唐宋两朝是中国古代法律制度发展的重要时期。唐宋两朝以唐宋律令为蓝本，大力推动本国政治制度与法律制度的改革，在为本国经济全面振兴与社会和谐稳定奠定制度基础的同时，也成为周边国家竞相效仿的重要内容。其中，最负盛名的即是《唐律疏议》。作为中国历史上迄今为止保存最为完整、也最具影响力的一部古代成文法典，《唐律疏议》完成于唐高宗永徽年间。它以结构严谨充实、文字简明扼要、注疏准确精练与内容完备翔实而闻名，被后世奉为修法立制的楷模。宋朝在延续唐律的基础上修订而成《宋刑统》，同时也对《唐律疏议》中主要的法律原则进行了解释与说明。唐宋律令几乎代表了中国古代法律制度的最高水平，后经过留学生、商人、僧侣等中介传播到世界各地，亦对中亚、东亚、东南亚诸国产生了重要影响。

在唐宋两朝的影响下，周边国家纷纷以唐宋制度文化为蓝本，并结合实际情况构建本国制度文化体系，其中有许多制度文化至今仍在发挥着重要作用。特别是其中的唐宋律令也因此成为许多国家立法的历史渊源，彰显了中华文化强大的生命力及其影响力。以日本著名的"大化改新"为例，早在推古天皇时期，执政的圣德太子就已通过推行"屯仓制"、制定"遣隋使"等方式来效仿中华文化，改革本国体制。在此基础上，贞观十九年（公元645年），中大兄皇子在大臣中臣镰足的支持下，消灭了大臣苏我氏一派，拥立孝德天皇，开始了"大化改新"。尽管在推行过程中曾遭到保守派的激烈抵制，但"大化改新"还是取得了诸多显著成就。具体而言：在政治上仿照唐制，确立了中央集权的行政制度，为国家稳定奠定了政治基础；在经济上，仿照唐朝的均田制和租庸调制，制定了班田收授法和租庸调制，标志着日本部民奴隶制的结束与日本封建生产方式的形成；在军事上，参照唐府兵制，制定日本军防体制；在教育上，成立太学与国学，太学内设"明经道"与"纪传道"等科目，分别修习《周易》《尚书》《史记》《汉书》等汉文书籍；在文字和书道等方面，吉备真备等人仿照汉字楷书创造了片假名等；在法律上，公元681年，日本天武天皇颁布了《飞鸟净御原令》，从法律层面首次确认了"大化改新"取得的成果。同时，日本参照《唐律疏议》，于公元701年、718年，先后编撰了《大宝律令》与《养老律令》，从而形成了日本在封建社会初期最重要的基本法。而这两部律令的颁布，最终也标志着日本历史上最重要的"大化改新"运动的完成。作为日本历史上自上而下的彻底的封建变革运动，"大化改新"标志着日本奴隶制时代的结束与封建制时代的开始，也成为数千年中日文化友好交流史的最好体现。[①]

三、具有导向意义的行为文化

行为文化通常由"人类在社会实践，尤其是在人际交往中约定俗成的习惯性定势"构成。它既"有物质的标识、制度的规范"，又是"具体社会行为、风尚习俗的鲜活体现"，并且常"以民风民俗形态出现，见之于

---

① 王仲荦：《隋唐五代史》，上海人民出版社2016年版，第634页。

日常起居动作之中，具有鲜明的民族、地域特色"。①换言之，行为文化是指人们在一定时代背景下参与社会实践活动之时采取的行为方式与产生的行为结果的总和，它体现了人们的价值取向以及受制度约束的导向，且具有鲜明的民俗特色。

在这一时期的物态文化、制度文化与心态文化的综合作用下，唐宋两朝以其国力强盛、全面开放的国家形象，以及和合共生、达济天下的文化交流理念，在不同文化的激荡与交融中吐故纳新，逐步为世界人民所接纳并受到推崇。具体而言，这一时期具有导向意义的行为文化主要体现在两个方面：一方面，和合共生的文化交往价值理念贯穿于唐宋两朝行为文化的始终。"和合"思想是这一时期文化对外传播的永恒主题。从构建文化传播体系、传播主体功能定位，到细致入微地提供对外文化服务，都渗透着和合共生、睦邻友好的文化交往理念。在这一时期的统治者看来，以内圣外王的王道政治摒弃滥用武力的霸道政治，才能塑造睦邻友好的文化大国形象，进而实现协和万邦的美好愿景。与此同时，"以礼相待""互利共赢"是这一时期文化对外传播的基本原则。面对多元文化的差异性，唐宋两朝主张以"相近""相似"的审美趣味包容差异，在寻找共同性、接纳差异性、融通相似性的基础上，以宽广博大的胸怀实现异质文明的相互尊重、和谐共生、互利共赢。另一方面，尽管唐宋两朝呈现出开放包容、兼收并蓄的形象，但其在体系构建、制度规范与服务支持等方面却是严密周到的。例如，唐宋两朝通过提供细致周密的文化服务，不仅满足了外来客商的文化兴趣与需要，吸引了更多的海外民众来华，而且引导了文化传播体系及各个职能部门的规范化、专业化及标准化，促进了文化传播体系趋于良性发展。以岭南地区为例，经历梁陈隋三朝十代、被周恩来总理誉为

---

① 参见张岱年、方克立：《中国文化概论》（修订版），北京师范大学出版社 2004 年版，第 4 页。

"古今第一巾帼英雄"的冼夫人，她秉持与人为善、和平相处的外交理念，有力地促进了岭南地区与东南亚、南亚与西亚各国的友好关系。在她的治理下，唐朝时期的岭南地区成为海上丝绸之路的重要出发地，贸易范围遍及东南亚、南亚与西亚各国。可以说，在这一时期的物态文化、制度文化、心态文化的综合作用下，唐宋两朝以高度自信与开放包容的独特气质以及具有鲜明导向意义的行为文化，参与建构了以东亚为主的华夏文化圈，并开启了西方现代文明的盛世局面，形成了一种对外开放、兼收并蓄的"世界文明中的中国文化"[①]的发展态势。

四、具有引领意义的心态文化

心态文化"由人类社会实践和意识活动中长期絪蕴化育出来的价值观念、审美情趣、思维方式等构成"[②]。它包含社会心理与社会意识形态两个子层次，是人们在社会活动中形成的一系列精神活动的总和，也是文化的核心部分。较之于物态文化、制度文化与行为文化，心态文化更具历史继承性与相对稳定性。唐宋两朝以其海纳百川、博采众长的气度创造了彪炳史册、驰誉世界的辉煌成就。而这些成就的背后，折射出唐宋两朝的自信与豪迈，并逐渐形成了具有引领意义的心态文化。

一方面，在社会心理层面，《尚书·尧典》有言："诗言志，歌永言，声依永，律和声。"中国自古以来便有以诗词歌赋直抒胸臆、抒怀咏志之传统。以唐诗宋词为例，蕴藏于其中的文化元素与表达传递的审美意境，都折射出这一时期自信豪迈、隽永含蓄、意蕴无穷之心态文化的独特魅力，在随着文化传播播扬海外后，对海外民众具有重要的启迪意义。具体

---

① 喻希来：《世界文明中的中国文化》，《战略与管理》2001 年第 1 期，第 61–76 页。
② 参见张岱年、方克立：《中国文化概论》（修订版），北京师范大学出版社 2004 年版，第 4 页。

而言，这种启迪体现在两个方面：一方面，唐诗宋词所咏颂的便是这一时期中国文人的精神气质与理想抱负。唐朝时，在诗坛交织的是以王维、孟浩然为代表的山水田园诗派，以及以高适、岑参为代表的边塞诗派；宋朝词坛以婉约词派与豪放词派并列，夹杂着既有北宋士大夫对于雅致生活的清丽记录，也有南宋文人对家国之恨的激昂愤述。将唐宋并列，既因其时间相继，更因无论在政治体制抑或是社会心理层面均有所承继。唐诗诠释了唐朝文人追求自由的浪漫主义诗人气质，宋词呈现的则是宋朝文人审思盛世既衰、家国之恨的学者风范。也正是在唐宋时期开放包容的社会心理氛围中，这些凝聚着中华民族审美情趣的诗词文本才得以播扬海外，成为中华文化独特魅力的述说者与展示者。另一方面，唐宋两朝开放包容的社会心理状态，亦引发了在文学艺术各个领域的百花齐放。较之于前朝历代，这一时期的艺术审美不再是贵族官宦享有的"专权"。在唐都长安，上至朝堂之上、殿陛之间，下至繁华街市、寻常巷陌、诗人集会，来自遥远西域的乐舞、技艺随处可见。例如，唐朝时盛行的宫廷乐舞"霓裳羽衣舞"，便是中西歌舞集大成之作。此外，这一时期丰富多元的传播载体，使得那些仅为名人雅士所推崇的生活方式，诸如茶道书道、中西文化、游历山水、名人逸事等文化元素也随之在民间流传开来，充分彰显了这一时期多元包容的社会心理状态。

另一方面，在社会意识形态层面，在中华文化与域外文明的互学互鉴、中华民族成员的身份识别、中国国家形象的对外传播过程中，唐宋时期逐渐形成了一系列价值理念。具体而言，主要包含"尚公""贵和""思辨"与"重礼"四个层面的内容。首先，"尚公"价值追求整体利益与个体利益的共同发展，强调在坚持本民族文化传统的同时，秉持开放包容的理念来推进传播中华文化与吸纳异质文化的整体发展。其次，"贵和"价值主张人与自然、人与自身、人与他人、人与社会之间的和谐发展，是中华"和"文化在传播领域的延伸与拓展。其强调增强本国文化软实力与尊重域外文化多样性的和谐统一，追求保留自身民族特性与汲取域外民族精华的价值目标。"思辨"价值的提出，基于中国古人"和而不同"的辩证思维，强调异质文化的互学互鉴是丰富世界多元文化谱系、推进人类文明发展进步的思想前提。"重礼"价值的提出，则源于中国古代源远流长的"重礼"传统，力主以礼相待，追求互利共赢的和谐局面，重视对外传播中华文化的礼仪秩序规范之美，并以此塑造中国的文化大国形象。

概言之，这一时期心态文化的引领意义体现在两个方面：一方面，它凝聚了唐宋时期的先贤智慧，体现了中华民族的精神风骨，是主张和平合作、开放包容、互学互鉴、互利共赢的"一带一路"倡议的主要来源，也是世界多元文化精神谱系中不可或缺的重要内容。另一方面，它对内深化了国内民众对于本民族文化核心理念与精神实质的认知把握，对外则阐述了中华民族的使命与担当，彰显了"讲信义、重情义、扬正义、树道义"[1]的大国形象。因此，高度凝练唐宋时期这一系列心态文化的核心要义，同时准确把握其与当代中华文化国际传播的价值旨归的契合性，从而探寻其一脉相承的文化心理基础，即是赋予中华文化以新的影响力和辐射力的必由之路。

总体而言，无论是内隐于心的心态文化，抑或是外显于行的制度文化、物态文化与行为文化，均是对这一时期中华民族价值理念、思维方式与精神风貌的生动呈现。正如古语有言，"落其实者思其树，饮其流者怀其源"（庾信：《徵调曲》）。事实上，任何国家和民族在其发展过程中体现的文化形态、文化特性和文化进步，均非无本之木、无源之水。唯有对中华民族在漫长历史过程中积淀、演化而成的价值理念和思想精华保持高度的自信与热忱，在对中华优秀传统文化的承续发展中继往开来，才能更好地将具有强大影响力与感召力的中华文化讲得更好、传得更远，进而在新时代

---

① 《习近平谈治国理政》（第二卷），外文出版社 2017 年版，第 443 页。

铸就中华文化新的辉煌。

第二节 唐宋文化对外传播方式的实践经验

传统的对外宣传，通常呈现出一种单向性、单线条的传播特质。具体而言，所谓单向性，体现于"我说你听""我传你接"的灌输式传播。所谓单线条，体现于仅仅依靠中央机构与地方体系，即以国家为主要力量，将官方渠道视为对外宣传工作的全部。有别于传统的对外宣传，唐宋时期在依托官方渠道打开对外交往局面的基础上，以对外文化教育、对外文化贸易与跨国人口迁移为主要手段，搭建起一套完整全面的、立体的文化传播体系，进而从多个维度增进了海外民众对于中华文化的认知与了解。

一、兼具育人功能与选才功能的对外文化教育

毫无疑问，对外文化教育是文化对外传播的重要手段。一般说来，对中华文化认知所表现出来的主观性容易导致中华文化对外传播倾向于主观性。换言之，推进中华文化对外传播是认知主体的主观行为，因此在传播过程中必然加入一己之认知态度与情感倾向。在对外讲好中国故事方面，来华留学生无疑具有独特的身份优势。唐宋时期通过积极扩大对外教育规模，严格把控留学生生源质量，同时加大科举制度创新，允许海外留学生以宾贡科举的形式加入国家选才用才的竞争行列。这些举措均有力地促进了留学生助力于中华文化的国际传播。

一方面，唐宋两朝在积极扩大对外教育规模的同时，严格把控生源质量，在一定程度上提升了对外文化教育的育人实效。孙中山先生曾说："唐朝最盛时代，外国人遣派数万留学生到中国求学，如意大利、土耳其、波

斯、日本等国，是彼时外国人到中国来，我中国人不反对。"[1] 由此可见，唐朝对教育秉持全面开放态度，采取多项举措鼓励留学生入华习业，其教育覆盖面远至意大利等欧洲国家。史料记载，自贞观年间，唐朝开始接收留学生，并积极鼓励留学生来唐习业。据不完全统计，日本从贞观年间派遣留学生随遣唐使入华，直至公元 894 年正式停派的 260 年间，大约有 200 ～ 300 名青年学生、僧侣赴唐留学。[2] 新罗亦大量遣派留学生入唐习业。新罗赴唐的学生分为官费生与私费生两类：官费生多为贵族子弟，其费用由新罗本国或由唐朝的鸿胪寺提供，其主要任务是学习参加唐科举考试以及十年期满后回国担任官职。私费生为自费求学，多为家庭经济殷富者的子弟，在唐期间亦可参加科举考试，且无学习期限之规定。新罗王朝赴唐求学留学生的总数虽不得而知，但初步估算数量是十分庞大的。仅仅根据《唐会要·卷三六·附学读书》和《唐会要·卷九五·新罗》两条记载就可推算，开成二年（公元 837 年），新罗派出留学生等人员共 216 人，请回留学生仅为 7 人。一年后，将质子及学习期限已满的 105 人请回。仅此两年已有 300 余人，可知新罗赴唐留学生的总数相当可观。此外，后高丽亦有留学生赴宋学习，虽不及唐时众多，但在当时亦可算是拥有相当规模。[3] 对外教育规模的扩大，不仅印证了这一时期中华文化的吸引力以及中华文化在世界文化格局中的引领地位，而且，也扩大了中华文化的覆盖面，丰富了中华文化的传播层次，彰显了文化大国的气度与自信。

另一方面，唐宋两朝大胆创新宾贡科举制度，为海外留学生参与科举考核、步入仕途进而达成夙愿提供了机会，同时也有力地拓宽了本朝选才

---

[1] 甘乃光：《中山全集分类索引》，台北良友图书印刷公司 1931 年版，第 1196 页。

[2] 胡锡年：《唐代的日本留学生》，《陕西师大学报（哲学社会科学版）》1981 年第 1 期，第 35–47 页。

[3] 杨昭全：《中国——朝鲜·韩国文化交流史》，昆仑出版社 2004 年版，第 163 页。

用才的渠道。唐朝时，宾贡①一词不仅与科举制度紧密相连，而且在词义上也得到创新和丰富。《唐六典·卷三十》有载："凡贡举人有博识高才，强学待问，无失俊选者，为秀才；通二经以上者，为明经；明闲时务，精熟一经者，为进士；通达律令者，为明法。其人正直清修，名行孝义，旌表门闾，堪理时务，亦随宾贡，为孝弟力田。"由此可知，唐朝时，凡地方举荐士人进京应试赶考都称为宾贡。同时，较之于隋朝宾贡，唐朝在遴选标准上更加细化，从秀才、明经、进士到明法，道德品格成为重要考核标准，在学科门类上也更加多元。尽管科举取士并非易事，但却是十分荣耀的事情，留学生们也跃跃欲试，只是苦于没有相应的制度支持。对此，严耕望先生就曾指出，"唐代科举取士，登第者光宠殊异。外国学生之留唐习业者，亦自慕羡而愿就试"②。据《全唐文·卷二十八》载，唐玄宗散文《皇太子入学庆赐诏》中即称"太学举贤，宾庭贡士"。随着海外留学生人数的增加，唐穆宗时，首次将外邦学子纳入宾贡科举之列。至此，"宾贡"一词有了第三层含义——"宾庭所贡之士"，即外邦贡献的学子。据《东史纲目·卷五》载，"长庆初，金云卿始登宾贡科"，可知新罗人金云卿是唐朝首位宾贡科登第者。③此外，新罗人崔致远、金可记等人亦是通过宾贡科举及第进而留唐任职的优秀留学生代表。《新唐书·卷六十·艺文志》在介绍崔致远时，就曾标注注释："高丽人，宾贡及第，高骈淮南从事"，说明新罗留学生崔致远是通过宾贡及第入朝做官的。据严耕望先生《新罗留唐学生与僧徒》一文载，从唐文宗长庆年始至后梁、后唐200

---

① 宾贡一词，最早指代诸侯国交纳的贡品，最早见于《周礼·天官·冢宰第一》。文中罗列了邦国贡纳的九种贡品，指出宾贡即"诸侯宾之所贡"（《周礼注疏·卷二·十三经注疏》），这一含义经魏晋南北朝后一直为后世所沿用。隋朝建立科举制后，各州县在举荐贤才时举行礼仪，亦称之为宾贡之礼。此后，宾贡有了第二层含义，并与科举制度联系起来。
② 严耕望：《唐史研究丛稿》，香港新亚研究所1969年，第432页。
③ 参见杨昭全：《中国——朝鲜·韩国文化交流史》，昆仑出版社2004年版，第165页。

余年间，新罗宾贡及第者大约有 90 人。留学生与唐朝举子一同参加科举考试，通常每年录取 2 名宾贡生，并将其名附于榜尾。新罗因入唐留学者最多，因而及第最多，其次是渤海人。咸通十三年（公元 872 年），崔致远在《新罗王与唐江西高大夫湘状》中称，"崔侍郎放宾贡二人，以渤海乌昭度为首。……既致四邻之讥，永贻一国之耻"。因为渤海人乌昭度超过新罗人李同位列第一，被新罗人认为是"一国之耻"。后来崔致远及第时排名第一，因此，在《与礼部裴尚书瓒状》他说自己"得为鸡口"，使得新罗"得雪前耻"①。由此可见，当时的新罗乃至周边国家和地区的统治者对于宾贡进士都高度重视。

总体而言，唐宋两朝的对外文化教育兼具育才功能与选才功能，是推动文化对外传播的重要手段。这些来华留学生通过亲身感悟中华文化，不仅修正了来华之前海外传播形成的对中华文化的模糊认知，而且，深度感知中华文化的他们在回到自己的国家后都自觉地成为讲述唐宋故事、传播唐宋形象的"他者"主体。在这一重要中介的作用下，唐宋文化在国际社会的认同感得到很大提升。具体而言，主要体现在：首先，第一，对外教育增强了唐宋文化的吸引力。唐朝的繁荣昌盛为宾贡科举制度提供了根本保障，也彰显了国家的综合国力与文化自信。对于宾贡及第的留学生，本国既允许其在唐登第，及第后可选择入朝为官，亦可选择归国入仕。《东文选》有载："进士取人，本盛于唐。长庆初，有金云卿者，始以新罗宾贡题名杜师礼榜，由此以至天佑初，凡登宾贡科者五十有八人。"②可见，新罗赴唐及第者，既有入唐朝为官的，也有及第后立即回国的，无论何去何从均前途大好。因此，很多留学生将入唐习业乃至能以宾贡留唐及第作为荣耀之事，或者作为归国后能够步入仕途的重要途径。尤其是当有一些

---

① 参见杨昭全：《中国——朝鲜·韩国文化交流史》，昆仑出版社 2004 年版，第 165 页。

② 郭丽：《唐代教育与文学》，南开大学博士论文 2012 年，第 455 页。

留学生曾因入唐及第而被委以重任后，这种趋势就更为明显。据高丽金富轼著《三国史记》载，新罗元圣王曾欲委任子玉为扬根县小守，执事史因子玉并非出身文籍而加以反对。后来在朝中商议此事时，有大臣提出："虽不以文籍出身，曾入大唐为学生，不亦可用耶？"① 在他看来，子玉虽不是文籍出身，但曾经入唐习业，因此足以升任扬根县小守一职。由此可见，新罗社会对于入唐习业留学生的重视程度。也正是因为新罗社会对中原文化慕化得更深，这种现象也即使得很多留学生将入唐习业作为仕途发展的重要手段。

第二，对外教育增强了唐宋文化的传播力。留学生在唐习业期间，不仅对唐朝的政治制度、朝章典仪、音韵句法、科学技术等诸多方面有系统的学习，而且，他们在游历交友中对唐朝的社会习俗人情往来也有了深入的认知。有些留学生在回国之后起到了传播文化的重要作用，有些留学生则为灿烂的中原文明所吸引甚至不愿回国，滞留唐土。以崔致远为例，他于唐懿宗咸通九年（公元 868 年）12 岁时入唐求学，乾符元年（公元 874 年）18 岁时宾贡及第，唐僖宗中和四年（公元 884 年）28 岁时离开唐土，留唐达 16 年之久。在他 18 岁及第至 28 岁归国的 10 年间，曾担任溧水县尉，也曾经进入淮南节度使高骈的幕府担任都统巡官。在高骈的引荐下，崔致远还被委任为殿中侍御史，就职 4 年后才回到新罗。另一位著名的代表人物是新罗留学生金可记。据《太平广记·卷五十三·金可记》引《续仙传》载："金可记，新罗人也，宾贡进士。……博学强记，属文清丽。……后三年，思归本国，航海而去。复来，衣道服，却入终南。"由此可知，新罗人金可记宾贡进士，文采飞扬，就职 3 年后回到新罗，后因留恋唐土，在归国后又重新回到唐朝直至终老。除此而外，文化的传播在留学生与文人交往的真挚情感中亦有强烈的体现。在《全唐诗》、高丽古

---

① 郭丽：《唐代教育与文学》，南开大学博士论文 2012 年，第 465 页。

籍《名贤十钞诗》、朝鲜诗文集《东文选》和日本古籍《千载佳句》等文集中，亦收录了大量留学生与唐朝文人往来酬酢、感受大唐气象的诗作。例如，崔致远的诗中说："上国羁栖久，多惭万里人。那堪颜氏巷，得接孟家邻。守道惟稽古，交情岂惮贫。他乡少知己，莫厌访君频"（《长安旅居与于慎微长官接邻》）。该诗描述的就是他与长安长官于慎交往的故事，诗中崔致远视于慎为知己，感情之深、交往之密于诗作中自然流露出来。

第三，对外教育增强了唐宋文化影响力。唐宋两朝的留学生在归国时常带有大量书籍及科技工具等。以吉备真备为例，在他归国时所携带的书籍及物件中即有《唐礼》130 卷、《乐书要录》10 卷、《大衍历经》1 卷、《大衍历立成》12 卷，以及测影铁尺 1 枚、铜律管 1 部等。[①] 他们在归国之后，对本国文化的诸多方面进行了变革，且起到了关键作用。譬如，在日本的"大化改新"中起到重要作用的中大兄皇子和大臣中臣镰足，都是当时唐朝留学生南渊请安的学生。这些来华留学生在深度感悟中华文化之博大精深后，都有了强烈的传播中华文化的意愿和动力。而他们回到自己的国家后，大都成为塑造中华文化正向认知环境的有力助手，具有"中国故事海外讲述者"的身份优势，因此必须充分发挥这些"意见领袖"的重要作用。

二、兼具贸易功能与传播功能的对外文化贸易

对外文化传播与对外经济贸易的融合推进，体现了政治目的、经济效益、文化价值与社会诉求的结合。从政治目的而言，对外文化贸易手段是加强相互了解、增进彼此共识，进而达成友好交流关系的重要手段；从经济效益而言，对外文化贸易能够开拓国际市场，进而提高经济效益；从文化价值而言，对外文化贸易是以文化为媒介与载体，促成多元文明的互融

---

① 王仲荦：《隋唐五代史》，上海人民出版社 2016 年版，第 632 页。

互通；从社会诉求而言，对外文化贸易促成文化与经济的结合，有利于实现国家交往的可持续发展。因此，尽管对外文化传播与对外经济贸易的性质、属性不同，但是二者之间存在着紧密联系。中国自秦汉以来，除了清初推行短暂的闭关锁国政策而外，很少中断国家正常的对外经济贸易关系。以唐宋两朝为代表的中国古代对外贸易在铸就辉煌的经济成就的同时，也成为中国古代文化对外传播史上浓墨重彩的一笔。

唐宋时期的对外文化贸易活动，分为朝贡贸易与互市贸易两种形式。[①]交往的第一种形式为朝贡贸易，是指各国使节、贵族与商人向中原王朝进贡方物，中原王朝相应地馈赠丝绸财帛与金银器具作为礼品。据《三国史记》载，新罗商人常将牛、马等方物输入中国，中国商人则以锦、绢、瓷器、铜盘、铜镜等具有鲜明特色的中国文化产品输出至新罗。此外，在新罗与唐朝两国的统治阶级及贵族交往中，常常采用互相馈赠礼物的形式，来进行各种奢侈品的交易。例如，新罗贵族先后赠送给唐朝贵族果下马、牛黄等方物，而唐朝贵族常回赠新罗贵族以精挑细选的绫、锦、彩、银榼、银碗等文化礼品。[②]这里的"方物"与"礼品"的实质即为商品，而"进贡"与"馈赠"的实质即为贸易。因此，朝贡贸易既是国家层面的商业往来，也是中华文化的对外传播方式。交往的第二种形式为互市贸易。互市始于汉朝，张骞凿空开启中原与西域各国的贸易往来，汉朝在边境关口设关市作为双方互市的市场。魏晋后，互市亦称交市，陆路贸易和海上贸易同步发展。隋朝时，在西北边境设交市监，掌管互市事务。唐贞观年间，改交市监为互市监，后设市舶使，掌管南海贸易。后来，东南海运大盛，海上贸易繁荣，唐朝在广州设市舶使管理海上贸易，并征收海舶的入境税。

① 李瑞哲：《古代丝绸之路商队的活动特点分析》，《兰州大学学报（社会科学版）》2009年第3期，第37–44页。

② 王仲荦：《隋唐五代史》，上海人民出版社2016年版，第624页。

宋朝时，在边境设榷场互市，同时加大对海上贸易的监管力度，在广州、临安、明州、泉州等地设市舶司，并在密州板桥镇、上海镇等多地设舶务和舶场。

以中日贸易为例，当时的中日海外贸易大体可分为朝贡贸易与市舶贸易两类，其中尤以市舶贸易为重。按其交易地点划分，市舶贸易又可分为鸿胪馆贸易与博多贸易。一方面，宋朝商船到达日本博多港后，先由大宰府上报日本朝廷，得到统治者贸易许可通知后，商人才能携带货物进入大宰府的鸿胪馆等候交易。通常情况下，日本朝廷先派遣交易使到鸿胪馆挑选佛卷、佛像与药品、香料等宫中贵族日常用品，待朝廷购买完毕后，剩余的商品便可在鸿胪馆进行民间贸易。另一方面，随着律令制的解体、日本庄园制度的进一步发展，以朝廷贸易为主的鸿胪寺逐渐转变为以博多、箱崎等港口为代表的私人贸易，中日贸易达到一个新的高潮。据《平家物语》所载，当时府中调度几乎都是"宋物"，如"扬州的金、荆州的珠、吴郡的绫、蜀江的锦、所有珍宝，无不具备"①。与此同时，宋朝铜钱也大量流入日本，至今在日本社会还能找到宋朝的铜币，尤以"皇宋通宝""元丰通宝""熙宁元宝"等居多，由此足见当时贸易之兴盛。

总体而言，唐宋两朝的对外文化贸易兼具贸易功能与传播功能，是推动中华文化对外传播的重要途径之一。与此同时，唐宋两朝的文化对外贸易呈现为三个鲜明特点：第一，在国家的主导下进行调控和保障，亦即对外文化贸易直接受国家控制与保障。中国古代对外贸易最初即始于国家贸易，国家贸易始终是中国古代对外贸易史的基本特征。即便是民间的对外贸易活动，也一定处于国家的严格管控之下。国家控制和保障对外贸易是中国古代对外贸易的主轴，这充分体现了政治与经济的密切关系。以互市贸易为例，据《旧唐书·李勉传》载："大历四年，除广州刺史、兼领南

---

① 陈昌福：《日本华侨研究》，上海社会科学院出版社 1989 年版，第 165 页。

节度观察使。前后西域舶泛海至者，岁才四五。勉性廉洁，舶来都不检阅，故末年至者四十余 [舶]。"文中所提及的李勉，是郑王李元懿的曾孙。他为人正直、为官廉洁，受任广州刺史兼岭南节度观察使后，坚持不盘剥来往船只。因此，在他在任的一年间，由西域泛海而来的船只由一年四五只上升为 40 余只。以上两则史料记载的，即是当时朝廷对于市舶使的设立、任免和职责规范。此外，《唐大诏令集》亦载："南海蕃舶……如闻比年长吏多务征求……率税犹重。……其岭南、福建及扬州蕃客，宜委节度观察使，除舶脚及市进奉外，任其来往，自为交易，不得重加率税"(《唐大诏令集·卷十·太和三年病愈德音》)。这段记载反映了随着海上贸易的繁盛，当时的唐朝统治者对往来海舶的管理愈加严格规范，在听闻南海船只赋税较重之后，特别在岭南、福建与扬州等地委派节度观察使，严格要求当地除了收取必要费用之外，不得任意加税。第二，具有传统优势的文化产品使得对外文化贸易保持长盛不衰。我国古代相对发达的文化产品生产，奠定了对外文化贸易的物质基础。自秦汉以来相当长的时期内，中国的文化产品生产始终处于世界领先地位。这些做工精美、技艺精湛的文化产品，无论在技术或质量上都居世界前列，从而为推动中华文化对外传播奠定了坚实的物质基础。例如，在海上互市贸易方面，唐宋时期南洋群岛和波斯湾、亚丁湾的港口里，时常停泊着载有丝绸、纸张、瓷器、茶叶、药材和香料等文化产品的中国商舶。这些产品将推销到南海各国和波斯、大食等地，有些还会辗转销售到东欧、西欧、北非及黑海沿岸国家。此外，《旧唐书·王方庆传》载："广州地际南海，每岁有昆仑乘舶，以珍物与中国交市。"在广州湾里，也停泊了许多外国船舶。例如大食舶、波斯舶、婆罗门舶（即天竺舶）等。与此同时，在长安、洛阳、扬州、广州、泉州等地，还聚集了许多来自南海、中亚、西亚的商人。他们把本土稀有的香料、药材、珊瑚、珍珠、宝石、玻璃器皿、氍毹、毾㲪等运来中国贩卖，又把中国的"绫绢丝绵之类"的文化产品贩运回本国，往返贩售货物，非常繁忙。①第三，海陆交通通达万里，使得对外文化贸易出现商贾、使者云集的盛况。唐宋时期对外海陆交通四通八达，形成了万里相达、水陆相通的对外贸易商道，其地区之广，为世界各国所少见，并因此推动彼时的对外文化贸易达到高峰。满载商品的驼队，自中原穿过戈壁滩，越过帕米尔高原，渡过湍急的阿姆河，经高昌、龟兹、碎叶至木鹿城，再把中国的文化产品转销至西亚、北非、东欧和西欧。②近20年来，我国考古人员陆续在陕西、山西等地挖掘出往返商队的墓葬，其石刻墓志与精美壁画充分展示了当时贸易往来的壮观景象。此外，宋承唐制，先后在广州、杭州、明州、泉州、密州、秀州、温州及江阴郡等地，设置市舶司，其中尤以广州、泉州为重。在对外文化贸易的长期实践中，宋朝还逐步建立起一套完善的市舶司制度、榷货制度，积极鼓励和支持民间商人泛海远渡，从而达到了统一管控海上贸易、调配文化产品购销业务及取得经济效益的多重目的。

三、兼具外交功能与交流功能的跨国人口迁移

中国百姓向域外移民的历史由来已久，早在商朝之时，就有箕子东走朝鲜并建立朝鲜侯国之说。战国时期，燕国领土远及朝鲜半岛，后燕亡于秦，大批燕国人由辽东逃亡至真番、朝鲜等地，成为后来的朝鲜"王满"人。据史料载："朝鲜'王满'者，故燕人也。自始，全燕时尝略属真番、朝鲜，为置吏，筑鄣塞。秦灭燕，属辽东外徼"（《史记·卷一百一十五·朝鲜列传》），讲述的就是燕人王满带领族人逃亡域外的故事。秦始皇二十八年（公元前219年），有"齐人徐市等上书，言海中有三神山，名曰蓬莱、方丈、瀛洲，仙人居之。请得斋戒，与童男女求之。于是遣徐市发童男女数千人，入海求仙人"（《史记·秦始皇本纪》），这即是民

---

① 王仲荦：《隋唐五代史》，上海人民出版社2016年版，第704页。
② 王仲荦：《隋唐五代史》，上海人民出版社2016年版，第704页。

间流传的徐福泛海东渡以求长生的故事。秦朝后期，徭役繁重、统治苛暴，特别是秦末农民大起义爆发后，"天下叛秦，燕、齐、赵民避地朝鲜数万口"（《三国志·魏书·三十·乌丸鲜卑东夷传》）。因此，大批百姓迁往朝鲜躲避暴政，总人数超过数万人之众。到了汉朝，刘邦驾崩后，燕地诸侯卢绾逃至匈奴，同时燕人王满"聚党千余人，魋结蛮夷服而东走出塞，渡浿水"（《史记·卷一百一十五·朝鲜列传》），并在朝鲜半岛立都，王险建立了新兴政权卫氏朝鲜。当时，治下百姓不仅有随王满逃离燕国的中国百姓，还有大量当地朝鲜半岛的土著人。到了魏晋南北朝时期，战乱导致中国百姓向外迁移者络绎不绝。而在日本古代史中，常见有"秦人""汉人"与"新汉人"的记载，便是指代这一时期以弓月君、阿智王与安贵公为代表的泛海东渡日本的中国移民。从这些史料可以看出，大规模、集体移民是隋唐以前中国百姓向外迁移的重要特征，这与当时的社会历史发展条件是相适应的。总体而言，隋唐以前，受小农经济安土重迁思维的影响，百姓迫不得已才集体迁移。这种迁移主要分为两类：其一是由天灾、人口增长与耕田不足等原因而被迫集体迁移，大致以能安身立命或者实现温饱作为限度。其二是由人祸、战乱或不堪忍受虐政等原因而被迫集体出逃，这类迁移是越远越好，以力所能及之地作为限度。隋唐之后，随着国力强盛和社会的进步，这种大规模的人口迁移即集体迁移才逐渐消失，取而代之的是以商业贸易、宗教传播及技艺流传为代表的个体迁移。

唐宋时期，对于赴海外从事贸易活动且当年不回国的中国商人被统称为"住蕃"，而对于来中国从事贸易活动且当年不回国的外国商人则被称为"住唐"。宋朝朱彧称："北人过海外，是岁不还者，谓之'住蕃'；诸国人至广州，是岁不归者，谓之'住唐'。"（《萍洲可谈·卷二·蕃条》）这一时期随着海外贸易的频繁往来，以往的行商转为住商者逐渐增多。当时的主要交通工具是帆船，必须依赖季风出行。有些商人因为错过返航的季风，只得住在贸易地以待隔年返回本国，另一些商人则因为采购土特产、批发舶来品或看守货仓，不得不常年在外驻扎，久而久之便在当地定居通婚繁衍生息成为"住蕃"。概言之，"住蕃"群体是唐宋时期中国对外关系的一大场景，也是文化实现对外传播的重要主体之一。

以日本为例，中日友好关系发展至唐朝，进入到一个新的时期。其时，中日交通航路大致可分为北路、南岛路和南路三条。其中，北路沿朝鲜半岛至山东半岛的登州上陆，而后沿黄河及渭水终至长安。南岛路沿天草岛、萨摩国南下，经横渡东海，至扬州或明州（宁波）上陆，而后循陆路入长安。南路经肥前国等诸岛，经横渡东海至扬州或明州（宁波）上陆后，经高邮、楚州（淮安）入淮水，并经通济渠到长安。①沿着这三条航路，不仅日本先后派遣19批遣唐使团约300人赴唐留学取益，而且也有不少中国人通过朝鲜半岛陆续移住日本经商谋生。公元3~6世纪，大和国统一日本前后，通过接纳大量的中国移民，为日本带来了成熟的中华文化与大量先进的科学技术。到了宋朝，随着贸易的兴盛，大量宋商往返于中日之间，他们中的许多人因为错过返航的季风在日本居住下来。这些长期居留的宋商不仅可以去大宰府以外的地方进行民间的秘密贸易，有一些就直接在日本定居生活，成为早期的中国旅日华侨。②在此过程中，他们逐渐融入了日本社会，成为古代日本的华侨，在日本的发展史中发挥了积极的促进作用。

除此之外，唐宋时期的对外贸易版图还延伸至朝鲜、东南亚、南亚。这一时期，从东亚的日本、朝鲜到东南亚的占城（今属越南）以及南亚的印度，几乎都有中国商人忙碌的身影。据《宋史·高丽传》载，高丽"王城有华人数百，多闽人，同贾舶至者"，可见当时朝鲜已有大量中国福建籍商人成为住商。又据《宋会要·蕃夷·历代朝贡》载，乾道三年（公元

---

① 罗晃潮：《日本华侨史》，广东高等教育出版社1994年版，第34页。
② 陈昌福：《日本华侨研究》，上海社会科学院出版社1989年版，第165页。

1167年），大食国状告唐朝，言其装载预备进贡的"宝具乳香象牙"等物，因季候风影响在占城国暂居时，被当地"土生唐人及蕃人"尽夺并"作己物进贡"，可见当时在占城已有新一代侨生群体"土生唐人"出现，并为朝廷大量任用。与此同时，随着中国与东南亚的贸易往来逐渐频繁，也有大量中国商人定居东南亚。例如，在菲律宾礼智省马亚辛，就曾发现唐高宗龙朔元年（公元661年）商人郑国希的中文墓碑。墓志铭上记载道，早在7世纪，福建南安人郑国希就已在菲律宾定居并终老于此，成为最早的旅菲华侨。

总体而言，唐宋时期的文化对外传播，侧重在实际行动中对中华优秀传统文化进行传播，并促成其转化为国家及民族形象的动态过程。这一时期通过探索兼具育人功能与选才功能的对外文化教育、兼具贸易功能与传播功能的对外文化贸易、兼具外交功能与交流功能的跨国人口迁移，实现了中华文化的海外播扬，谱写了中国古代文化传播史上的辉煌篇章，构筑起中华文化对外传播的强大凝聚力，因而成为当今推进中华文化国际传播的重要传统资源与历史参照。

第三节　唐宋文化对外传播方式的演进规律

拓展中华文化国际传播路径，必然关涉"谁来传播""传播什么""如何传播"等核心问题。梳理唐宋两朝在文化对外传播实践过程中积累的历史经验，把握其在解决传播主体、传播内容、传播路径等核心问题时呈现的演进规律，有助于我们在对其传播实践的利弊分析中，总结历史经验与教训，并为探索当代中华文化国际传播的可行路径提供富有价值的参考。

一、以传播主体的协同发力解决"谁来传播"的问题

实施对外传播的主体通常包含国家、民间及个人三个层面。具体而言：其一是国家以文化外交的形式推进文化对外传播；其二是社会组织以民间交流的形式推进海外民众对于本国文化的认知及认同；其三是民众个体在与海外民众的日常交往中传播自己对本国文化的认知与理解。周密完备的文化传播体系是唐宋时期文化对外传播最令人瞩目的特点之一，这一体系是由国家主导、民间智慧与个体力量协同发力构建起来的。

首先，作为文化传播的主体，唐宋两朝将涵养、践行及传播中华文化，视为官员的选任、教育及考核的标准。与此同时，将文化传播贯穿到御前外交决策会议、专职外交机构及地方执行部门的基本功能中，且集国家之力为文化传播筑牢物质基础。这些举措都为当今推进中华文化国际传播提供了重要启示：其一，为政以德，国家要率先垂范推进中华文化对外传播。能否践行中华文化强调的价值标准并做到率先垂范，是唐宋时期选任、培养及考核官员的重要标准。具体而言，就是力求以中华文化涵养官员的道德修养，强调在日常生活中以儒家思想培养官员，倡导官员在外交事务中以传播中华文化为首要职责。其二，齐之以礼，要积极完善文化对外传播体制。正如前文所述，在外交体制中贯穿中华文化对外传播职能，是唐宋时期外交制度的重要特征。具体而言，这一时期将文化传播议题上升到国家战略层面，并在御前外交决策会议上进行关于利弊的反复研讨。同时，以鸿胪寺、四方馆为重点，强调在日常外交活动中展现文化大国风貌。此外，唐宋两朝还严格规范文化传播管理，要求朝廷和府衙重视礼待文化，官员在处理日常事务中须秉持以礼待人的原则。其三，国强民富，筑牢中华文化对外传播的物质基础。正所谓"仓廪实而知礼节，衣食足而知荣辱"（《史记·管晏列传》）。唐宋两朝致力于发展经济，在推进国家的物质文化、精神文化与制度文化共同发展的同时，也为文化对外传播提供了丰富

的物质资料和坚实的物质基础。国强则对外塑造大国形象，民富则对内凝聚价值共识，因而使得这一历史时期成为中国古代文化对外传播史上的成功典范。

其次，丰富多元的民间力量，是唐宋时期推进中华文化对外传播的重要力量。第一，兴学立教，强化学校在中华文化对外传播中的教化之职。正如前文所述，唐宋时期完善了中央、地方两级官学教育体制，明确了崇圣尊儒的教育指导思想，基本确立了中国古代政教合一的教育体制。这一教育体制的最大特点，即能够承担起关于核心价值观的教化功能。更重要的是，在贸易开放的历史背景下，加之政治开明、经济繁荣、文化包容及交通便利的优势，使得唐宋教育制度亦相对开放。因此，唐宋时期能够在遣使传教异域与万国学子来朝中，逐渐形成了举世瞩目的教育文化传播盛况。第二，求法请益，深化宗教在中华文化对外传播中的开化之用。这一时期，宗教产生的影响远超宗教本身。一方面，僧侣们在华期间的求法请益、取经学禅，直接促成了宗教在丝路沿线国家和地区的传播。另一方面，他们在华的修行经历以及带回的文化产品和文化理念，直接促进了本国社会的全面革新。第三，贸易往来，优化商队在文化对外传播中的通化之效。作为古代丝绸之路上行走的文化使者，商队在从事商品转运贸易的同时，使沿线国家和地区与中原王朝建立了频繁且深入的文化交往，在促进各国政治往来、文明交流互鉴等方面扮演着重要角色。

最后，积极主动的个体传播，不仅是对官方主体、民间力量的有益补充，更重要的是，中国人来到海外在个人形象、言谈举止、日常行为乃至生活习惯等方面所获得的认同，是人际传播独具的形象呈现优势。他们的行为直接影响到所在国普通民众对于中华文化的基本认知，也因此被誉为"行走的国家名片"。发挥个体传播优势，是唐宋文化对外传播经验对于当代的重要启示。具体而言：其一，务本之道，在崇德修身中传播文化。在出席亚洲相互协作与信任措施会议第五次峰会时，习近平总书记曾使用典故"君子务本，本立而道生"(《论语·学而》)，来阐释中国在推动亚洲安全发展中的担当与使命。"本"即"修身"，儒家将"修身"作为个人发展的第一步，而"崇德修身"即是个人践行中国价值观的务本之道。唐宋时期之所以出现中华文化对外传播的热潮，与这一时期大量移民的个体传播密切相关。他们自觉地将中华文化蕴含的核心价值观视为自身的道德要求，在侨居他乡努力融入别国文化的同时，直接促成了中华文化的对外传播，是国家形象塑造的重要力量。其二，积德之基，在弘扬佛法中传播中华文化。唐宋时期，有大量禅僧泛海东渡日本。作为海外华侨的重要组成部分，他们肩负着取经求益、弘扬佛法与传播中华文化的双重重任。在他们的努力下，宗教在丝路沿线国家与地区迅速传播发展，对周边国家和地区的政治、文化、社会变革产生了较大影响。其三，谓之大成，在化民易俗中传播中华文化。《礼记·学记》有云："九年知类通达，强立而不反，谓之大成；夫然后足以化民易俗，近者说服，而远者怀之。"所谓"大成"，即是凭借自身的德才学识和信念信仰以教化百姓、改变风俗，并且使得周围的人能够心悦诚服、远方的人心怀崇敬。具体而言，化民易俗，即是推进中国价值观的对外传播，使其融入当地百姓日常生活的方方面面，从而引导当地民风民俗，成为人们共同遵守的行为规范和道德标准。唐宋时期，除了华商和僧侣，还有大批的知识分子和专业技艺人员侨居海外，其中很多人直接在海外定居或加入他国国籍，他们或传播知识，或亲授技艺，或行医济世，以其一技之长为所在国化民易俗作出了重要贡献。

二、以传播内容的丰富凝练解决"传播什么"的问题

唐宋文化对外传播体系所取得的跨越式进步，离不开其对传播内容的丰富凝练。这一时期，通过挖掘中华文化体系中的有益内容，促使其进行总结提炼和价值转化。与此同时，在具体实践过程中，依据"内外有别"原则，唐宋两朝不断深化与丰富中华文化对外传播内容，并形成了一系列

最具代表性的文化品牌。

一方面，一套成熟稳定的文化体系是凝练传播内容的必要前提。这一时期的传播内容构建于中华文化体系基础之上，体现出鲜明的儒家文化特色。作为世界文化体系中最具活力的古老文化之一，中华文化体系兼具两个显著特质：其一，体系结构完整，内容包罗万象。这套体系与中国古代社会的政治、经济、社会发展密切相关，并且以其自身的文化特色，对社会发展的方方面面进行具体的指导与规范。其二，价值层次清晰，核心目标明确。这套体系以儒家伦理为理论基础，对当时的主要社会伦理关系，包括君臣、父子、夫妇与朋辈关系在内都有明确的规范。同时，在漫长的历史演进中为历代统治者所大力宣扬，以至渐趋稳定成为中华民族文化心理的重要特质。因此，建基于这一文化体系之上的唐宋文化传播内容可谓包罗万象，且核心目标明确。

另一方面，从这套文化体系中总结提炼传播内容，并在传播实践中将其丰富化、品牌化，是这一时期文化传播实践的重要目标。具体来看：其一，在儒家思想的引导下，并结合统治者执政理念与时代风向，这一时期形成了以"尚公""贵和""思辨"与"重礼"为代表的中华文化精神标识。其二，依托对外教育、对外贸易、人口迁移等对外传播方式，并以文化产品为轴心，使得这一时期形成了以中华茶文化、中华丝文化及中华瓷文化为代表的中华文化品牌体系。其三，通过文学艺术创作、教育、宗教等形式，积极对外传播这一时期文化的价值理念与文化精神，形成了以汉字、诗词、儒学、科技为代表的中华文化符号体系。由上述可见，正是通过对传播内容的总结与提炼，唐宋两朝向世界展示了我国深厚的文化积淀与坚定的文化自信，树立了"和而不同""海纳百川"的大国形象。

三、以传播手段的多元拓宽解决"如何传播"的问题

对唐宋文化对外传播方式进行历史考察，不难发现在传播路径方面，这一时期展现出强烈的多元性和协同性。一方面，从传统社会标准来看，唐宋时期的文化对外传播路径较为丰富。上至政治体制，下至百姓生活，文化传播几乎贯穿于社会生活的方方面面。另一方面，从传播体系职能分工来看，不同路径面向各自特定的受众群体，共同构建起一个职能定位清晰、上下协同发力的文化传播体系。就这一点而言，无论从传播主体角度，还是从传播内容角度，都体现出较好的受众意识及传播内容的靶向性，因而能取得较为理想的传播实效，对于当代拓展中华文化国际传播路径也具有一定的参考价值。

首先，政治路径是文化对外传播的"先行官"。唐宋时期的对外文化传播，往往是从使者出访、四方朝贡、馈赠国礼等外交活动开始的。除了前文提及的官方往来以外，和亲联姻亦是这一时期颇具特色的政治路径，并在推动文化传播方面发挥了独特的作用。不同于汉朝和亲，唐宋时期的和亲联姻带有更强烈的道德教化色彩，具有频繁程度史无前例、和亲人员不论地位尊卑等特征，已然演变成为统治者开展文化交流的重要手段。具体而言，这一时期的和亲联姻可分为皇族和亲、王室和亲与民间通婚三种形式：首先是皇族和亲，公主们带着向域外传播文化的政治使命远嫁他乡。据《唐会要》记载，自公元640年唐太宗将宗氏女弘化公主许以吐谷浑诺曷钵始，加上非宗氏女共计23位公主，远超《汉书》记载的3位。其次是王室和亲，将身份显赫的贵族子女委以重任，同样是这一时期常见的和亲方式。例如，《新唐书·卷二百一十六上·列传第一百四十一上》就曾记载，唐太宗曾在吐蕃使臣禄东赞来唐时，主动"以琅琊公主外孙妻之"，以示自己对于双边关系的高度重视。最后是民间通婚，随着这一时期贸易往来与人文交流的频繁展开，周边国家与地区的民众开始效仿唐宋百姓的日常起居，为此催生出大量的民间通婚，在一定程度上也促进了文化交流。例如，隋朝末年起兵的王世充，他的本姓为支，是因为父亲随改嫁王姓的祖母，才改姓为王。作为特定时期对外交往的独特方式，和亲带有一定的狭隘性。但不可否认的是,其在一定程度上为消弭兵戈争战、维护和平稳定、增进友好往来、促进经济发展起到了积极的作用。

其次,经济路径是文化对外传播的主渠道。正是依托于"以商载文"的经济路径,中华文化方得以不断吐故纳新并为海外民众所接受和认可。具体而言,这一时期通过经济路径开展的文化传播主要沿着三条线路:第一条线路是陆上丝绸之路。早在先秦时期,这条连接中西方交流的交通要道即已存在,至西汉武帝时期,张骞开辟了这条从中国通往欧非大陆的陆路要道。后至唐朝,陆上丝绸之路已经十分完备,从长安出发可直至阿拉伯地区与欧洲。第二条线路是海上丝绸之路。唐朝时海上丝路已是商贾云集,至宋朝进一步开放,正式开启海上丝绸之路,从而进入丝路贸易的鼎盛时期。这一线路具体覆盖东起广州、泉州、福州等东南沿海城市,经东南亚、南亚各国至地中海沿岸国家。其日贸易量不可小觑,仅以广州港口为例,"每年就有八十万人登陆,住在广州的外国人有十余万之多"[①],须知在唐朝人口高峰时期也不过"五千多万"[②],由此足见海上丝路贸易之兴盛。第三条线路是南方丝绸之路。这一线路在蜀身毒道与茶马古道基础上延伸而来,其北起蜀地,经由缅甸南至东南亚、南亚,是连接中国西南地区与南亚地区的交通要道。伴随着源源不断的船队、驼队而来的,还有中外人文交流的高潮。一方面,沿着四通八达的交通要道,质量上乘、做工精湛的中国商品,诸如精致的唐三彩、香醇的普洱茶、柔软的丝织品与稀缺的食盐,不断运往世界各地。与此同时,其所承载的中华文化亦附着于商品之上,缓缓"流向"海外民众的日常生活领域。另一方面,大批留学生、僧侣、工匠、艺人带着他们的梦想来到中国,随之而来的各类异域文

---

① 李刚:《唐代中国与亚洲各国的经济文化交流》,《西南师范大学学报(人文社会科学版)》1979年第2期,第30–37页。

② 谢忠梁:《中国历代人口略计表》,《四川大学学报(哲学社会科学版)》1979年第3期,第103–111页。

化艺术活动也在中国盛行。一时间，上至皇亲国戚下至平民百姓，加之唐宋时期实行全面开放的文化政策，这些异域文化很快就受到中国百姓的欢迎，并与中华文化相融后形成了诸多独特风格。例如，唐太宗曾喜爱波罗逑运动，唐玄宗曾效仿东罗马建筑风格建造宫殿。又如，来自西域的画家迟乙僧擅长绘制佛像，因其作品有立体之感被称"凹凸画"，这种绘画技巧对唐朝吴道玄等画家的影响颇深。至于平民百姓，他们学胡音、食胡食、习胡舞。对此，元稹曾作诗云："胡音胡骑与胡妆，五十年来竞纷泊"（《和李校书新题乐府十二首·法曲》）。由此可见，这一时期的长安可谓是四方云集的国际大都会。

最后，教育路径是对外传播的主平台。具体而言，依托于教育路径开展的文化传播主要体现于三个层面：第一，依托于典籍传播中华文化。始于先秦时期的中国典籍到了唐宋时期早已是卷帙浩繁，它们承载着中华文化的精髓与中华民族的哲思，成为当时诸国效仿中国的重要资料。正如前文所述，这一时期周边国家和地区都仰慕华风，无论是遣唐使、留学生还是僧侣、商人，在完成自身职责使命之余纷纷深入书坊和寺庙采购、誊抄典籍，以便回国后献于君王来推动本国革新。为了保证典籍的规范性与传播内容的准确性，唐宋两朝实行严格的典籍刊印与流通管理制度，规定一般典籍可在市场自由流通，重要典籍则必须向朝廷申请。彼时，来自中国的典籍在海外大受欢迎，几乎覆盖了当时社会改革的各个领域。譬如，在《宋史·高昌》中就有记载，当时高昌佛寺庙50余区，寺中藏有来自唐朝的《大藏经》《玉篇》《唐韵》等多部典籍。此外，前文也提及，宋太宗曾将第一部汉文木板印刷的《大藏经》赠予日僧，其影响之大以至于高丽国王听说后专程派使者请求宋朝赐予其《大藏经》，由此可见中国典籍在海外的受欢迎程度。第二是依托于留学群体传播中华文化。一方面，囿于语言交流障碍，常出现虽获典籍但仍有不解其意之时，于是派遣专人前去唐宋两朝取经求法、求学请益便成为这一时期的主要文化活动。另一方面，在包容开放的文化氛围中，唐宋时期的对外教育亦全面开放。例如，在总计 19 批 300 余人的日本遣唐使团中就有大量前往中国求学的留学生，他们学成归国后多数参与到日本的文化改革中，成为弘扬中华文化的中坚力量。又如，这一时期还有大量留学生通过宾贡科举入唐仕途，他们不仅深入学习中华文化，而且也为推进中外文化交流作出了不可磨灭的贡献。第三是依托于讲学传播中华文化。彼时，新儒学即理学兴盛，宋朝通往朝鲜的陆上交通为辽金所占据，但两国之间密切的学术交往却未停滞。当时的宋朝大儒曾多次前往朝鲜开坛讲学，反映出这一时期中华文化强大的吸引力与影响力。总体而言，较之于政治路径与经济路径，依托于教育路径开展的文化传播更为深入也更为持久，这些启迪智慧、涤清思想的教化活动更容易与当地居民找到情感的共鸣点，因而也更容易为他们所接受。

"人应该在实践中证明思维的真理性、现实性、此岸性。"① 总结唐宋文化对外传播的演进规律可知，文化传播既是理论问题，更是实践问题。唐宋两朝在构建文化共同体过程中，从传播主体、传播内容、传播手段入手，逐步解决"谁来传播""传播什么""如何传播"的逻辑性前提，为当代推动中华文化国际传播提供了重要参考。当前，既需明确中华文化国际传播的预设前提，凝练中华文化的价值内涵，更要在社会主义文化强国建设的伟大实践中，积极推动中华优秀传统文化的创造性转化和创新性发展，以使之更好地适应中华文化与世界文化交流互鉴的现实需求。

第四节　唐宋文化对外传播方式的当代审视

当前，拓展中华文化国际传播路径，加强国际传播能力建设，业已成

---

① 《马克思恩格斯选集》（第 1 卷），人民出版社 1995 年版，第 55 页。

为我国全面建设社会主义现代化强国面临的重要任务。习近平总书记指出，"要加强战略谋划，对外既要展现中华民族的悠久文明，又要传播当代中国蓬勃发展的多彩文化，以德服人，以礼服人，以文服人，加强情感认同"①。基于此，梳理唐宋文化对外传播的历史经验，并对其进行创造性转化与创新性发展，能够在一定程度上为拓展中华文化国际传播路径提供致思理路。

一、高度重视唐宋文化对外传播方式的突出问题

尽管这一时期在推动文化对外传播方面成效显著，但毋庸置疑，其自身仍有一些突出问题是无法回避的，甚至有一些至今仍影响着中华文化的国际传播进程。因此，必须高度重视唐宋文化对外传播方式存在的突出问题。

首先，在传播观念上存在立场重"己"轻"夷"等问题。中国自古便有"华夏之辨""夷夏之防"的说法，常以血缘、地缘及礼仪文化等因素作为衡量标准来确定亲疏关系。诸如"中国有礼仪之大，故称夏；有服章之美，谓之华"（《春秋左传正义·定公十年》）、"天朝政事一更其手，权倾天下"（《后汉纪·恒帝纪下》）之类的表述，在中国古代典籍中常有出现。唐宋两朝军事力量雄厚，加之统治者多重道义，出兵协助弱小国家抵御外侮之事时有发生。因此，周边国家与地区纷纷趋之若鹜，或派遣使节前来朝贡结好，或直接成为唐宋藩属国接受宗主国保护，唐太宗李世民更是因唐朝实力雄厚与敢于担当被诸国奉为"天可汗"。在此背景下，加之受到根深蒂固的传统"天下"观念的影响，唐宋两朝在开展文化对外传播之时常习惯于从一己之视角处理交往关系，特别是在处理文化冲突矛盾时，

---

① 习近平：《在推进"一带一路"建设工作座谈会上的讲话》，《人民日报》2016年8月18日。

常以是否符合中华文化礼仪作为判断文明开化程度的重要标准。例如，将其他国家地区称之为"蛮夷"，将中国东南沿海通往东南亚、南亚诸国的海上航路命名为"通海夷道"，言语中难免流露出对域外文明的轻视之意。这种从"自我"视角出发的立场，使得这一时期在开展文化对外传播时，常会出现因礼仪标准不同而造成的文化冲突。例如，唐太宗曾派高表仁出使日本，就曾发生因日本天皇不按"以北面君"之礼接受国书，高表仁弃而去之的文化冲突案例。总之，唐宋两朝在文化传播观念上重"己"轻"夷"的立场，可能导致双方因礼仪之争而发生文化冲突，自然也不利于文明的交流互鉴。

其次，在传播路径上存在传播之路复杂多变等问题。中外交通要道的稳定畅通，不仅事关外交关系的缔结与对外贸易的发展，而且也是中外人文交流机制有效运转的重要保障。一方面，一旦由于政权频繁更迭导致双方关系恶化，或者沿途发生战乱饥荒，陆上交通要道就可能被迫中断，严重影响文化传播的正常推进。另一方面，这一时期由于船舶质量参差不齐、航海技术落后等原因导致的海上交通事故时有发生，亦不利于文化传播的顺利推进。例如，在《宋史·勃泥》中就曾记载，勃泥国商人抵达中国后向当地官员讲述路途之艰辛，谈及自己途经阇婆国时突遇大风撞破船只，因此行程被迫中断。由此可见，国力强盛与交通畅通是有效推进中华文化对外传播的必要前提。唯有在国力强盛的前提下，确保交通要道畅通，同时秉持"同御榻以延其使"（《旧唐书·突厥下》）的传播心态，才能在中华文化对外传播中始终居于主动地位。

最后，在传播原则上存在安全意识薄弱等问题。尽管唐宋文化对外传播成绩斐然，特别是在凝练文化精神标识、对外大规模输出文化产品方面取得了前所未有的成就，成功地将具有鲜明中华文化特色、代表唐宋两朝价值理念、塑造文化大国良好形象的文化元素播扬海外，但毋庸置疑也留下了诸多不利于国家文化安全的隐患。早在先秦时期，关于国家文化安全问题的争论即已有之。例如，老子说："鱼不可脱于渊，国之利器不可以示人"（《道德经·三十六章》），在他看来，国家礼法是一国之"利器"，一旦轻易示人便会对国家安全产生威胁。又如，在《左传·成公·成公二年》中曾经记载，孔子说："唯器与名，不可以假人"，认为国家典籍与礼仪之道不可轻易假借于人，因此代表一国的文化精神，是国之利器更是文化建设最应珍视的瑰宝。由此可见，中国古人早已高度重视文化传播安全问题。唐宋两朝虽然在典籍管理与市场监管方面尤为谨慎，但总体而言，其在文化传播安全意识上仍旧有待提升。宋朝时的高丽国仰慕华风，宋廷曾多次赠予其大量典籍。对此，苏轼曾上书谏言："高丽入贡，无丝发利而有五害，今请诸书与收买金箔，皆宜勿许"（《宋史·高丽》），他建议国家慎重考虑赠送典籍之事，但是也没有得到统治者的足够重视，体现出这一时期较为薄弱的国家文化安全意识。

二、深入挖掘唐宋文化对外传播方式的主要特质

梁启超先生在《中国史叙论》中提出，中国史大体涵盖"中国之中国""亚洲之中国"与"世界之中国"三个阶段，其中"亚洲之中国"大体覆盖由秦至清 2000 多年时间，尤以唐宋两朝为盛。[①] 这一时期的中国是亚洲历史舞台的主角，其文化之强盛与厚重不仅深刻影响和改变了东亚世界的文化格局，直接促成了中华文化圈的定型，而且以强大的辐射力影响着世界文明的发展进程。当时的亚洲国家多以中国为文化母国，其中尤以日本、朝鲜与越南为甚。它们通过大量汲取中华文化精髓并结合本国实际进行有效转化，最终促成了自身文化获得蓬勃发展的源头活水与强劲动力。总体而言，唐宋文化对外传播的历史经验体现于三个层面：

其一，唐宋文化以其博大精深的历史底蕴征服了周边国家和地区。在

---

① 　梁启超：《新史学》，商务印书馆 2014 年版，第 80–81 页。

与域外文化的交往过程中，唐宋文化体现出深厚的历史底蕴，这是当代中华民族文化自信的源泉。以日本为例，中国与日本是一衣带水的邻邦，两国之交由来已久。隋朝时，日本的圣德太子在儒家思想的影响下，以中国制度为蓝本成功地推行"推古朝改革"，为后来的统治者借鉴中华文化奠定了基础。唐朝完备的政治制度、强大的军事实力与厚重的文化底蕴，更是加深了日本国统治者对于中华文化的向往与敬畏，先后派遣19批遣唐使团赴唐求学请益。在他们的策动下，日本发起了以"中华化"即"唐化"为最高理想的大化革新，同时以唐制为蓝本推行班田制、租庸调制以及中央集权。由此可见，中华文化的大规模传播有力地推动了日本文明的长足进步。日本学者木宫泰彦曾对此有过评价，认为日本中古时期在制度设计上多"模仿唐制"①。

与此同时，中华文化在朝鲜半岛的传播亦溯源久远。迨至唐朝，朝鲜统一前，高句丽、百济、新罗等国纷纷遣派留学生入唐请益。朝鲜统一后，在政治体制上亦以唐制为蓝本，在中央设置执事省统领六部；在教育体制上，仿唐制设儒学科及技术科，其所用教材亦为中国的《论语》《孝经》《周易》《尚书》等儒家经典，及《缀学》《三开》等算术经典。"登唐科、语唐音"的归国留学生大力推崇儒家思想，唐玄宗曾赠新罗王诗："衣冠知奉礼，忠信识尊儒"（李隆基：《赠新罗王》），而民间亦有诗云："还将大戴礼，方外授诸生"（皇甫冉：《送归中丞使新罗》）。由此可见，儒家思想对新罗本土文化的影响与浸润之深。总体而言，唐宋时期东亚国家对中华文化的大规模吸收与借鉴，促使其与中华文化在语言文字、伦理精神、典章制度、思维方式、审美情趣、科学技术等方面相似相通，最终形成了以中国本土为中心、辐射亚洲各国的中华文化圈，至今仍发挥着不可磨灭的重要作用。

其二，璀璨夺目的唐宋文化对世界文化的发展作出了重要贡献。在中

① 木宫泰彦：《日中文化交流史》，胡锡年译，商务印书馆1980年版，第163页。

华文明史中，中华民族以其智慧和勇气进行了伟大的文化创造，其在物质文明与精神文明等诸多领域创造的宝贵财富，既为中华民族生生不息和发展壮大提供了丰厚滋养，是中华文化国际传播的不竭动力，同时又为人类文明的进步繁荣做出了独特贡献，是全世界共有的宝贵精神财富。

唐宋文化是支撑中华文化作出世界性贡献的重要力量。首先，在物质文明方面，唐宋文化发展史呈现给世界的，不只是"四大发明"。据《世界自然科学大事年表》记载，在16世纪之前影响世界的300余项重大发明中，有175项来自中国。那些凝结着中华民族智慧、折射出中华文化光辉的创造发明，使得中国的农耕、纺织、冶炼、手工制造技术长期处于世界前列。它们经由各种传播路径陆续播扬海外，为外民族文化系统所吸收、融合、创新与发展，最终丰富了世界文化的整体内容。正如我们在以上诸章曾提及的，唐宋时期的茶叶、丝绸、瓷器等文化产品及其相应的制茶技术、农耕技术、蚕桑技艺与制陶冶炼工艺等，无一不是中华民族为世界文明发展进步所作出的伟大贡献。除此之外，可以佐证的事实不胜枚举。例如，唐宋时期的炼丹术，传至阿拉伯后促成了阿拉伯炼丹术的出现，后经由阿拉伯传入欧洲直接推动了欧洲炼丹术的发展，并最终促成了现代化学的产生。这些足以证明中华文化是中华民族奉献给世界并改变了世界文明进程的伟大成果。其次，在精神文明方面，中华文化呈现的独具魅力的东方意识对世界精神文明的发展影响至深。具体而言：第一，以唐诗宋词为代表的唐宋文学生动诠释了中华文化的思想精髓与中华民族的文化心理特征，成为世界上其他文化背景中的民众了解中华文化的最佳窗口。第二，以绘画乐舞为代表的唐宋艺术以其气韵生动的精神特质与虚实相生的基本准则，受到海外民众的欢迎与喜爱。譬如，伏尔泰曾说，东方艺术是一切艺术的摇篮，认为"西方的一切都应该归功于它"①。又如，巴尔扎克曾惊

---

① 张岱年、方克立：《中国文化概论》（修订版），北京师范大学出版社2004年版，第165页。

叹东方艺术之美,认为"中国艺术有一种无边无涯的富饶性"①。第三,唐宋哲学以其独特的直觉体悟的思维方式与对人的终极关怀的执着追求,对世界哲学思想的发展产生了深刻影响。例如,在当时的欧洲启蒙运动中,启蒙思想家就曾将中国哲学视为汲取精神力量的重要源泉,成为他们笔下用以鞭挞旧世界的"巨杖"。

其三,唐宋文化以其包容开放的胸襟促进了世界文明的交流互鉴。在与域外文化系统交流的过程中,一方面,中华文化广泛吸收域外优秀文明成果,滋养本民族文化血脉;另一方面,积极传递其独有的"智慧之光",为人类文明的发展作出了自己的贡献,展现出主动进取、文明互鉴的积极态度与海纳百川、开放包容的博大胸襟。以强盛的国力为依托,唐朝时期的文化传播首先体现为一种上通古今、博采众长的宏大气派。在文化政策方面,以唐太宗及其贞观朝臣们为代表的唐朝统治者不仅在政治上力求"开明专制",在文化发展上亦主张兼收并蓄,强调文化创造道路的多样性,主张儒释道"三教"并行,强调文化传播形态的多元性。宋人洪迈在其《容斋随笔》中曾如此评论:"唐人歌诗,其于先世及当时事,直辞咏寄,略无避隐。"由此足见唐朝文化氛围之开放宽松。此外,唐朝文化传播对中华文化的高度自信亦体现在其对待域外文化的博大胸襟上。这一时期的长安是一个具有盛大气象的世界性大都市,来自南亚的佛学、历法、艺术与医学,来自中亚的乐舞与来自西亚的宗教、建筑与艺术如同"八面来风",从唐朝开放的国门一拥而入,共同汇聚于长安城这一中外文化汇聚的中心。这一时期对于域外文明的吸收,不仅在中国文化史上,而且在世界文化史上亦堪称典范。正是这种对于中华文化的高度自信,才造就了唐朝文化超轶前朝的宏大气派,奠定了中华文化对外传播引以为傲的深厚根基。

---

① 张岱年、方克立:《中国文化概论》(修订版),北京师范大学出版社2004年版,第165页。

三、积极推进唐宋文化对外传播方式的价值转化

作为中国古代文化传播史上的成功典范，挖掘唐宋时期对外传播方式的思想资源与历史经验，积极推进这一宝贵经验的价值转化，对于当代拓展中华文化国际传播路径具有重要且深远的意义。具体而言，对唐宋文化对外传播的主要特质和历史经验进行价值转化大致可归纳为如下三个方面：

其一，明确唐宋文化对外传播的世界意义，提升中华文化国际传播的亲和力。中国自古便有"以和为贵"的传统，诸如"礼之用，和为贵"（《论语·学而》）、"天时不如地利，地利不如人和"（《孟子·公孙丑下》）等观点，早已成为中华民族的文化基因，流淌于中华民族的血脉之中，并体现在中华民族的对外交往之中。唐宋时期始终秉持"和合"价值，在处理文化对外传播关系时亦是如此。例如，在开展对外交往时，强调维护和平，积极主动地承担化解国际冲突的责任，彰显大国道义。在进行文化传播时，强调求同存异，以"相近""相似"的审美趣味尊重差异、包容差异，同时探寻共同利益增进彼此共识。在塑造国家形象时，注重凝练中华文化精神标识，将真正代表中华文化精髓的文化符号播扬海外，彰显文化大国气度。这些举措为进一步提升中华文化国际传播的亲和力奠定了良好的基础。

其二，挖掘唐宋文化对外传播的价值元素，提升中华文化国际传播的感召力。中华民族历来爱好和平、崇尚道义，主张和衷共济、和合共生，这源于中华文化深刻的儒家思想基因。儒家奉行推己及人，在处理人与他人、人与社会关系时强调尊重与对话，反对冲突与暴力。因此，深受儒家思想影响的中国人在处理本国与他国外交关系时，也常以推己及人的态度处理矛盾与冲突，主张协作与承担责任。唐宋文化之所以能具有如此强大的感召力，同样与其在文化传播过程中所塑造的道义大国形象密不可分。

具体而言，唐宋两朝对内强调推行王道政治，主张统治者要"为政以德""以民为本"，是儒家仁政思想与华夏政治语境结合的集中体现；对外强调"以礼相待""和合共生"，在开展对外交往时主张相互尊重、彼此对话，反对以我为尊、自私孤立；在开展文化交流时强调和而不同、兼收并蓄，追求价值共享、互利共赢。因此，挖掘唐宋文化对外传播的价值元素，能够强化中华民族的道义大国形象，进而让中华文化国际传播迸发出新的价值感召力。

其三，总结唐宋文化对外传播的实践经验，提升中华文化国际传播的影响力。价值认同是民心相通的重要前提，因而也是决定文化对外传播实效的关键因素。总结唐宋文化对外传播的主要特质和历史经验，对其进行现代价值转化，是提升中华文化国际传播影响力的重要路径。譬如，这一时期以国家推广、民间交往与个体传播为传播主体，通过凝聚精神标识、创设文化符号、完善制度体系、输出文化产品与提供服务支持等方式，将开放包容、兼收并蓄的中华文化播扬海外，为创新当代中华文化国际传播理念提供了重要启迪。此外，唐宋两朝注重在对外教育、对外贸易与跨国人口迁移等重点渠道发力，沿着四通八达的交通要道，不仅让这一时期璀璨的物质文明与精神文明造福于丝路沿线国家与地区人民，更重要的是以文化传播增进了邦交国家民众对于中华文化的认同与共识。因此，拓展当代中华文化国际传播路径，应当从中汲取宝贵经验，依托于与"一带一路"沿线国家与地区日益频繁的人文交流合作，在实现"造船出海"的同时实现"借船出海"。

总体而言，返身考察唐宋文化对外传播的主要特质、历史事实与实践经验，无论是连接南北、贯通东西的丝绸之路的开辟，还是繁荣兴盛、频繁密集的商贸往来，抑或是造福人类、惠及世界的科技创新，这些丰富生动的文化交往事例与文化交往景观在很大程度上都足以说明，文化发展史即是文化传播史，文明交流互鉴是文明发展进步的根本动力，也是推动人类文明发展进步的重要方式之一。

第四章　拓展中华文化国际传播路径的核心问题

　　立足新的历史方位，客观审视唐宋文化对外传播的历史经验，阐明拓展中华文化国际传播路径的核心问题，直接指向"为何传播""何以传播""如何传播"的逻辑追问，是关涉社会主义文化强国价值内涵、建设规律及未来走向的前提性问题。习近平总书记指出，要"加快构建中国话语和中国叙事体系，用中国理论阐释中国实践，用中国实践升华中国理论，打通融通中外的新概念、新范畴、新表述"[1]，同时还要"加强对中国共产党的宣传阐释"[2]，加强对"中国精神、中国价值、中国力量"[3]的深入研究，并且，通过开展各种形式的人文交流活动，创新国际传播体制机制，全面提升国际传播效能，推动中华文化"走出去"，铸就中华文化新的辉煌。习近平总书记的上述重要论述为我们拓展中华文化国际传播路径指明了方向，并由此确定了其中隐含的核心问题。

---

① 《习近平在中共中央政治局第三十次集体学习时强调　加强和改进国际传播工作　展示真实立体全面的中国》，《人民日报》2021 年 6 月 2 日。

② 《习近平在中共中央政治局第三十次集体学习时强调　加强和改进国际传播工作　展示真实立体全面的中国》，《人民日报》2021 年 6 月 2 日。

③ 《习近平在中共中央政治局第三十次集体学习时强调　加强和改进国际传播工作　展示真实立体全面的中国》，《人民日报》2021 年 6 月 2 日。

第一节 赓续文化基因 构建中华文化国际传播的理论体系

习近平总书记强调，"要深入研究中华文明、中华文化的起源和特质，形成较为完整的中国文化基因的理念体系"[①]。唐宋文化对外传播的历史经验充分证明，中华民族在不断创造文明的实践中所形成的文化基因，奠定了中华文明与中华文化的精神底色，是近代以来中国人民面对苦难始终不屈不挠的精神支撑，是中国共产党矢志不渝、初心不改的精神源泉。而不断推动中华文化走向世界的重大价值，不仅在于其体现了中国人民积极参与世界多元对话、探寻中华文化世界意义的积极心态，更在于其为海外民众提供了一种观察世界的东方视角，为解决全球化时代世界性矛盾问题提供了中国方案，为促进多元文明与多元发展道路的国家和谐共处贡献了东方智慧。因此，立足新的历史起点，必须赓续文化基因，坚定文化自信，加快构建具有鲜明中国特色的中华文化国际传播理论体系。

一、活水与源头：植根于中华优秀传统义化的文化基因

习近平总书记指出，中华优秀传统文化"记载了中华民族在长期奋斗中开展的精神活动、进行的理性思维、创造的文化成果，反映了中华民族的精神追求，其中最核心的内容已经成为中华民族最基本的文化基因"[②]。因此，"要认识今天的中国、今天的中国人，就要深入了解中国的文化血

[①] 《习近平在教育文化卫生体育领域专家代表座谈会上的讲话》，人民出版社 2020 年版，第 6 页。

[②] 习近平：《牢记历史经验历史教训历史警示 为国家治理能力现代化提供有益借鉴》，《人民日报》2014 年 10 月 14 日。

脉，准确把握滋养中国人的文化土壤"①。在漫长的历史进程中，中华民族以其伟大的智慧、非凡的气魄与强大的实力进行了蔚为壮观的文化创造，这些先人们在物质文明、精神文明与制度文明等诸多领域中创造的宝贵财富，为中华民族的生生不息提供了丰厚滋养，是构建中华文化国际传播理论体系最深层的文化基因。

立足新的历史方位，中国共产党始终强调以史为鉴，在对历史的反思中汲取前行的智慧与力量。具体而言：一方面，重视在学习总结历史、借鉴运用历史经验中进行自我革新与自我成长，是中国共产党百年征程取得辉煌成就的成功密钥。习近平总书记指出，"怎样对待本国历史？怎样对待本国传统文化？这是任何国家在实现现代化过程中都必须解决好的问题……历史虽然是过去发生的事情，但总会以这样那样的方式出现在当今人们的生活之中"②。构建中华文化国际传播理论体系，不能割裂其与中华优秀传统文化的密切联系。另一方面，强调中华优秀传统文化是中华民族坚定文化自信的活水源头，是习近平总书记关于社会主义文化强国建设重要论述的主要论点。习近平总书记指出，"文明特别是思想文化是一个国家、一个民族的灵魂。无论哪一个国家、哪一个民族，如果不珍惜自己的思想文化，丢掉了思想文化这个灵魂，这个国家这个民族是立不起来的"③。中华优秀传统文化滋养了独树一帜的中国精神，陶冶了勤劳智慧的中华儿女，是千百年来中华民族不断发展壮大的文化基础，是各民族交融汇聚、团结统一的桥梁与纽带，是中华民族强盛生命力与强大凝聚力的根脉所在。

① 习近平：《在纪念孔子诞辰 2565 周年国际学术研讨会暨国际儒学联合会第五届会员大会开幕会上的讲话》，人民出版社 2014 年版，第 12 页。

② 习近平：《牢记历史经验历史教训历史警示　为国家治理能力现代化提供有益借鉴》，《人民日报》2014 年 10 月 14 日。

③ 习近平：《在纪念孔子诞辰 2565 周年国际学术研讨会暨国际儒学联合会第五届会员大会开幕会上的讲话》，人民出版社 2014 年版，第 9 页。

由此可见，在维护国家文化安全基础之上，深入挖掘中华优秀传统文化蕴含的中国价值、中国精神、中国力量，是构建中华文化国际传播理论体系的文化根基所在。

首先，需要深入挖掘中华优秀传统文化蕴含的中国价值，明确构建国际传播理论体系的文化立场。习近平总书记指出，"讲清楚中华优秀传统文化是中华民族的突出优势，是我们最深厚的文化软实力"①。他同时强调，"博大精深的中华优秀传统文化是我们在世界文化激荡中站稳脚跟的根基"②。以唐宋文化为典型代表的中华优秀传统文化中所蕴含的价值观念、审美情趣、道德情操、辩证思维与科学智慧，体现了中华民族进行文化创造的伟大智慧；中华文化为人类文明发展进步所作出的巨大贡献和所发挥的重要作用，是激发中华民族强烈的民族自豪感与民族自信心的主要来源，也是中华文化得以感召世界、影响世界的主要内容。面对复杂多变的国际舆论态势，构建中华文化国际传播的理论体系，首先必须要坚定文化立场、坚守文化自信。

其次，需要深入挖掘中华优秀传统文化蕴含的中国精神，明确构建中华文化国际传播理论体系的价值导向。中国精神是一个包含个人、家庭、国家与世界四重向度，从内向外不断拓展的同心圆结构，其所蕴含的以"尚公""贵和""思辨""重礼"，以及主张和平合作、开放包容、互学互鉴、互利共赢的基本价值理念，是世界多元文化精神谱系的重要内容。譬如，历史上的唐宋两朝在推进文化对外传播过程中，尤其注重对其文化精神标识的凝练与播扬。其中，"尚公"理念强调坚守本民族文化传统与包容外民族文化的整体发展；"贵和"理念强调增强本民族文化竞争力与借鉴外民族优秀文化的合作共赢；"思辨"理念强调要尊重客观事物对立统

① 《习近平谈治国理政》，外文出版社2014年版，第155页。
② 《习近平谈治国理政》，外文出版社2014年版，第164页。

一的规律，以不同事物的互学互鉴促进新事物产生；"重礼"理念强调凡事尽责，自觉承担责任，以及互利共赢，维护群体利益。作为中华优秀传统文化的思想精华，上述价值理念构成了中华文化国际传播的主要内容，亦明确了构建其理论体系的价值导向。

最后，需要深入挖掘中华优秀传统文化蕴含的中国力量，明确构建中华文化国际传播理论体系的实践基础。中华民族自古爱好和平，历史悠久、灿烂辉煌的中外人文交流史是驳斥西方炮制的所谓"中国威胁论"的强有力证据，是推进中华文化走向世界最好的事实支撑。习近平总书记多次在公开场合，以无可辩驳的事实说明中华文化独具一格的精神魅力，"古往今来，中华民族之所以在世界有地位、有影响，不是靠穷兵黩武，不是靠对外扩张，而是靠中华文化的强大感召力和吸引力。我们的先人早就认识到'远人不服，则修文德以来之'的道理。"[①]"夫物之不齐，物之情也。"（《孟子·滕文公上》）"文明没有高下、优劣之分，只有特色、地域之别。"[②]这些贯穿古今的重要论述，虽表述不同但实质相通。从千年丝路的悠悠驼铃到"一带一路"风驰电掣的中欧班列，书写的是中华民族历来重视睦邻友好、文明交流的历史传统，为世界人民开启的是一扇不同于西方殖民主义与霸权思想的国际合作之窗。深入挖掘这些蕴藏于中华优秀传统文化的中国价值、中国精神与中国力量，能够进一步明确构建国际传播理论体系的文化立场、价值导向与实践基础，进而为中华文化国际传播提供精神支撑，让中华文化展现出永久魅力与时代风采。

二、诠释与传承：承继于马克思主义世界历史理论的精神实质

中国共产党将马克思主义确立为指导思想，结合中国实际不断对中

---

① 习近平：《在文艺工作座谈会上的讲话》，人民出版社 2015 年版，第 3 页。
② 《习近平谈治国理政》（第二卷），外文出版社 2017 年版，第 544 页。

国特色社会主义制度进行完善与发展，最终形成了马克思主义中国化这一伟大成果，并得到了人民的拥护与历史经验的佐证。习近平总书记在纪念马克思200周年诞辰大会上指出，"一部马克思主义发展史就是马克思、恩格斯以及他们的后继者们不断根据时代、实践、认识发展而发展的历史"①，因此，"马克思主义能够永葆其美妙之青春，不断探索时代发展提出的新课题、回应人类社会面临的新挑战"②。构建中华文化国际传播理论体系，必须始终坚持把马克思主义基本原理同中国具体实际相结合、同中华优秀传统文化相结合。同时，在坚持马克思主义基本原理的同时，吸纳先发国家的理论成果与实践经验，促成马克思主义世界历史理论的"当代转向""中国转向"。

一方面，构建中华文化国际传播理论体系，必须坚持以马克思恩格斯的世界历史理论为代表的科学方法论。这一理论是他们在深入考察世界民族群体的产生、民族之间交往的必然性、民族历史转向世界历史的可能性等问题上提出的，强调民族交往是促成民族历史转向世界历史的主要途径。具体而言，该理论包含四个层面的基本意蕴：第一，民族交往是民族的根本属性。在马克思恩格斯看来，一方面，交往是民族的对外姿态，劳动生活的客观需要促使"住得日益稠密的居民，对内和对外都不得不紧密地团结起来，亲属部落的联盟，到处都成为必要的了"③。另一方面，民族由交往产生，"各亲属部落的融合，从而分开的各个部落领土融合为一个民族（Volk）的整个领土，也成为必要的了"④。第二，民族交往的现实基础源自人类生产生活的转变。马克思恩格斯指出，民族的交往关系以生产力为逻辑起点，既体现于在生产力发展的初级阶段，人们通过各自物质资料的

---

① 习近平：《在纪念马克思诞辰200周年大会上的讲话》，人民出版社2018年版，第9页。
② 习近平：《在纪念马克思诞辰200周年大会上的讲话》，人民出版社2018年版，第9-10页。
③ 《马克思恩格斯文集》（第四卷），人民出版社2009年版，第183页。
④ 《马克思恩格斯文集》（第四卷），人民出版社2009年版，第183页。

生产能力来决定民族交往的类别与程度，又体现于高速发展的生产力能够促成民族之间达成更加广泛多元的普遍交往。第三，民族交往促成了民族历史转向世界历史。立足历史唯物主义，马克思恩格斯强调要在全球普遍交往，即全球化与世界历史的客观实践进程中，动态地、总体地考察人类历史文明的不同面貌。这一理论认为，"各个相互影响的活动范围在这个发展进程中越是扩大，各民族的原始封闭状态由于日益完善的生产方式、交往以及因交往而自然形成的不同民族之间的分工消灭得越是彻底，历史也就越是成为世界历史"①。第四，民族交往促成人类文明新形态的产生。马克思恩格斯提出，同世界历史一样，文明也无法一蹴而就，而是人类到某个时间节点所创造的一切物质成果与精神成果的综合。基于此，马克思恩格斯提出，共产主义社会的最终形成，是建立于生产力水平高于任何一个历史阶段，以及世界范围内的交往全部达到最为深入的基础之上，是经过漫长的历史时期创造出来的，是一种世界历史性的存在。当交往从局部分割的区域交往，发展到全局性的无一例外的世界交往时，历史便转变为世界历史。

　　另一方面，构建中华文化国际传播理论体系，要积极促成这一世界历史理论的"当代转向"与"中国转向"。面对当前国际国内复杂局势，以民族交往促成民族历史转向世界历史，进而创造人类文明新样态，是根本性的时代课题。因此，作为时代产物的中华文化国际传播，在逻辑基础、价值诉求与实践路径等方面，均是对世界历史理论的时代彰显与拓新。具体而言，第一，中华文化国际传播以历史唯物主义为理论基础。改革开放以来，中国特色社会主义建设在遵循世界发展客观规律、面向国际国内"两个大局"的基础上，充分学习借鉴人类文明创造的优秀成果，对内铸牢中华民族共同体意识，对外主动承担负责任的大国应有的历史重担，以

---

① 《马克思恩格斯文集》(第一卷)，人民出版社2009年版，第540—541页。

更加宏观的视角、更加积极的姿态推进人类文明发展与世界和平进程。在此视域下推进的中华文化国际传播，以推动人类文明交流互鉴为己任，强调以包容开放的心态放下偏见、接受差异，在世界各种文明形态的交流碰撞、互融互通中推进人类文明的发展进步。第二，中华文化国际传播是对马克思主义世界历史理论的丰富与发展。资本主义强权逻辑在文化层面的重要表征是异质文明的误解与对立，欲根治由此带来的国家之间的文化藩篱，必须营造相互尊重、相互包容的文明交往环境，进而以更加密切的交往增进国家与民族之间的价值共识。习近平总书记曾指出，要"摒弃意识形态争论，跨越文明冲突陷阱，相互尊重各国自主选择的发展道路和模式，让世界多样性成为人类社会进步的不竭动力、人类文明多姿多彩的天然形态"①。同时，推进的中华文化国际传播，以尊重文化多样性为前提，最终价值指向构建求同存异、包容发展的人类文明新样态。它生动诠释了马克思恩格斯的世界历史理论在当代中国与世界的发展形态，充分体现出中国为推进文明交流互鉴、突破全球治理困境探寻具有实际操作性方法所表现出来的智慧与担当。

三、返本与开新：深化于习近平文明交流互鉴观的中国智慧

理论创新之根本，在于方法论的自觉与创新。党的十八大以来，在对人类文明发展大势进行深刻思考与科学研判的基础上，以习近平同志为核心的党中央围绕人类文明交流互鉴，提出了一系列重要论述，引起了国际社会和世界人民的广泛关注。习近平文明交流互鉴观推进了马克思主义基本原理同中国具体实际、同中华优秀传统文化相结合。这是对中国共产党自身执政能力的自我超越，亦是对长期占据霸权地位的西方话语定势的强势突破，为构建具有中国特色的中华文化国际传播理论体系提供了根本遵

---

① 《习近平在联合国成立 75 周年系列高级别会议上的讲话》，人民出版社 2020 年版，第 9 页。

循。同时，也彰显了国际传播理论体系的创新性，为推进中华文化国际传播提供了重要的理论依据。

首先，强调秉持相互尊重、和平共处的立场看待不同文明之间的差异，是构建中华文化国际传播理论体系的重要前提。习近平总书记强调，一方面，"不同国家、民族的思想文化各有千秋，只有姹紫嫣红之别，而无高低优劣之分。每个国家、每个民族不分强弱、不分大小，其思想文化都应该得到承认和尊重"①。因此，"不要看到别人的文明与自己的文明有不同，就感到不顺眼，就要千方百计去改造、去同化，甚至企图以自己的文明取而代之"②。另一方面，"一个国家的发展道路合不合适，只有这个国家的人民才最有发言权"③，而"执意改造甚至取代其他文明，在认识上是愚蠢的，在做法上是灾难性的"④。在此基础上，习近平总书记进一步指出，"各种人类文明在价值上是平等的，都各有千秋，也各有不足"。因此，面对异质文明之间的差异，要秉持相互尊重、和平共处的立场，进而"促进和而不同、兼收并蓄的文明交流"⑤。

其次，强调秉持美人之美、美美与共的态度促进不同文明之间的交往，是构建中华文化国际传播理论体系的重要原则。习近平总书记强调，"每一种文明都是美的结晶，都彰显着创造之美"⑥，人们对美好事物的向往是共通的。因此，"我们既要让本国文明充满勃勃生机，又要为他国文明发

---

① 习近平：《在纪念孔子诞辰 2565 周年国际学术研讨会暨国际儒学联合会第五届会员大会开幕会上的讲话》，人民出版社 2014 年版，第 9 页。

② 习近平：《在纪念孔子诞辰 2565 周年国际学术研讨会暨国际儒学联合会第五届会员大会开幕会上的讲话》，人民出版社 2014 年版，第 8-9 页。

③ 《习近平谈治国理政》，外文出版社 2014 年版，第 273 页。

④ 《习近平谈治国理政》（第三卷），外文出版社 2020 年版，第 468 页。

⑤ 《习近平谈治国理政》（第三卷），外文出版社 2020 年版，第 20 页。

⑥ 《习近平谈治国理政》（第三卷），外文出版社 2020 年版，第 469 页。

展创造条件,让世界文明百花园群芳竞艳"①。一方面,"美人之美"强调在承认与尊重文化多样性的基础上以求同存异与兼收并蓄实现和谐共生、合作共赢。多年来,习近平总书记在公开场合反复强调,人类文明多样性是世界的基本特征,亦是人类进步的源泉,"只有在多样中相互尊重、彼此借鉴、和谐共存,这个世界才能丰富多彩、欣欣向荣"②。另一方面,"美美与共"追求不同文明的和谐共生与相得益彰,在展现一己之独特魅力的同时,释放多元文明正能量,共同为人类文明发展进步提供精神力量,进而走向"美美与共,天下大同"的世界文明发展盛况。

再次,强调秉持平等相待、互学互鉴的方法促进不同文明之间的对话,是构建中华文化国际传播理论体系的重要路径。习近平总书记强调:"文明之间要对话,不要排斥;要交流,不要取代……要尊重各种文明,平等相待,互学互鉴,兼收并蓄,推动人类文明实现创造性发展。"③ 在此基础上,他进一步指出,一方面,互学互鉴基于开放包容的积极心态,唯有"善于倾听对方意见,设身处地从对方的角度思考问题"④,才能弥合当今国际秩序中因包容性文明秩序缺位导致的矛盾与冲突。另一方面,互学互鉴强调不同文明的相融相通与互相促进。历史充分证明,不同文明的交流互鉴,能够"让世界更加丰富多彩,也为不同国家和民族加强合作提供了强大支撑"⑤。

总体而言,习近平总书记针对人类文明交流互鉴所提出的一系列重要

---

① 《习近平谈治国理政》(第三卷),外文出版社 2020 年版,第 469 页。

② 《习近平谈治国理政》(第二卷),外文出版社 2017 年版,第 524 页。

③ 《习近平谈治国理政》(第二卷),外文出版社 2017 年版,第 524–525 页。

④ 习近平:《出席第三届核安全峰会并访问欧洲四国和联合国教科文组织总部、欧盟总部时的演讲》,人民出版社 2014 年版,第 30 页。

⑤ 《习近平在法国媒体发表署名文章〈在共同发展的道路上继续并肩前行〉》,《人民日报》2019 年 3 月 24 日。

论述，其所蕴含东方智慧的中国话语与洞察历史沧桑的真知灼见，让世界上广大爱好和平、追求进步的人们产生了广泛共鸣。英国学者马丁·雅克曾指出，"中国提供了一种'新的可能'……开辟了一条合作共赢、共建共享的文明发展新道路"①。同时，以其强烈的问题导向与现实针对性，为探寻中华文化参与世界多元文化对话的世界意义提供了重要遵循，展现出在推进中华文化国际传播进程中创造人类新文明样态的气度与魄力。

综上所述，在此背景下构建中华文化国际传播理论体系，正确处理好"继承"与"创新""本来"与"外来""当下"与"未来"的关系，须从三个方面着力：其一是思想开掘，构建更具包容性的理论体系。面对纷繁复杂的世界局势，如何将人们对于不同文化的看似互不关联、甚至互相矛盾的观点进行有效链接，进而增进彼此间的认同与共识，正是包容性思维的要义之所在。当前中华文化国际传播面临的首要任务，是突破西方传播话语框架的壁垒，在世界多元文化对话中探寻中华文化的世界意义，构建基于共同价值观念的文化传播优势。中华优秀传统文化倡导的求同存异、强同悦异与聚同化异的思维方式，是包容性思维的生动诠释，突破了西方传统话语非此即彼、二元互斥的思维惯式，为构建更具包容性的理论体系提供了全新视角。其二是话语提升，构建更具开放性的理论体系。中国特色社会主义理论体系是中国共产党带领全国人民在中国特色社会主义伟大事业的建设过程中，在坚持马克思主义同时吸纳先发国家理论成果与实践经验后形成发展起来的，是历史继承性与主体开放性的有机统一。在此基础上，构建更具开放性的国际传播理论体系，需要在以马克思主义世界历史理论为科学方法论，广纳意见，博采众长，以更加密切的民族交往吸纳其他文化理论体系的有益成果，在促成世界历史理论的"当代转向"和

---

① 新华社：共绘美美与共的人类文明画卷——写在习近平主席在联合国教科文组织总部演讲五周年之际，http://www.xinhuanet.com/2019-03/27/c_1124291553.htm。

"中国转向"的同时，推动形成更具开放性的人类文明新样态。其三是理论创新，构建更具创新性的理论体系。中国特色社会主义理论体系的发展历程，是中国共产党结合中国实际"返本开新"的过程，构建中华文化国际传播理论体系亦是如此。以习近平同志为核心的党中央审时度势、高瞻远瞩，围绕人类文明交流互鉴提出的一系列新思想、新理念、新举措，是改革开放 40 多年以来中国共产党又一次自我超越，更是对长期以来占据世界多元文化对话主体地位的西方传统话语定势的理论超越，也是构建理论体系"开放性"的要义所在。基于此，中国国际传播的理论研究者必须在思想开掘、话语提升与理论创新上发力，才能构建更具包容性、开放性、创新性的理论体系，进而为中华文化国际传播提供理论支撑。

第二节 凝练精神标识 丰富中华文化国际传播的价值内蕴

习近平总书记多次强调，中华文化蕴含的价值内涵，不仅是中国精神的内核，对于解决人类问题也有重要价值，因此，要把中华文化蕴含的"具有当代价值、世界意义的文化精髓提炼出来、展示出来"①。并且，文化是有差异的，但是这种差异并不意味着有优劣之分。为此，我们要秉持相互尊重、平等对待的原则，充满自信地向世界阐释中华文化的独特魅力与优良特质。与此同时，还要从中华文化的深厚积淀中明确其与不同文化在价值理念方面的共通性与普遍性，在尊重彼此差异性与特殊性基础上丰富世界意义。这既是中华文化国际传播的重大意义，亦是其在传播过程中所应当遵循的基本原则。

---

① 《习近平谈治国理政》（第三卷），外文出版社 2020 年版，第 314 页。

一、挖掘价值元素　阐明中华文化国际传播的世界意义

中国价值观是中华文化的内核，体现着中华民族一脉相承的精神特质、思想脉络与价值追求。一方面，中国价值观是中华民族价值理念的生动诠释。中华文化孕育的中国价值观，既包含了以"崇仁爱、重民本、守诚信、讲辩证、尚和合、求大同"①的中华传统文化价值遵循，亦包含了"以为人民服务为核心，以集体主义为原则，以爱祖国、爱人民、爱劳动、爱科学、爱社会主义为基本要求，以社会公德、职业道德、家庭美德、个人品德建设作为着力点"②的社会主义道德标准。它们共同构筑起中华民族的精神特质与中华文化的显著品质。另一方面，中国价值观还具有追求和平、共同发展的世界意义。尽管不同历史文化背景、不同社会发展状况，导致不同国家和民族在宗教信仰、价值标准与道德规范上，存在一定程度的差异甚至存在某种程度的对立。但是，差异中必然蕴含着共通性，而这共通性恰恰是促成不同文明交流互鉴、人类文明长足发展进步的关键因素。习近平总书记指出，要"坚守和平、发展、公平、正义、民主、自由的全人类共同价值，摆脱意识形态偏见，最大程度增强合作机制、理念、政策的开放性和包容性，共同维护世界和平稳定。"③这里所强调的，即是通过探寻不同文明之间的共性价值或者相似价值理念，增进不同国家和民族之间的共识。基于以上两点，挖掘中国价值观中能够体现人类共同价值、促进人类文明发展进步的共性元素，是凝练中华文化精神标识、丰富中华文化价值内涵的关键所在。

首先，深入挖掘中国价值观中包含人类共同价值的重要元素。习近平

---

① 习近平：《在文艺工作座谈会上的讲话》，人民出版社 2015 年版，第 25 页。

② 参见《新时代公民道德建设实施纲要》，《人民日报》2019 年 10 月 28 日。

③ 习近平：《让多边主义的火炬照亮人类前行之路——在世界经济论坛"达沃斯议程"对话会上的特别致辞》，人民出版社 2021 年版，第 5 页。

总书记强调,"中华民族历来秉持'亲仁善邻'的理念。作为负责任大国,中国坚守和平、发展、公平、正义、民主、自由的全人类共同价值,坚持共商共建共享的全球治理观,坚定不移走和平发展、开放发展、合作发展、共同发展道路"①。值得注意的是,挖掘价值元素并不等同于全盘接受,更不等同于全盘否定。对于其中优秀的、积极的、具有世界意义的价值元素,要进行重点传播;对于其中不适应时代发展与受众需求的价值元素,要进行创造性转化与创新性发展,甚至有的放矢地加以扬弃。这其中,对于"传承着中国优秀传统文化的基因,寄托着近代以来中国人民上下求索、历经千辛万苦确立的理想和信念,也承载着我们每个人的美好愿景"②的人类共同价值,特别是"和平、发展、公平、正义、民主、自由的全人类共同价值"③要进行重点传播。

其次,深入挖掘中国价值观中致力于促进人类文明发展进步的重要元素。中国价值观强调和传达的是中华民族对于真善美的价值追求,以及对于"天下大同""美美与共"的世界和平的真切渴望。它的科学性在于,其所依托的是以中华优秀传统文化、革命文化与社会主义先进文化为内容的中国特色社会主义文化体系。它的先进性在于,其代表了人类对于和平发展的共同理想,为解决人类文明发展困境、促进世界文明发展开出了一剂"中国药方"。因此,中国价值观既具有一般层面的世界意义,容易成为各国人民广泛认同且接受采纳的价值共识;亦具有特殊层面的世界意义,它强大的生命力与先进的时代性决定了其在世界价值体系中的特殊意义和

---

① 习近平:《在纪念中国人民志愿军抗美援朝出国作战 70 周年大会上的讲话》,人民出版社 2020 年版,第 12–13 页。

② 习近平:《青年要自觉践行社会主义核心价值观——在北京大学师生座谈会上的讲话》,人民出版社 2014 年版,第 5 页。

③ 习近平:《在庆祝中国共产党成立 100 周年大会上的讲话》,人民出版社 2021 年版,第 16 页。

重要地位。

最后，深入挖掘中国价值观中能够丰富价值阐述内容的重要元素。面对白热化的文化软实力竞争，必须以文化传承为基础，以内容创新为先导，深入挖掘中华文化思想源头中蕴含的人类共同价值，进而丰富中华文化话语体系，将中华文化蕴含的人文精神推陈出新。在唐宋两朝创设的以汉语汉字、唐诗宋词、茶叶瓷器、典籍经义等为代表的文化符号中，蕴含着互惠共荣、德抚四方的宝贵价值元素，它们通过这一时期中外密切的商贸往来与丰富的人文交往景观得以集中呈现。例如，在中华茶文化蕴含的和谐共生、中华丝文化蕴含的兼收并蓄、中华瓷文化蕴含的海纳百川中，都集中体现了中华文化独具的"尚公""贵和""思辨""重礼"价值理念与中华民族独有的"天下一家""和合共生"的大国格局。通过挖掘这些价值元素，并对其所蕴含的丰富思想内涵进行高度凝练，不仅有利于增进中华文化国际传播的实效性，也有利于实现不同国家和民族在价值理念、社会习俗与道德规范等方面的相融相通，进而为深化全方位合作奠定心理共识基础。

二、推动价值转化　筑牢中华文化国际传播的思想基础

习近平总书记强调，中华文化既是历史的、也是当代的，既是民族的、也是世界的。凝练中华文化精神标识，要"坚持不忘本来、吸收外来、面向未来，在继承中转化，在学习中超越，创作更多体现中华文化精髓、反映中国人审美追求、传播当代中国价值观念、又符合世界进步潮流的优秀作品"[1]，在古为今用、辩证取舍、推陈出新中赋予中华文化以鲜明的中国特色、中国风格与中国气派。

---

[1]　习近平：《在中国文联十大、中国作协九大开幕式上的讲话》，人民出版社 2016 年版，第 10 页。

首先，基于世界语境推进中华文化的价值转化。习近平总书记指出，"观察当代中国哲学社会科学，需要有一个宽广的视角，需要放到世界和我国发展大历史中去看"①。中华文化所独有的开放包容、与时俱进的独特品质，是决定其拥有强大生命力的重要原因。它既能够以包容心态对待异质文明，在广泛借鉴吸纳有益外来价值元素的基础上，进行创造性的融会贯通，最终创造出独具特色的文化成果；又能主动顺应时代变革，根据时代需求、人民需求、世界需求实现革故鼎新、进取提升。因此，推进中华文化国际传播，需要立足世界背景，以大历史观考察中华文化的世界意义，更要具有高度的文化自觉，将这其中具有世界意义的价值内容进行现代转化。

其次，基于日常语境推进中华文化的世界对话。尽管不同国家和民族都有自己的文化土壤和文化呈现方式，但是，人们在衣食住行等方面总结的生活实践经验是可以实现相融相通的。例如，在唐宋时期，依托以茶叶、丝绸、瓷器等产品贸易进行的文化传播，实现了商品外销、商贸开展与经济繁荣，便利了周边国家和地区人民的生活，更重要的是，这种方式有效地将中华民族日常生活方式附着于商品之上予以传递。这种"日用即道"的传播方式，让传播不再是价值灌输或道德教化，而是基于相互尊重、相互了解的文化共享立场，在日常生活语境开展的关于生活方式及其价值理念的涵育与对话。较之于宏观语境的交流对话，基于日常生活语境开展的文化传播显然更为有效和深入。

最后，基于比较语境彰显中华文化的精神气质。每一种文化都有其独特的精神气质。独有的地理环境、农耕文明与宗法制度等多种因素成为文化生长的土壤，共同滋养出中华文化的独特气质。与西方文化相比，中华文化具有重视道德修身与道德教化、强调维护整体和谐统一、尊重差异性

---

① 习近平：《在哲学社会科学工作座谈会上的讲话》，人民出版社 2016 年版，第 3 页。

与多样性、追求天人合一的和谐境界等诸多特征，是不同类型、不同样态的文化融合的成果，这些共同构成了中华文化独特的精神气质。基于比较语境推进价值转化，比较并不是目的，在比较中呈现差异、达成共识，进而实现异质文明齐放异彩才是归途。2021年"两会"期间，习近平总书记指出，"70后、80后、90后、00后，他们走出去看世界之前，中国已经可以平视这个世界了"①。"平视"二字，意味深远，它表明正在"强起来"的中国更加自信地走向世界舞台的中央。在推进中华文化价值转化时，我们亦须站在"平视"的角度，自信地与西方文化进行文化制度、价值理念、产品输出等多个维度的系统比较，在比较中呈现中华文化与西方文化的差异，在比较中达成与海外民众的共识，进而彰显中华文化的独特气质。

三、传播价值理念　增进中华文化国际传播的价值共识

习近平总书记指出："古往今来，任何一个大国的发展进程，既是经济总量、军事力量等硬实力提高的进程，也是价值观念、思想文化等软实力提高的进程。"②挖掘价值元素、推动价值转化进而丰富价值内涵，最终落脚点在传播以社会主义核心价值观为代表的中华文化价值理念。毋庸置疑，中华文化走向世界的过程，同样也是价值理念不断获得各国人民接受认同的过程。推进这一系统工程，必须实现"传播视域""传播话语"与"传播方式"的"国际转向"，在参与全球治理实践中提升中华文化价值理念的理论影响力与实践影响力。

首先，传播价值理念要实现"传播视域"的"国际转向"。"话语背后的力量是思想、是道。"③传播价值理念并非简单的语言表达问题，其背

---

① 杜尚泽：《"'大思政课'我们要善用之"》，《人民日报》2021年3月7日。
② 中共中央宣传部：《习近平总书记系列重要讲话读本》，学习出版社2016年版，第207页。
③ 双传学：《提高统筹理论与舆论的本领》，《人民日报》2017年1月20日。

后的力量是文化传播的"道"与"术"。换言之，传播价值理念，不能仅停留在重构语言符号体系表层，而要将传播视域从国内转向国际，从理论转向实践，实现传播之"道"与传播之"术"与国际接轨。所谓"国际转向"之"道"在于，要回归方法论，在传播理念上与国际接轨。所谓"国际转向"之"术"在于，以制度集成创新为先导，推进传播体制机制与国际接轨。以《人民日报（海外版）》为例，近年来已经形成了以报纸为母体、以"海外网""'海客'新闻客户端"为平台、以"侠客岛""学习小组"等微信公众号为先锋的立体先锋矩阵。针对国际社会共同关注的重大问题和重要争论，尤其是针对与中国关系密切的、"一带一路"沿线国家与地区等敏感性问题，基本上能做到主动、及时、系统地向海外解读中国方案、阐释中国立场，展现中国智慧与中国价值。

其次，传播价值理念要实现"传播话语"的"国际转向"。一方面，要正确对待古今中西的各种话语资源。中华文化的价值体系是历史上各个时期中华民族价值理念、思维方式与道德规范的集合体，尽管其中大部分概念、范畴与命题具有时代意义，但并不能全盘搬用于当代中国。与此同时，尽管西方文化体系中某些要素凝结着对人类共同历史经验的总结，体现了人类某些共同的理想追求，能够成为中华文化凝聚精神标识的重要借鉴，但亦要结合中国实际进行创造与转化。另一方面，要构建古为今用、洋为中用，融通中西各种价值理念的国际话语体系，更好地满足人们的精神享受及其对美好生活的追求。梁启超曾强调："尊重爱护本国文化，需用西洋人的研究方法起一种化合作用，让人类全体都用得着他好处。"（《欧游心影录》）例如，中华文化中强调的"天人合一"价值理念，通过论证人与人的辩证关系，主张人与自身、他人、自然与社会的和谐相处，即是满足世界各国人民对于和平发展的共同价值追求。通过挖掘这些具有世界意义的中华文化价值理念，并对其进行有益的转化与发展，使之上升为邦交来往与文明进步的价值准则，进而消弭各国人民在文化交流过程中的认知隔阂与思想隔膜。在满足文化精神需求的同时，增进世界各国人民的价值共识，正是中华文化国际传播的最终旨归。

最后，传播价值理念要实现"传播方式"的"国际转向"。一方面，要顺应媒体化、智能化、视频化的国际趋势，将数据分析、人工智能、物联网等技术的新成果应用于传播方式革新之中。例如，当前国际传播受众复杂性明显增强，如何进行受众分析与策略实施是提升传播实效的难题与重点。解决这一问题，可以引入大数据分析，加强对全球受众的云计算，通过精准定位实现"云传播"平台的分众传播。另一方面，要顺应多元化、个性化、网络化的国际趋势，努力打造能够融通中外的新概念、新范畴、新表述。习近平总书记曾指出："多用外国民众听得到、听得懂、听得进的途径和方式。"[①] 例如，法国达高出版社于 2009 年推出了漫画集《一个中国人的一生》，是"50 后"中国漫画家李昆武的自传体长篇漫画。这部漫画一经出版即受到欧洲读者的普遍欢迎，不仅作为第一部亚洲内容的漫画，同时获得法国"最受读者欢迎奖"和"历史会晤"文化节最佳历史类漫画大奖，还被译为 12 种外文在世界 70 多个国家印行流通。中国学者陈力丹在分析这部漫画集"走红"原因时指出，跨文化传播效果的判断标准以受众准确理解传播意义为前提，因此对于当下中国国际传播而言，首先应该做到意义共享，才能产生进一步的传播效果。而这部漫画成功传播的关键因素在于，它"不谋求改变外国受众的认知，而谋求尽可能的意义共享，尽可能全面客观地展现中国的故事，把评判权交给读者"，做到了"把我们想讲的和外国受众想听的结合起来"。[②]

---

① 《习近平谈治国理政》，外文出版社 2014 年版，第 60 页。

② 参见陈力丹、许若溪：《把我们想讲的和外国受众想听的结合起来——漫画书〈一个中国人的一生〉跨文化传播分析》，《国际传播》2017 年第 4 期，第 12—21 页。

第三节　深化交流互鉴　打造中华文化国际传播的话语体系

　　所谓话语体系，即在一定社会语境下人们形成的理论体系、价值理念体系与知识体系的外在呈现，是人们表达价值立场、价值理念与思想观点的集合。构建对外话语体系，是推进中华文化国际传播的有力支撑。习近平总书记在 2016 年哲学社会科学工作座谈会上指出，"发挥我国哲学社会科学作用，要注意加强话语体系建设"①，目前"我国哲学社会科学在国际上的声音还比较小，还处于有理说不出、说了传不开的境地"②。在 2019 年中央政治局第十二次集体学习时，习近平总书记进一步强调，要"增强对外话语的创造力、感召力、公信力"③。因此，一方面，要依靠话语体系内在逻辑，构建具有鲜明中国特色的对外话语体系。通过构建具有中国特色的国际传播理论体系、精神标识，推出能为世界各国人民所理解、接受与认同的话语表达，让中国声音在世界舞台上"听得见""叫得响"。另一方面，要在深化体制创新与人文交流中，构建具有鲜明中国特色的对外话语体系。以坚实的物质基础和活跃的交流氛围为动力，探索既符合本土又放眼世界、既易于操作又符合受众需求的话语体系，让中国声音在世界舞台上"扬得远""传得开"，全面提升中华文化参与世界多元文化的引领力、解释力与影响力。

一、展示国家形象　提升中国特色对外话语体系的引领力

　　话语的表象是语言，话语的背后是思想，话语交流的实质就是主体之

---

① 习近平：《在哲学社会科学工作座谈会上的讲话》，人民出版社 2016 年版，第 24 页。
② 习近平：《在哲学社会科学工作座谈会上的讲话》，人民出版社 2016 年版，第 24 页。
③ 《习近平谈治国理政》，外文出版社 2014 年版，第 162 页。

间通过语言符号进行的思想交流，思想交流的最终目的是实现国家形象的良性传播。习近平总书记指出，"要注重塑造我国的国家形象"，尤其要重点展示"文明大国形象""东方大国形象""负责任大国形象"与"社会主义大国形象"。^①国家形象传播与中华文化国际传播之间存在同构共生的辩证关系。一方面，国家形象传播是中华文化国际传播的重要传播要素。所谓国家形象，即一国之民众对于本国政治、经济、文化、社会等诸多方面的认知、评价、反馈的集合信息。国家形象的对外传播，既具有意识形态性与政治性，是关涉国家利益、外交形象的重要国家战略，又具有流动性与持久性，是需要在社会流动环境中通过长时间的浸润涵濡在潜移默化间形成的。另一方面，中华文化国际传播是实施国家形象传播的重要路径。影响国家形象的因素既包含政治、经济、文化、社会等在内的国家客观因素，又包含经济往来、外交往来、人文交流在内的跨国交往因素，以及国际传播媒介因素与国际受众的思维定式因素等诸多因素，在此基础上推进中华文化国际传播对于塑造和维护我国国家形象具有重要的现实意义。

首先，在国家形象传播中构建有中国特色的对外话语体系。中国特色对外话语体系是在推进国家形象传播过程中逐步形成的。一方面，在解答"中国问题"的过程中，形成与塑造中国特色对外话语体系。在全球治理体系变革的关键时期，解构西方话语霸权、构建中国特色对外话语体系的关键在于，牢牢掌握阐明"中国道路"、解读"中国奇迹"的话语权。换言之，其一，要用"中国道路"阐明"中国奇迹"，论证为什么形成"中国奇迹"的关键在于"中国道路"。其二，要用"中国价值"讲述"中国道路"，论证为什么"中国道路"的思想根基在于"中国价值"。其三，要用"中国话语"表达"中国精神"，论证为什么"中国话语"是"中国精神"的体系化表达。另一方面，在解答"世界性问题"的过程中，形成与

———————

① 《习近平谈治国理政》，外文出版社 2014 年版，第 162 页。

塑造中国特色对外话语体系。构建中国特色对外话语体系，并不等同于"只有中国特色"，更不等同于"自说自话"，而是以增强文明交流互鉴为目标，在探寻全球共识的"最大公约数"基础上，用"中国话语"去总结"世界性难题"，用"中国精神"去凝聚价值共识、促成互利共赢。

其次，在国家形象传播中构建有时代特色的对外话语体系。文化传播兼具流动性与持久性特质，因此，体现时代特色是构建对外话语体系的关键。一方面，对外话语体系兼具历史继承性与相对独立性。意识反映物质，在被物质决定的同时还具有能动性和发展规律。作为社会意识形态，对外话语体系既反映了特定历史条件下的国家与社会发展状况，又具有自身独特的发展规律，特别是对外话语体系存在与国家发展状况不同步的可能性。因此，在展示国家形象的过程中，如欲构建具有时代特色的对外话语体系，就要处理好新旧话语体系之间的关系。具体而言，要在传统话语体系基础上，尊重对外话语体系自身的发展规律，结合时代特色对旧话语体系进行现代价值转化。另一方面，对外话语体系兼具主体差异性和价值共通性。基于这一特点，构建新的对外话语体系，就需要处理好与其他国家话语体系之间的关系。具体而言，要特别需要注意以下三个问题：其一，作为中国特色话语体系的核心要素，马克思主义理论在铸牢中华民族共同体意识过程中发挥了重要作用。因此，构建有时代特色的对外话语体系，必须始终坚持以马克思主义理论为指导思想，将中国特色社会主义的制度优势转化为话语优势。其二，构建有时代特色的对外话语体系，要强化问题意识，着重围绕当前话语体系构建中出现的重要问题发力。尤其是少数传播主体照抄照搬"西方模式"处理"中国问题"的行为，已经严重违背了构建中国对外话语体系的应然逻辑，必须得到及时的补偏救弊。其三，中国特色对外话语体系要在不断应对时代提出的新课题、世界提出的新挑战中加以创新和不断深化，以提升其在凝聚"中国精神"、解决"中国问题"、阐释"中国道路"等问题上的针对性。

二、夯实现实基础　提升中国特色对外话语体系的阐释力

话语体系并非只是一个"说什么""如何说"的语言重构问题，而是涉及价值立场、思维方式及表达形式等诸多因素的复杂问题。提升话语体系的阐释力，是突破当前困境、提升传播实效的关键所在。因为反观历史不难发现，以美国为首的西方国家长期鼓吹的"中国威胁论"，其背后就隐藏着话语体系的阐释力问题。具体而言，西方国家凭借先发优势，一方面，按照一己之欲设置话语议题，将诸如"人道主义""人权问题"等核心话语设置为话语重点，将受众注意力导向某些特定问题或特有争端上，诱导受众倾向于讨论这一议题，进而在短时间内将特定事件与议题关联，在逻辑上推导出显而易见或者理所当然的问题解决方式。另一方面，借助概念、范畴与口号等话语符号，将西方核心价值观简约化，从而在受众意识中勾勒出整体意象，使得受众对于某一问题的思考趋向惯性化、逻辑化。在这种话语体系的操控下，世界对于中国价值观念的认识是非常不理性且不全面的。例如，西方媒体诱导民众从意识形态角度看待中国价值观，形成对于社会主义意识形态的敌视甚至对抗态度，认为资本主义制度才是人类美好社会的最佳途径，而西方价值观倡导的"自由""民主"亦理所应当是全世界精神整合的价值基础。又如，诱导民众从历史文化角度看待中国价值观，认为源于中国农耕文明的价值理念是封闭落后的，与源于西方海洋文明的价值理念截然不同，将"自由""平等""正义""博爱"等价值理念等同于永恒、绝对的价值观，同时将自我经验强行上升为人类共有经验，将"市场经济""多党""竞选"等西方话语在全球推行。因此，当下必须依托中国传统话语体系、中国主导话语体系提高中国特色对外话语的阐释力，以强有力的论据驳斥"中国威胁""国强必霸"的冷战话语，进而纠正视听，规避西方话语陷阱，回应西方话语体系的国别偏见。具体而言，要从以下四个方面发力：

　　首先，要在审视中国传统话语体系中提升中国话语阐释力。习近平总书记指出，"抛弃传统、丢掉根本，就等于割断了自己的精神命脉"①。中国传统话语体系书写了中华民族的昨天、今天与明天，蕴含着中华民族生生不息的文化基因，也是中国特色对外话语体系的精神源泉。要保持高度清醒认知以审视中国传统话语体系，既要对其中的历史糟粕亮明态度，又要对其中的优秀话语进行创造性转化与创新性发展。更重要的是，要对其中蕴含的民族精神进行提炼升华，实现深层次的民族认同与浅表化的话语表达之间的互融互通，进而更好地引发受众对于话语表达的情感共鸣与价值认同。

　　其次，要在构建中国主导话语体系中提升中国话语阐释力。"话语体系构建不是空中楼阁，不可能凭空产生，其逻辑起点和终点都是为现实存在的人服务的。"②一个国家的主导话语体系不仅引导着其他本国话语体系的发展方向，同时还担负着引导和调节不同话语体系之间由冲突走向和谐的功能。当下，中国社会呈现多元化话语体系并存现象，传统话语、西方话语与当代话语的交互出现，一定程度上对主流意识形态产生了冲击与影响。在此基础上构建的中国主导话语体系，是在改革开放 40 多年的伟大实践中形成的，它既证明了中国特色社会主义道路的正确性，又证明了解放思想、实事求是、坚持人民立场、群众路线、集中力量办大事等话语要素的科学性。与此同时，中国主导话语体系还能够正确反映人民群众诉求，积极引导民众的日常行为规范，确保其在日常生活中保持思想意识的科学性与先进性。因此，在构建中国主导话语体系中提高中国话语的阐释力，既顺应了中国主导话语体系自身的发展规律，又顺应了中华文化国际传播

①《习近平论中国传统文化——十八大以来重要论述选编》，《党建》2014 年第 3 期，第 7-9 页。

② 杨威：《论构建中国现代话语体系的价值目标与优化策略》，《湖湘论坛》2021 年第 1 期，第 47-53 页。

话语体系的现实要求。

再次，要在回应西方现代话语体系中提升中国话语阐释力。长期以来，少数西方国家凭借其在经济、科技、社会等方面的先发优势，以相对成熟的现代话语体系为载体，将所谓的"自由""民主""平等""人权"等一系列话语元素包装成为所谓的"普世价值"，裹挟着"新自由主义"等社会思潮，强行向发展中国家输出自己的价值理念。在新冠肺炎疫情全球大流行的背景下，以美国为首的西方国家为了维护自身利益，更是炮制了一套唯我独尊、自私自利的话语体系，围绕一些特定历史条件下发生的事件大做文章，蓄意通过舆论造势对中国社会的现实问题横加指责或歪曲报道，对中国的国家安全问题造成了严重威胁。与此同时，"却有一些学者热衷于推崇西方的学术理论、思维逻辑甚至评价标准，较多地关注西方的现实问题，反而对当代中国建设过程中出现的现实问题及其深层原因缺乏深刻研究"[①]。因此，提升中国话语的阐释力，首要解决的便是"西强我弱""失语挨骂"等问题。在此背景下，如欲消除少数西方国家对中国话语的误解、消除中国对西方话语及其背后的西方价值标准的依赖，一方面，要基于对中国现实问题的客观审视，以兼具科学性与先进性的中国方案向世界展示中国话语的高度自信，另一方面，还要基于对世界局势的科学研判，以兼具感召力与凝聚力的中国故事向世界展示中国话语的高度自觉，进而将解读中国国家形象的主动权掌握在自己手中。

最后，还要在把握共同价值话语体系中提升中国话语阐释力。"话语体系不是简单的词语堆砌，而是一个国家全体国民的共同利益在思想意识层面的体现。"[②]因此，在对外交往过程中把握共同价值话语体系，是提升

---

① 杨威：《论构建中国现代话语体系的价值目标与优化策略》，《湖湘论坛》2021年第1期，第47–53页。

② 杨威：《论构建中国现代话语体系的价值目标与优化策略》，《湖湘论坛》2021年第1期，第47–53页。

中国话语阐释力的重要前提。一方面，习近平总书记指出，"文明因多样而交流，因交流而互鉴，因互鉴而发展"①。作为一国之政治、经济、科技、文化等方面的理念载体，对外话语体系在文明交流互鉴中不断得以深化发展。异质文明之所以能够实现交流互鉴，正是因为文明没有高低贵贱之分；异质文明之所以要开展交流互鉴，正是因为没有任何一种文明能够独立存在。因此，只有在尊重文化多样性的前提下，才能在与异质文明的交流互鉴中，发现异质文明的优质养分并将其纳入自身发展过程中。另一方面，习近平总书记指出，"坚持美人之美、美美与共。每一种文明都是美的结晶，都彰显着创造之美"②。在把握共同价值话语体系提升中华话语阐释力的关键在于，突破唯西方话语体系马首是瞻的狭隘眼光，以中国话语独有的海纳百川的胸怀，"着力构建'美人之美，美美与共'（费孝通语）的审美秩序和价值评判标准"③，进而体现出"人作为一种'类存在物'追求'和平、发展、公平、正义、自由、民主'等人类共同价值的'类特性'"④。事实已经证明，近年来在国际话语竞争中，中国提出的"一带一路"倡议、"构建人类命运共同体"理念等话语元素，正是准确把握与充分阐释了人类面临的共同问题，并对此提出了中国方案，因此激发了世界各国人民的情感共鸣。而将"人类命运共同体"理念写入多份联合国文件，便是中国话语解释力的有力体现和证明。因此，必须通过不断加强中外文化平等交流对话，准确把握中外共同价值话语体系，在讲好中国故事、传递好中国声音、阐述中国价值的过程中，构建兼具"中国化"阐释能力与"国际化"

---

① 习近平：《深化文明交流互鉴 共建亚洲命运共同体——在亚洲文明对话大会开幕式上的主旨演讲》，《思想政治工作研究》2019 年第 6 期，第 4–6 页。
② 《习近平谈治国理政》（第三卷），外文出版社 2020 年版，第 469 页。
③ 杨威：《论构建中国现代话语体系的价值目标与优化策略》，《湖湘论坛》2021 年第 1 期，第 47–53 页。
④ 杨威：《论构建中国现代话语体系的价值目标与优化策略》，《湖湘论坛》2021 年第 1 期，第 47–53 页。

阐释能力的中国特色话语体系。

三、丰富人文交流　提升中国特色对外话语体系的影响力

习近平总书记指出，"要深入开展各种形式的人文交流活动，通过多种途径推动我国同各国的人文交流和民心相通"①。他强调，既要创新体制机制，将"制度优势、组织优势、人力优势转化为传播优势"②，又要充分发挥高层次专家作用，"利用重要国际会议论坛、外国主流媒体等平台和渠道发声"③。因此，加强中外人文交流具有深厚的文化意蕴与鲜明的实践指向，它既是党和国家对外工作的重要组成部分，也是提升中国特色对外话语体系影响力的重要路径。

首先，丰富人文交流，夯实中国特色对外话语体系的民意基础。国之交在于民相亲，民相亲在于心相通。丰富人文交流、消弭认知隔阂，是以民心相通夯实民意基础的重要路径。我国历来有以人文交流夯实话语体系民意基础的悠久历史传统。在唐宋两朝，作为中华文化对外传播的典范，古代丝绸之路通过丰富广泛的人文交流，将文化精神、文化符号、文化制度、文化产品和文化服务对外传播，最终实现了多元文化交融、价值观念共识，继而谱写了人类文明史上和而不同、互学互鉴、人文互启的光辉篇章。在今日之"一带一路"建设语境下，以人文交流增进彼此信任、实现共同发展更是夯实话语体系民意基础的方法论基础。具体而言，体现在以下三个方面：其一，要充分考量不同文明形态、语言形式带来的不同价值

① 《习近平在中共中央政治局第三十次集体学习时强调　加强和改进国际传播工作　展示真实立体全面的中国》，《人民日报》2021 年 6 月 2 日。
② 《习近平在中共中央政治局第三十次集体学习时强调　加强和改进国际传播工作　展示真实立体全面的中国》，《人民日报》2021 年 6 月 2 日。
③ 《习近平在中共中央政治局第三十次集体学习时强调　加强和改进国际传播工作　展示真实立体全面的中国》，《人民日报》2021 年 6 月 2 日。

观念与思想认知，在加强世界各国人民思想交流与话语沟通的基础上实现相互尊重、相互理解与共同发展。其二，要充分发挥人文交流的柔性传播优势。以民众互动、民众互知为基点，通过丰富多彩的文化交流活动来动员更多海外民众参与文化交流过程，在面对面的交流对话中达成双方的认知与共识。事实证明，目前我国在教育、科技、体育、旅游等多个层面开展了大量喜闻乐见的人文交流活动，实现了民间交流与高层互访的齐头并进。其三，要大力弘扬中华民族在几千年历史演进中形成的厚德载物、勤劳勇敢的意志品质与爱好和平、自强不息的民族精神。在丰富的人文交流中，引导世界各国人民从传统与现代、外在与内在两个角度，深化对我国基本国情、人文历史、社会习俗的了解与认同。特别是强化对"中国方案"的认识与理解并给予充分信任和支持，进而更加理解中国在致力于促进世界和平发展、分享改革开放多元红利、为全球治理体系变革贡献力量所做出的努力，在主动宣传中国所带来的全球裨益的基础上不断巩固话语体系的民意基础。

其次，丰富人文交流，增进中外对外话语体系的平等对话。一方面，话语体系的平等对话建立在双方了解、增信释疑的过程中。党的十八大以来，党和国家高度重视人文交流的重要意义，强调"要以文明交流超越文明隔阂、文明互鉴超越文明冲突、文明共存超越文明优越，推动各国相互理解、相互尊重、相互信任"[1]。《关于加强和改进中外人文交流工作的若干意见》中明确提出，人文交流要"以促进中外民心相通和文明互鉴为宗旨，创新高级别人文交流机制，改革各领域人文交流内容、形式、工作机制，将人文交流与合作理念融入对外交往各个领域"[2]。人文交流的优势在于，

[1] 习近平：《携手推进"一带一路"建设——在"一带一路"国际合作高峰论坛开幕式上的演讲》，人民出版社2017年版，第11页。
[2] 中共中央办公厅、国务院办公厅：《关于加强和改进中外人文交流工作的若干意见》，《人民日报》2017年12月22日。

通过面对面的对话交流实现以情动人、以理服人、以文化人。譬如，以
1971年春天的"乒乓外交"为先河开启的一系列中美人文交流活动，打
破了隔绝22年之久的中美政治僵局，成为中美交往史上的重要历史分期。
另一方面，丰富人文交流是增进话语体系平等对话的重要途径。我国所倡
导的人文交流以增进话语体系之间的平等对话为基础，以塑造良好国家形
象与增进民心相通为目标。其所具备的基础性、广泛性、先导性与持久性
特征，能够更好地展现我国人民的精神面貌与文化建设的真实状况，帮助
海外人民更好地了解中华文化及其依托的文化体制，因此是搭建中国人民
与世界人民加深理解、达成共识的重要纽带。唯有开展深层次的对话沟通，
才能更好地尊重并理解彼此的道路选择，进而实现不同话语体系之间的平
等对话。

最后，丰富人文交流，为建设中国特色话语体系营造良好氛围。"中
外人文交流是党和国家对外工作的重要组成部分，是夯实中外关系社会民
意基础、提高我国对外开放水平的重要途径。"[①] 党的十八大以来，以习近
平同志为核心的党中央高度重视人文交流工作，多次强调以人文互通增进
民心相通的重要性。以中俄、中美、中欧盟、中英、中法、中印尼、中南
非、中德、中印为主体的九大高级别人文交流机制，以及中国中东欧国家
合作、中非和中拉论坛、金砖国家及"一带一路"倡议等重要双边和多边
机制，共同构成了目前中外人文交流机制的主体部分。在这些机制的推动
下，各种形式的人文交流活动异彩纷呈，同时丰富了话语体系的表达形式，
有力促进了中外民众对于中华文化的理解与认同，并在促进合作共赢与世
界和平发展方面发挥了积极作用。

总体而言，在深化交流互鉴过程中，构建话语体系的最根本、最核心

---

① 中国政府网：中共中央办公厅 国务院办公厅印发《关于加强和改进中外人文交流工作
的若干意见》，http://www.gov.cn/xinwen/2017-12/21/content_5249241.htm。

的路径，就是提升中国特色话语体系的思想引领力、现实解释力与价值影响力。换言之，第一，在融通古今、中外思想资源基础上，探索兼具"中国特色"与"国际视野"的理论成果，进而提升中国特色话语体系的思想引领力。第二，在深入研究国际、国内重大问题基础上，要密切关注关涉当代中国的现实问题、社会主义基本制度和世界共产主义运动发展趋势的重要问题、关涉人类发展未来趋势的重大命题，积极对此进行理论阐释、科学论证与建言献策。唯有对关涉人类文明发展进程、世界发展进程的重大问题作出积极主动且富有远见的理论回应，才能提升自身话语体系的现实解释力。第三，要在大胆假设、科学探索与严密论证的基础上提升中国特色话语体系的价值影响力。换言之，构建具有国际影响的话语体系，既须以中国哲学社会科学研究为先锋进行科学翔实的考察与论证，又要经得起国际社会的检验，以积极的态度参与国际话语体系的交流与对话。在传播国家形象的同时向世界充分展示中国特色话语体系，在与西方话语体系交流交锋的同时提升中国特色话语体系的价值影响力。

第四节　凝聚价值共识　优化中华文化国际传播的议题设置

在马克思恩格斯看来，舆论是"一种普遍的、隐蔽的和强制的力量"[1]。舆论的力量不容忽视，舆论主体在博弈中进行思想与观点的辩论，进而影响社会思潮进展。因此，他们提出要占据舆论阵地的重要观点，认为"现在极其重要的是使我们的党在一切可能的地方占领阵地"[2]。舆论是一种自发形成、自在存在的社会意识形态，其引导过程是传播主体按照既定舆论

---

[1] 《马克思恩格斯全集》（第一卷），人民出版社1995年版，第385页。
[2] 《马克思恩格斯全集》（第二十九卷），人民出版社2020年版，第569页。

方向，通过设置舆论议题、协调舆论运行过程、平衡舆论运行方向，影响受众的意见、态度与倾向的过程。这充分表明了议题设置是话语构建的重要方式。议题设置通常指大众媒介基于特定目标针对某一议题开展集中报道，以影响和引导公众关于这一议题的认知倾向与价值标准，进而在一定程度上赢得舆论主动权与话语优势权，推动舆论态势按照既定目标发展。当下，面对日益严峻的国际舆论环境以及亟待提升的国际话语权，如何将我国的发展优势转化为国际话语优势成为时代之问。在此基础上，充分利用议题设置的话语表达权利、话语控制权利与话语引领能力，遵循主体性、建设性与世界性等原则，设置针对性议题、多样性议题与广泛性议题，这已经成为优化中华文化国际传播议题设置进而凝聚价值共识的重要路径。

一、充分发挥话语表达权利　设置针对性文化议题

所谓议题设置的话语表达权利，即是指一个国家有权在国际现行话语体系的框架内通过议题设置来进行话语表达，进而推动自身国际话语体系的构建。议题设置是话语构建的重要方式：一方面，议题设置建立了议题与话语之间的内在联系。通过赋予各种议题不同程度的影响力，将公众的注意力吸引到既定话题中进而形成中心话语群落——这一话语群落承载着议题本身的内容属性与价值取向，因而受众在运用既定中心话语进行沟通交流的同时亦是不断加强话语价值取向的过程。另一方面，议题设置进行话语构建的过程折射出人们的主观意图。通过议题设置传递价值标准、引导公众的价值取向，是一个国家或社会的统治阶级及其所代表的政治群体进行社会意识形态管理的过程。因此，在国际话语权争夺中，必须利用好议题设置的话语表达优势，即一个国家享有在国际现行框架内基于国家利益来表达、交流、论证自己政治观点与思想意识的自由，辩护、反驳、质疑他国的资格以及达成共识或者保持沉默的权利。在当前国际舆论格局下，一个国家能否拥有话语权，关键在于其能否充分发挥话语表达权利，通过

设置针对性文化议题构建自己的国际话语权。具体而言，就是要做好议题选择，增强议题实效。

首先，要挖掘具有典型性的文化议题。一方面，必须将"中国道路""中国力量""中国精神"作为议题设置的基本议题与重大议题。既要在历史演进中挖掘适合设置议题的典型事件，又要在时代阐扬中挖掘引发关注的热点事件，围绕这一基本问题设置政治、经济、社会、外交、文化等多个维度的典型议题，从中讲清楚"中国道路"基于"中国精神"的深厚底蕴、"中国道路"基于"中国精神"的价值支撑；讲清楚"中国道路"是中国特色社会主义道路，其既不同于"苏联模式"，更不同于"西方模式"；讲清楚"中国道路"的最本质特征是中国共产党的领导，正是中国共产党带领中国人民进行的伟大斗争才真正实现了从"站起来""富起来"到"强起来"的历史性飞跃。另一方面，中华文化源远流长、博大精深，可以从中甄选出具有典型性的文化议题，尤其是其中有助于解决当今世界性问题的重点议题，进而体现出中华文化国际传播所具有的实践价值。例如，习近平总书记曾经指出，"中华民族历来讲求'天下一家'，主张民胞物与、协和万邦、天下大同，憧憬'大道之行，天下为公'的美好世界"[1]。因此，尽管世界各国难免存在分歧矛盾，但是"世界各国人民应该秉持'天下一家'理念，张开怀抱，彼此理解，求同存异，共同为构建人类命运共同体而努力"[2]。这一重要论述即是在复杂多变的国际背景下，以中华文化所蕴含的世界情怀与"天下为公"的理想追求为议题，倡导世界各国秉持相互尊重、相互包容、平等相待的心态共建休戚与共的美好世界。

其次，要挖掘具有时代性的文化议题。要增强舆情研判，寻找国际舆

---

① 习近平：《携手建设更加美好的世界——在中国共产党与世界政党高层对话会上的主旨讲话》，人民出版社 2017 年版，第 3 页。

② 习近平：《携手建设更加美好的世界——在中国共产党与世界政党高层对话会上的主旨讲话》，人民出版社 2017 年版，第 3 页。

论的共鸣点。可以预见，在当前国际舆论形势，特别是新冠肺炎疫情全球大流行加重舆论紧张的整体态势下，代表西方的国际话语权必然会对我国造成一定程度的国际话语困境和制约。因此，更要在议题设置上保持高度的政治敏锐性、政治辨别力与政治定力。尤其是对于那些争论性较大的时代问题，要主动设置相关议题，以科学的论证与有力的反驳帮助世界民众辨别是非、弄清源头，对于别有用心的误解甚至歪曲解读的负面议题，找出其破绽与软肋进行强有力的驳斥。在发掘世界民众对于时代议题的关注点的同时，站在维护我国国际话语权的高度积极开展正面交锋。并且，在积极回应国际民众对于中华文化关注点的同时，开展有力有效的中华文化国际传播。例如，面对当前国际社会对于新冠肺炎疫情特别是疫苗供应的争议，以唐宋文化的"诚信""道义"价值理念为依托，强调中华民族历来强调义利统一、以义为先，历史是这样，当前更是这样。弘扬中华传统义利观，有助于促进世界各国树立正确的义利观，摒弃文化霸权主义思想，在相互尊重各国发展利益基础上扩大各国利益汇合点，构建公平正义、合作共赢的新型国际关系，进而为人类的发展进步自觉尽到国际责任。

再次，要挖掘具有针对性的文化议题。文化传播一定是一个从量变到质变的过程，在全球框架下推进相关国家多方合作的基础上，须充分考量可能遇到的风险与挑战，挖掘具有针对性的文化议题，以促使文化传播由量变向质变飞跃。譬如，"一带一路"沿线国家和地区历史上便是多元文明汇聚与复杂矛盾积聚之地。近年来，在政治制度、经济体制、社会发展水平上存在着诸多差异，夹杂着佛教、伊斯兰教、天主教等各大宗教势力影响，使得这一地区的安全环境趋于严峻，局部持续动荡，武装冲突时有发生，地缘政治焦点问题经常出现。在此背景下，以文化软实力为"一带一路"建设保驾护航显得尤其重要。针对这一命题，挖掘有针对性的文化议题，首先须明确议题目标。习近平总书记指出，"上海合作组织的未来，最终掌握在本组织各国人民手中"①。这一重要论述一语中的、简明扼要地指明了议题目标——必须围绕"上合组织""丝路精神"设置议题。因为对于习惯于"零和博弈"的西方少数国家而言,"上合组织"所倡导的是将"世代友好,永不为敌"的国家关系以签署《长期睦邻友好合作条约》的法律形式确定下来。同时,对于"一带一路"沿线国家和地区而言,曾受惠于古代丝绸之路的它们对于中华文化的道义与担当有着更深的体悟,因而在错综复杂的亚欧大陆局势下,它们更为迫切地需要从"和平合作、开放包容、互学互鉴、互利共赢"的"丝路精神"中寻找到各方利益的最大公约数。换言之,充分考量特定语境下对于文化传播的共同诉求,是挖掘具有针对性的文化议题的重要前提。

最后,要挖掘具有引领性的文化议题。如欲在国际话语权上占据主动,我国须精心设计、广泛设置具有普适性、引领性的正面议题,及时把握议题引起的广泛效应,并在长期推进优质议题的基础上把握对中心话语的主动权和规则制定的主导权,进而扩大中心话语的影响力。例如,对于中华民族"和"文化的议题设置,始终处于中华文化国际传播的中心地位。习近平总书记多次在国际公开场合强调,中华"和"文化历史悠久、源远流长,强调中国人民崇尚"己所不欲,勿施于人"(《论语·颜渊》),中国不认同"国强必霸论",中国人民的血液中没有称王称霸、穷兵黩武的基因;强调中国人民愿意同世界各国人民和睦相处、和谐发展,共谋和平、共护和平、共享和平。这些都是对于中华文化"和而不同"思维方式的生动诠释,对于引领各国在尊重文化多样性的基础上尊重不同的价值观念与政治选择,顺应和平、发展、合作、共赢的时代潮流具有重要意义。

---

① 《凝心聚力 精诚协作 推动上海合作组织再上新台阶——在上海合作组织成员国元首理事会第十四次会议上的讲话》,《人民日报》2014年9月13日。

二、充分发挥话语控制权利　设置多样性文化议题

所谓议题设置的话语控制权利，即是通过议题设置控制话语的一种表述形式。如欲通过议题设置以增强国际话语权，既须遵循现行国际话语通则，在现有话语体系中表达话语，更须推动新的话语体系构建，以此增强对国际话语控制的权利。议题设置的构成要素大致涉及五个方面，即议题设置主体、议题内容、议题载体、议题受众及议题反馈。面对当前由于议题设置主体单一、内容滞后等问题造成的中华文化国际传播效果不佳，须在拓宽多样性文化议题上下功夫，进而为创新议题设置、充分发挥话语控制权利奠定基础。

第一，丰富议题设置主体。以唐宋文化对外传播为例，可知单一主体推动的传播效果必然是有限的，因而必须在国家统一部署下，充分发挥多元传播主体的协同联动作用。当前语境下，必须加强国际传播人才队伍建设，在调动国家力量、智库、民间团体、企业、个体等多元主体积极性的同时，形成多元主体从不同渠道围绕中心话语设置议题的整体合力。第二，多样设置议题内容。既要充分考量议题设置的外部环境，又要科学依据议题受众的实际情况；既要关涉国际社会或者区域集团普遍关切的共同问题，又要贴近海外民众的思维习惯与表达习惯，淡化"硬元素"，树立"软身份"。第三，创新议题设置载体。除了利用传统媒介载体开展议题设置以外，还要充分利用大数据、云计算、人工智能等新技术拓宽议题设置的载体路径，将中华文化借助媒体融合传播出去，进一步提升中华文化国际传播的影响力与感染力。第四，充分考量议题受众。不同的议题受众需要不同的议题内容与议题载体，充分考量不同议题受众的接受程度与接受兴趣，是提升议题设置有效性的关键。既要从议题的时效度入手，提升受众靶向意识，又要反对过分考量受众、对文化传播产生不良影响。第五，科学对待议题反馈。要高度重视议题反馈，准确分析无效议题、无效话语产生的

缘由并进行有效规避，及时总结有效议题、有效话语积累的经验并进行主动推广与应用。

以中国外文局与中国翻译研究院联合打造"中国关键词多语对外传播平台"为例，这一平台下设综合、党建、政治、经济、外交计五个专题，用西语等 9 个语种，简明扼要、清晰准确地阐释了中国理念、解读了中国思想、阐明了中国发展道路。这些经过准确翻译的关键词一经平台发布传播，短短几年就在海外社交平台 Facebook 和 Twitter 上收获了非常高的点击率与转发量。具体来看：第一，面对中华文化国际传播在凝练精神标识上的不足，"中国关键词多语对外传播平台"结合国家文化软实力竞争的现实需要，选取了诸多能够反映中华文化核心理念的重要词汇，在对其进行虽简短但却是高度浓缩与解读后，将这一词条背后蕴含的中华文化——包含产生背景、核心内容、问题导向与价值旨归等要素全盘呈现于读者面前。第二，在真实呈现、科学阐释与准确译介上下功夫，力图用最短的篇幅将包含"中国特色社会主义""中国梦""中国精神""文化发展"等文化要素进行系统梳理，提升讲好中国故事的准确性与多样性。第三，除了篇幅精炼之外，语言的可读性与活泼性也是其重要特征。通过挖掘词条的世界意义，强化其与海外读者的关联度，在阐释共通性的基础上解释特殊性，以共通性链接特殊性。采取"他者"视角即第三方口吻讲述中国价值，增加了语言的活泼度，也降低了海外读者对于中华文化的认知门槛。就目前国内外学界的反馈而言，"中国关键词多语对外传播平台"通过充分发挥话语控制权利、设置多样性文化议题，为发出中国声音、讲好中国故事作出了一次有益尝试。

三、充分发挥话语引领权利　开展广泛性议题动员

所谓议题设置的话语引领能力，即是指在国际话语权竞争中一个国家熟练运用议题设置动用话语资源、传播话语符号、把握话语机会、掌控话

语场合的能力。作为议题设置在实际操作层面的整体把控，能否充分发挥话语引领能力，并在国际舆论斗争中开展广泛性议题动员，成为考察一个国家文化软实力的关键因素。具体而言，要着力从五个方面予以展开：

第一，要充分动用话语资源，开展广泛性议题动员。以古代"丝绸之路"为代表的中华文化交流史，将中华民族"尚公""贵和""重礼""思辨"等价值理念实现了在沿线国家与地区的广泛传播。因此，在"一带一路"建设语境下推进中华文化国际传播，其议题设置应该充分考量沿线国家人民精神文化需求的特殊性与适应性，将天下为公、和合共生、崇尚礼节等具有普适意义的文化要素与当地人民的文化接受程度与话语表达习惯有机结合，进而提升中华文化国际传播的实效性。

第二，要科学总结话语符号，开展广泛性议题动员。以中华文化蕴含的"包容思想"为例，譬如"成于乐"（《论语·秦伯》）、"海纳百川"（《三国名臣序赞》）、"有容乃大"（《尚书·君陈》）、"万物并育而不相害、道并行而不相悖"（《礼记·中庸》）等话语符号，这些思想不仅停留在经典文本中，也落实到现实社会的各个领域。中国文化对外交流史的辉煌成就与中华文化所蕴含的包容思想息息相关，因而充分挖掘这种具有代表性的文化议题，对于促进当今全球治理体系变革、构建新型国际交往秩序具有重要的指导意义。

第三，要积极把握话语机会，开展广泛性议题动员。正如前文所述，以中外高级别人文交流机制为平台，通过我国所举办的诸如"文化年""文化节""欢乐春节"、丝路文化产业交易会、"一带一路"文化交流品牌、中华特色文化品牌推广会、非物质文化遗产传承发展与保护等活动，将中华文化所蕴含的"尚公""贵和""重礼""思辨"等价值元素融入其中，在设置广泛议题中以此加深与海外民众的沟通与交流。

第四，要主动掌控话语场合，开展广泛性议题动员。在这一点上，习近平总书记为我们作出了表率。一方面，他高度重视中华文化国际传播，多次在国际公开场合围绕中华文化的价值理念、文明交流互鉴的实施路径、人类文明发展进步的精神追求等议题进行阐释与论证。另一方面，习近平总书记坚持将中华优秀传统文化视为治国理政的宝贵精神财富，倡导广大人民继承中华优秀传统文化，并在新时代对其进行创造性转化与创新性发展。习近平总书记在国际公开场合将中华文化视为解决人类共同难题的思想库，他列举可以古为今用的 15 种中国古代思想精华，诸如"道法自然、天人合一"(《道德经》)、"天下为公，大同世界"(《礼记·礼运》)、"为政以德，政者正也"(《论语·为政》)"安不忘危，存不忘亡，治不忘乱，居安思危"(《周易·系辞》)等文化元素，并善于援引中国传统经典的重要表述对自己的观点进行论证，这即为当今推进中华文化国际传播开展广泛性议题动员提供了重要遵循和示范。

第五节　坚定文化自信　谱写中华文化国际传播的光辉篇章

作为一个国家综合国力的重要组成部分，文化自信是文化软实力的核心内容，其内在表现为文化主体对于自身民族文化的认可与认同，外在体现于秉持文化精神自觉践行本民族的文化价值观。一部中华文化国际传播史，记录着中华文化不断向世界寻求自身文化意义的历史，书写着中华民族以一己之力推动人类文明交流互鉴的全过程。立足新的历史起点，我们更应该有足够的自信将富有世界意义与永恒魅力的中华文化传扬出去，让当代中国形象在世界上不断树立和闪亮起来。

一、坚持文化创新　开启中华文化国际传播新征程

文化创新是开启中华文化国际传播新征程的重要驱动力。习近平总书记指出："把创新摆在国家发展全局的核心位置，不断推进理论创新、制

度创新、科技创新、文化创新等各方面创新，让创新贯穿党和国家一切工作，让创新在全社会蔚然成风。"① 要在把握社会主义先进文化前进方向的基础上，激活全民族文化创新创造活力，并通过文化创新树立和形成新的价值理念、思维方式与价值导向，进而提升全社会的文化自觉与文化自信，既是提升包含文化软实力在内的综合国力的迫切需要，更是为新发展阶段推进社会主义现代化强国建设提供文化凝聚力、精神推动力与价值引导力的战略导向。

创新是一个民族进步的灵魂，文化创新则是推动社会发展的内生动力。习近平总书记高度重视文化创新，多次强调建设社会主义文化强国应正确处理"继承"与"创新""本来"与"外来""当下"与"未来"的关系，要在回应时代需求、回答时代课题的过程中实现文化的进步与发展。他指出，中华优秀传统文化"既需要薪火相传、代代守护，更需要与时俱进、勇于创新"②。与此同时，还要努力对中华优秀传统文化进行"创造性转化、创新性发展，使之与现实文化相融相通，共同服务以文化人的时代任务"③。党的十九大报告提出，"创新是引领发展的第一动力，是建设现代化经济体系的战略支撑"④。党的十九届五中全会强调，要"统筹中华民族伟大复兴战略全局和世界百年未有之大变局"⑤"坚持创新在我国现代化建设全局

---

① 《习近平谈治国理政》（第二卷），外文出版社 2017 年版，第 198 页。

② 习近平：《在联合国教科文组织总部的演讲》，《人民日报》2014 年 3 月 28 日。

③ 习近平：《在纪念孔子诞辰 2565 周年国际学术研讨会暨国际儒学联合会第五届会员大会开幕会上的讲话》，《人民日报》2014 年 9 月 25 日。

④ 习近平：《决胜全面建成小康社会　夺取新时代中国特色社会主义伟大胜利——在中国共产党第十九次全国代表大会上的报告》，人民出版社 2017 年版，第 31 页。

⑤ 新华网：中国共产党第十九届中央委员会第五次全体会议公报，http://www.xinhuanet.com/politics/2020−10/29/c_1126674147.htm。

中的核心地位"①，通过深入实施创新驱动发展战略等措施完善国家创新体系，明确将"进入创新型国家前列"作为我国到 2035 年要基本实现的社会主义现代化远景目标。这些重要论述从顶层设计层面彰显了党和国家对于文化创新问题的高度重视，从方法论上阐明了社会主义文化强国建设的本质属性以及推进中华文化国际传播的深层动力问题。

新时代开启新征程。新征程的长期奋斗目标，就是全面建设富强民主文明和谐美丽的社会主义现代化强国，这其中的文化创新意义非凡，更要从三个方面着手。其一，推动中华优秀传统文化与革命文化、社会主义先进文化相融合，以实现文化内容创新。一方面要以时代要求为导引，对中华文化的范畴、内涵、表现形态及其与文化软实力各个要素之间的关系进行全面梳理；另一方面，要与世界文化多样性形成有效衔接，即在实现文化内容创新的同时，满足世界各国人民对于文化多样性的需求。其二，推动文化建设与科学技术相融合，实现文化形式创新。既可以运用现代科技设施特别是现代数字技术、光电技术、VR 技术等，还可以运用现代科学技术特别是现代光学色谱、高新材料、音频技术等，综合各种艺术门类的优势，提升文化的艺术表现力，进而更好地满足世界各国民众的审美需求。其三，推动媒体与网络融合，以实现传播载体创新。积极提高文化作品创作与媒体表达的对接契合度，推动传统媒体与网络媒体融合、虚拟与现实融合等，并充分发挥其各自优势实现线上线下联结贯通。

二、实现民族复兴　担当中华文化国际传播新使命

党的十九大报告明确指出，"没有高度的文化自信，没有文化的繁荣

---

① 新华网：中国共产党第十九届中央委员会第五次全体会议公报，http://www.xinhuanet.com/politics/2020–10/29/c_1126674147.htm。

兴盛，就没有中华民族伟大复兴"①。实现中华民族伟大复兴的宏大语境包含两层含义：其一是综合国力的全面提升，以及与之相匹配的社会保障制度的快速变迁、社会发展活力的充分激发；其二是中华文化影响力的不断提升，以及与之相适应的中国特色话语体系参与国际对话的主动性、独立性的提升。今日之中国以其世界第二大经济体的实力已然位居世界前列，构建"人类命运共同体"理念多次写入联合国倡议，中国的国际地位正在稳步上升，但是毋庸讳言，我们的国际话语权仍然与综合国力地位有着显著差距。

古往今来，凡在中华民族鼎盛时期，必然是中华文化展现出强大的吸引力、感召力与影响力之时。自中国共产党登上历史舞台之始，便自觉地肩负起实现中华民族伟大复兴的使命，具有强烈且自觉的文化担当。面对当前文化交融交锋的日益频繁、文化软实力竞争日益白热化的国际态势，推进中华文化的国际传播，铸就中华文化新的辉煌，既是建成社会主义现代化强国的前提与基础，亦是实现中华民族伟大复兴的必由之路。换言之，要面向世界各国民众及国际组织，以高度的文化自信讲好中国故事，以饱满的情感体验塑造能够唤起海外受众情感认同的叙事语境，进而激发更多的海外民众对于中华文化之形与神的体悟与认同，在建立"我"与"他"之间更为紧密、更为深入、更为广泛的连接与接纳过程中，积极推进人类命运共同体的构建。

三、建设文化强国 铸就中华文化国际传播新辉煌

习近平总书记强调，"中华民族创造了源远流长的中华文化，中华民

---

① 习近平：《决胜全面建成小康社会 夺取新时代中国特色社会主义伟大胜利——在中国共产党第十九次全国代表大会上的报告》，人民出版社 2017 年版，第 41 页。

族也一定能够创造出中华文化新的辉煌"①。党的十九届五中全会将"建成文化强国"明确为我国到 2035 年要基本实现社会主义现代化的远景目标，提出要在"十四五"时期实现"社会文明程度得到新提高……人民精神文化生活日益丰富，中华文化影响力进一步提升，中华民族凝聚力进一步增强"②的主要目标。当前，中国共产党团结带领全国各族人民在全面建成小康社会后，开启中华民族伟大复兴新征程的时代号角已经吹响。推进中华文化国际传播，铸就中华文化新辉煌，建成社会主义文化强国，步入新时代的中国人民拥有足够的自信、底气与骨气。

一方面，全面建设社会主义现代化国家以建成文化强国为具体战略目标。因为文化是立足新发展阶段、贯彻新发展理念、构建新发展格局的重要支点，是统筹推进"五位一体"总体布局与协调推进"四个全面"战略布局的关键环节，是战胜前进路上各种艰难险阻的精神动力。另一方面，建成文化强国，需要以我为主，但不等同于自我封闭，更不是唯我独尊，而是立足中国实际、面向世界发展。换言之，就是要激活多元文明的潜在价值与能量活力，在"各美其美，美人之美"的同时，实现"美美与共，天下大同"的理想状态，让来自不同国家、不同民族与不同信仰的文化在世界文化百花园中尽情绽放，让不同文明求同存异、和谐共生的生动音符奏响人类文明大合唱的动人乐章！

总体而言，探究中华文化国际传播路径的核心要义是推进其实践活动的重要遵循。一方面，返身考察与借鉴在对外文化传播史上曾经发挥重要作用的唐宋时期，我们不难发现，文化对外传播是由传播主体、传播客体、传播内容与传播路径等诸多要素集合而成的系统工程，而多元主体的协同

---

① 《习近平在全国宣传思想工作会议上强调 胸怀大局把握大势着眼大事 努力把宣传思想工作做得更好》，《人民日报》2013 年 8 月 21 日。
② 新华网：中国共产党第十九届中央委员会第五次全体会议公报，http://www.xinhuanet.com/politics/2020–10/29/c_1126674147.htm。

发力、传播理念的高度凝练与实施路径的立体架构则是推动这一系统工程高效运转的核心要素。另一方面，在此基础上推动中华文化国际传播，既须立足于前所未有的国际国内大环境来谋划其战略布局，更须将研究视域由整体转向局部、自外部延展至内部，在整体背景设置与总体架构设计中分析其现实基础，把握其关键细节，拓宽其可行路径，并以此实现扩大中华文化影响力的科学推进、循序推进与整体推进。

第五章 拓展中华文化国际传播路径的推进方略

习近平总书记在全国宣传思想工作会议上强调:"要不断提升中华文化影响力,把握大势、区分对象、精准施策,主动宣介新时代中国特色社会主义思想,主动讲好中国共产党治国理政的故事、中国人民奋斗圆梦的故事、中国坚持和平发展合作共赢的故事,让世界更好了解中国。"① "把握大势、区分对象、精准施策"12 个字为中华文化国际传播提供了认识论层面的基本指导与方法论层面的根本遵循。一方面,党和国家出台的《关于进一步加强和改进中华文化走出去工作的指导意见》强调,要"加强和改进中华文化走出去工作,要坚定中国特色社会主义道路自信、理论自信、制度自信、文化自信,加强顶层设计和统筹协调,创新内容形式和体制机制,拓展渠道平台,创新方法手段,增强中华文化亲和力、感染力、吸引力、竞争力,向世界阐释推介更多具有中国特色、体现中国精神、蕴藏中国智慧的优秀文化"②。另一方面,审视古今对外传播方式之间的关联性不难发现,不断强化中华文化国际传播系统构建的动力保障,是突破当前系统构建瓶颈和促进系统持续高效运转的必要前提。唯有合理调动中华文化国际传播系统的内生动力、外源推力,同时,促使二者发挥协同联动作用,才能充分激发系统内部各要素的传播活力,不断提升传播的实效性与针对

---

① 《习近平谈治国理政》(第三卷),外文出版社 2020 年版,第 314 页。

② 中国政府网:习近平主持召开中央全面深化改革领导小组第二十九次会议,http://www.gov.cn/xinwen/2016-11/01/content_5127202.htm。

性，进而确保中华文化国际传播这一系统工程的最终完成。

第一节　集聚传播主体合力　构建一体多元协同发力的整体架构

传播主体是影响传播系统高效运转的核心要素，在传播过程中发挥着议题设置、内容引导与过程实施的重要作用。考察中国古代社会的文化对外传播史可以发现，传播主体始终呈现国家、民间与个体三大主体并驾齐驱、各美其美的基本态势。在当代社会，伴随着国际化与信息化发展，三大传播主体内部又分出诸多细支，且界限日趋模糊，由此使得传播主体维度呈现出差异化、多元化、全民化的整体趋势。面对这一整体趋势，中华文化国际传播须通过明确各自主体职责，提升主体媒介素养，统合各类主体优势，在推进政府主导、民间参与个体传播协同发力的基础上，构建一体多元的中华文化国际传播格局。

一、发挥政府主导优势　立足国家战略完善顶层设计

面对步入新发展阶段这一重要机遇期，政府各部门要秉持系统理念、立足全局视角，找准国家文化软实力在国家战略大局中的坐标定位，科学分析中华文化在走向世界过程中面临的前瞻性问题、规律性问题，思考如何在白热化国际竞争中把握主动权、下好先手棋。并且，要对各类传播主体进行科学配置、系统组合与高效动员，借助数字信息技术这一重要机会窗口，为投射更大范围、更宽领域与更深层次的文化影响力提供智力支持。具体而言，发挥政府主导优势主要体现于如下几个方面：

首先，发挥顶层设计优势，完善中华文化国际传播的主体架构。当前，中华文化国际传播已经形成一体多元的主体传播态势，但尚未形成多元主体协同发展的传播格局。在现有传播体系中，各参与主体在实践过程中互

动关系松散，且因各自传播能力的差异而导致传播实效参差不齐。在此现状下，如何从顶层设计层面探索国际传播各主体间的协调与合作路径，成为考验政府治理能力、推进中华文化国际传播的关键所在。作为中华文化国际传播的重要主体，政府各部门一方面需要承担理论层面的顶层设计之责，通过对国际国内全局的掌控、国际传播体系的设计、国际传播功能的落实与文化传播实效的评估，来对中华文化国际传播整体战略进行宏观层面的顶层设计，以决定其总体目标、主要内容与发展方向；另一方面，还需要承担实践层面的总体引导之责，通过分析前瞻性问题与关键性问题，去除潜在的不良影响与隐性的错误倾向，并对整体过程实施调控，从而为中华文化国际传播营造良好的舆论环境。此外，针对当前由于多元主体定位边界模糊造成的传播主体定位不准、职责不清以及主体功能发挥变弱等问题，必须明确突出政府主体的顶层设计职能，即通过政策调控明确传播主体的各自定位边界，将多元主体耦合联动起来，进而推动主体间的非线性相互作用。

其次，发挥高效动员优势，树立中华文化国际传播的主体意识。面对错综复杂的国际国内形势，中国特色社会主义制度之所以彰显出巨大的优越性与旺盛的生命力，其实质在于基于中国国情，是为人民谋幸福、为民族谋复兴的制度，因而在实践中能够充分调动广大人民群众的主动性和积极性，形成建设社会主义现代化强国的整体合力。推进中华文化国际传播，必须正确认识中国特色社会主义制度区别于其他制度的巨大优越性，充分发挥政府主体的高效动员优势。第一，需要对目前的多元传播主体意识进行"强化扩展"。在现有的传播体系中，各参与主体的功能发挥参差不齐。相对而言，政府与媒体的主体意识较为强烈，借助现有平台实现了主体功能的有效发挥，但是企业、个人等其他主体的意识并不强，甚至存在一定程度的博弈。因此，如何充分激发多元传播主体的主体意识，以构建主体间的信息协同，达成主体间的合作共治，便成为盘活现有资源的关键。基于此，就要强化以政府与主流媒体为主的国际传播主体的权威性与主导性，促成其不仅要"把方向""守阵地"，通过建立一支高素质专业化的传播人才队伍，将文化传播落细落小落实，提升权威传播主体的公信力和影响力；而且，还要"树标杆""立典型"，通过主动迎战与创新思路应对全媒体传播矩阵发展的新趋势，形成权威传播主体对其他传播主体的引导力和示范性。第二，需要对潜在的新兴优质传播主体进行"高效培育"。传播权力的转移是全媒体时代的重要特征，也因此决定了政府部门在对中华文化国际传播进行顶层设计时，既要坚守传统传播主体的主导地位，也要积极培育潜在的新兴优质传播主体，从而扩大中华文化国际传播主体的多元参与。例如，作为新媒体平台文化传播的重要生产者，近年来在中华文化国际传播的实践中涌现出大量质量上乘、产出量大的自媒体平台。它们不仅拥有来自国际国内数量庞大的关注群体，其中又以文化传播受众的重点群体——中青年为主，具有强大的社会影响力；而且，接近专业水准的精湛传播技能与从日常生活切入的中华文化传播视角，使得其传播活动在客观上也能更好地反映中华文化的精神实质与精华内容，因而应该得到政府部门的高度重视与积极培育。

最后，发挥行政组织优势，营造中华文化国际传播的有利环境。目前，在推动中华文化国际传播的过程中，政府主体应将文化产业纳入经济发展规划之中，并创办文化产业银行，提供国家资助基金。同时，设立中华文化国际传播贡献奖等国际性文化奖项，建立海外文化产业基地，重点支持主流媒体在海外设立分支机构，提供体制机制扶持，并为中华文化走向世界立法立规，制定指导性、纲领性的文化政策，从而为中华文化走向世界提供一个良好的政策支持环境。并且，还要准确把握大势，及时根据不同国家实际情况调整国际传播策略，争取做到"一国一策""一区一策"。例如，面对新冠疫情全球大流行及中美贸易摩擦升级背景下美国对于我国采取的全方位遏制政策，应进一步增强国家文化安全意识，在深入研究美国法律法规的基础上制定国际传播风险防控方案与应急预案。同时，充分利用国际公开场合，旗帜鲜明、态度坚定地驳斥美国炮制的针对我国的谣言与不实信息，引导国际受众明辨是非。又如，面对英法德意等老牌西方资本主义国家对于我国意识形态入侵的担忧，要在传播策略上下足功夫，在政府主体传播的同时辅之以民间、个体的柔性传播，从价值中立的立场阐述中国价值的世界意义，以"少亮剑、多协商"的态度推进国与国双边关系的平等对话。更重要的是，在"一带一路"建设背景下制定沿线国家和地区的传播策略时，要讲好中国故事，尤其是讲好作为百年大党的中国共产党的减贫故事，阐述中国在促进世界可持续发展与现代化进程中所做出的努力，在发现沿线国家和地区人民的情感共鸣点、利益共同点的同时，让世界读懂中国、读懂中国共产党，从而进一步扩大中国的"海外朋友圈"。

二、发挥民间力量优势　强化联动机制提供动力保障

以智库、企业、社会组织为主体的民间力量，是中华文化国际传播不可或缺的重要组成部分。① 近年来，在中华文化国际传播过程中涌现出大量的民间传播主体，它们的参与不仅丰富了国际传播的主体构成，为传播体系注入新鲜血液。更重要的是，其在具体实践过程中提供的新思路、新理念与新经验，亦体现出较强的独特性、时代性与创新性，从而为中华文

---

① 需要说明的是，经典国际传播学通常将国际传播主体划分为政府、企业、社会组织与个人四类主体，本书所指代的民间力量主要包含企业与社会组织两大类别。这种划分方式并不意味着将"官方"与"民间"进行二元分割。本书也无意于将二者进行强弱关系对比，而是仅就主体类别的不同职能定位和传播优势进行划分。一方面，即便是信息时代，传统"官方"媒体的强势主体地位不可撼动，尤其是在舆论态势吃紧状态下，"官方"依旧是能够代表国家向外发声的主体。另一方面，就目前态势而言，"民间"力量的崛起并不意味着"官方"力量的式微，"民间"力量也并不仅仅等同于"官方"力量的补充，更多情况下"民间"力量是对国际传播主体的丰富，为探索中华文化国际传播的现实路径提供了更多的想象空间。

化走向世界提供了更多的想象空间，展现出更丰富的传播特质。

虽然企业与社会组织参与文化传播的途径与机制不尽相同，但从整体上看，二者共同具备对官方话语体系的"补充"和"缓冲"等功能优势。一方面，对以营利为目的的企业而言，主要通过海外贸易、海外广告推广、海外公共关系等业务传播文化元素；对于民间媒体而言，主要通过图像输出、价值阐释让世界深入了解中国；对于以智库、商会等为代表的社会组织而言，是为文化传播提供思想与价值原动力的主要来源。另一方面，民间力量的优势又不完全等同于"补充"，更多情况下其作为官方话语体系的"缓冲器"，通过化解国际传播领域可能存在的尖锐矛盾，发挥着既与政府部门相区别，又互为补充，同时还为政府部门提供缓冲地带的重要功能。具体而言，体现在如下四个方面：

首先，发挥自主创新优势，增强中华文化国际传播的衍生价值。面对信息化时代，传统传播主体因沿袭国内宣传形式导致的宣传内容色彩浓烈、受众靶向性不足、平台黏着度不高等问题逐渐显现，在很大程度上制约了中华文化的有效输出。特别是对于西方意识形态占据主导权的国家和地区，若要突破语境限制、意识形态偏见限制、西方媒体阻拦限制，实现与海外受众的近距离沟通、传播真实立体全面的中华文化并非易事。较之政府主体，民间力量拥有更灵活的运营优势与更宽泛的路径选择优势，因而可以根据目标受众的语境背景与信息接收偏好，自由灵活地创新传播路径。同时，近年来民间力量在构建参与式媒介方面取得的成就，更加体现出其在加深信息交互性方面所具有的优势——在其构建的全新参与式传播样式中，受众不仅可以知晓信息，更重要的是可以深度使用信息，帮助受众全方位、更系统地亲近中华文化，从而提升了传播的衍生价值。以抖音国际版"Tik Tok"为例，自2016年在海外成功上线以来，以其低门槛、低成本、分享信息最便捷全面等优势成为目前海外深受欢迎的消费类应用软件。具体而言，"Tik Tok"的海外文化传播模式基本沿用国内模式，体现出两个交互性较强的传播进程，一个是以传播主体为主导的进程，即文化要素通过信息传播渠道予以呈现并实现传递；另一个是以传播受众为主导的进程，即受众在获得信息的同时，通过学习、使用平台提供的简单易学、操作性强的媒体技术，在掌握文化要素的同时，将其置于自己的控制之下，并通过对文化要素的再创造使其与传播主体之间产生联系，进而形成一种更有益的文化生产与文化消费之间的关系。"Tik Tok"在海外传播初期对于"种子用户"的设置，不仅在短时间内打破了文化隔阂，而且更贴近于受众诉求，从而促成平台与受众之间形成更为紧密的关系。并且，它在提升受众对于平台的忠诚度与黏着度的同时，也促使受众由文化接受者转为文化传播者，进而促成文化产业链在这一群体、地区的延伸与拓展。

其次，发挥价值中立优势，增强中华文化国际传播的议题设置主动权。一方面，民间力量是对政府主体传播的有益"补充"。在长期的实践中，海外民众对于中国政府主导传播所形成的类似规范、统一、严谨、强势、政治性表达等固有印象，对文化传播造成了很大困扰，且在短时间内无法得到根本性改变。民间力量的介入能够在一定程度上突破官方传播思维定式造成的信任危机。这其中的原因主要有两点，一是源于西方民众提倡个体关怀、强调人的主体地位的文化习惯，他们更倾向于认同来自非官方背景的文化传播；二是长期以来官方传播导致的刻板印象或成见，导致在一些重点问题、敏感问题上政府主体传播容易使自身处于"少语"甚至"失语"状态，而民间传播则能够在很大程度上减少或消除误解，采用更具心理接近性与亲善性的国际表达方式。另一方面，民间力量是对政府主体传播的有效"缓冲"。在设置议题时，受限于必须经过统一部署与集体协商方能实施的职能设置，政府主体传播惯常沿用的外交部发言人制度与新闻发布会制度常常收效甚微。而民间力量多来自不依附于外部力量的社会组织，在国际传播中往往持有更为中立的价值立场与更为独到的价值观念和价值诉求，因而在设置议题时，特别是当国际议题涉及社会保障、道德建设、医疗健康及环境治理等敏感性内容时，适宜妥帖的"民间声音"往往取得事半功倍的效果。

再次，发挥软性传播优势，增强中华文化国际传播的说服力。国际传播学通常根据传播者行为与传播方式的不同，将传播划分为强势传播与柔性传播两种类型。强势传播通常指以政府为主导，通过官方媒体直接、强势的方式将本国价值观念传播至特定受众。在特殊时期，强势传播以其覆盖面广、意图性明显、取向性明确等特点收到了较好的效果。然而在当前语境下，面对复杂的国际传播受众群体，若试图突破西方文化限制，实现中华文化的有效传播，就必须在推行强势传播的同时辅之以民间力量的柔性传播，充分发挥民间力量传播渠道多元化、传播内容本土化、传播策略持久化等优势。并且，在传播过程中还要考虑传播对象与传播主体之间的文化差异，即通过本土化的传播策略消解因文化传播带来的焦虑、冲突与敌意。例如，以企业为主体的民间传播，正是运用了柔性传播的特质。在企业文化传播中，无论是制造业还是科技创新平台，都是文化传播及文化交流的平台。通过这个平台，中国产业工人与海外民众产生了联系。在这一进程中，中华文化的传播载体由大众媒介变成了一次又一次的人际交往与源源不断的交易行为，利益相通与民心相通、文化相通融为一体。这些诞生于民间的传播方式，弥补了官方传播的说服力缺失，消解了文化输出带来的焦虑和敌意，为国家层面的文化传播扩宽了路径，同时亦成为向世界展示中国国家形象的重要名片。

最后，发挥智库咨政优势，突破中华文化国际传播的地缘政治壁垒。作为"内知国情、外知世界"的智囊团与思想库，新型智库在促进公共外交、推动文明交流互鉴方面具有无可辩驳的强大优势，成为国家文化软实力提升的关键因素之一。作为独立于政治体制之外的政策研究与咨询机构，全球化时代的新型智库已经成为世界各国政府在处理政治、军事、经济、外交和文化等诸多领域问题时所倚重的重要民间力量。我国改革开放以来，党和政府高度重视国家智库建设，并统合多方资源，将建设新型智库作为提升文化软实力的重要环节。自 2007 年举办首届中国智库论坛和 2009 年正式成立中国国际经济交流中心以来，我国正式开启中国新型智库国际交流合作与中国高级别智库建设发展进程。2014 年，在中央全面深化改革领导小组第六次会议上，习近平总书记指出，"要从推动科学决策、民主决策，推进国家治理体系和治理能力现代化，增强国家软实力的战略高度，把中国特色新型智库建设作为一项重大而紧迫的任务切实抓好"[①]。2015 年，国家下发了《关于加强中国特色新型智库建设的意见》，其中明确指出，"智库是国家软实力的重要载体，越来越成为国际竞争力的重要因素，在对外交往中发挥着不可替代的作用"[②]，以及"中国特色新型智库是国家软实力的重要组成部分。一个大国的发展进程，既是经济等硬实力提高的进程，也是思想文化等软实力提高的进程"[③]。这一系列重要论述充分表明，我国的新型智库建设已然进入全新发展阶段；与此同时，我国已将新型智库建设之于提升国家文化软实力的重要作用在官方文件中予以明确。

具体而言，充分发挥智库咨政优势，须在三个方面着力：其一，以智库优势扩大知华友华群体的"海外朋友圈"。讲好中国故事，需要更多的所在国家"中国通"的加入，同时也需要更多的"海外通"的加入——在借助"外嘴外脑"的同时，实现以本土居民的思维方式与表达方式传递中国声音。为此，建设新型智库要以建设知识共同体为目标，在巩固好"已有朋友圈"的基础上扩大"海外朋友圈"。为了应对海外知华友华群体发

---

① 王伟光：《学习贯彻落实习近平总书记关于哲学社会科学重要讲话精神，加快构建中国特色哲学社会科学》，《中国社会科学》2016 年第 12 期，第 4–23+204 页。
② 中国政府网：中共中央办公厅 国务院办公厅印发《关于加强中国特色新型智库建设的意见》，http://www.gov.cn/zhengce/2015–01/20/content_2807126.htm。
③ 中国政府网：中共中央办公厅 国务院办公厅印发《关于加强中国特色新型智库建设的意见》，http://www.gov.cn/zhengce/2015–01/20/content_2807126.htm。

生代际变化这一情况，就要总结老一辈"中国通""海外通"的经验，为新生代"中国通"营造讲好中国故事的氛围，帮助其更好地发挥传递中国声音"中间人"的作用，同时注重培养新生代知华友华群体，为扩大未来"朋友圈"奠定基础。其二，以智库优势来优化讲好中国故事的"智力产品"。当前在国际传播人才队伍建设、国际传播内容生成机制、国际传播方式创新与改革等方面存在的问题，业已制约了中华文化国际传播的实效性。例如，在阐述中国共产党推进生态文明建设等问题时，相关论证数据一般要借助于国外大型的相对具有国际公信力的数据库，长此以往将不利于国际话语权提升。为此，就要充分发挥智库在数据库、调研报告、指标测评及媒介创新等"智力产品"供给方面的优势，同时积极探索国际传播复合型人才培养机制，努力构建能够跨领域、跨国合作的"智力产品"供给矩阵。其三，以智库优势丰富中国故事的"叙事方式"。传播渠道变革引发传播理念与传播内容的变革，是信息技术时代文化对外传播面临的时代主题。能否整合信息媒体渠道，以充分发挥融媒体优势，已成为决定中华文化国际传播实效的关键。为此，智库要在提供技术服务的同时进行文化传播，这样既能有效规避所在国对于中国文化输出所持有的戒备心理，同时又能符合受众国民众的需求。通过不断延伸的信息产业链，将企业与受众等更小单位的传播主体链接在一起，以自己的传播方式来"柔化"政府传播战略。

总体而言，随着国际舆论环境的日趋复杂，仅仅依靠政府主体推动国际传播，显然早已无法满足海外民众对于中华文化的认知需求。因此，明确民间传播的功能定位，充分发挥其在自主创新、价值中立、软性传播、信息整合等方面的优势，不仅能够丰富中华文化国际传播的主体构成，形成传播主体的强大合力；而且，还能够满足与日俱增的海外受众文化认知需求，提升中华文化国际传播的实效性。

三、发挥个体传播优势　树立主体意识强化文化交流

2013 年，习近平总书记在欧美同学会成立 100 周年庆祝大会上就曾指出，"广大留学人员既有国内成长经历又有海外生活体验，既有广泛的国内外人际关系又有丰富的不同文化交流经验，许多外国人通过你们了解中国、认识中国，许多中国人通过你们了解世界、认识世界"[①]。他鼓励广大留学生要充分发挥自身优势，加强内引外联、牵线搭桥，当好促进中外友好交流的民间大使。作为中华文化国际传播的重要主体，此所谓个体传播是指传播者与受众围绕与中华文化相关的文化现象、文化理念、文化事实、文化情感与文化活动等信息而展开的精神交往活动。较之于其他传播方式，个体传播能够实现对文化要素的日常化、具体化、形象化与生活化，因而更加有助于促进信息传播的互动、互融与互通。拓展中华文化国际传播路径，需要充分发挥个体传播的灵活传播优势，从而更好地激发中华文化与海外受众之间的思想与情感共鸣，并在推动中华文化精神标识的生活化、具象化的过程中，增强中华文化国际传播的实际效果。具体来看：

首先，发挥人际互动优势，增进社会流动环境中的文化认同感。众所周知，全球化时代带来两个重要变化：一是社会流动性和个体异质性增强，不仅人们的社会活动范围发生了由熟人世界转向陌生人世界的巨大变化，人们对于价值的选择与评判亦更加趋向坚持个性自我而非遵循群体意志；二是纠正认知偏差与思维定式难度增大，之前由于政治传播带来的海外民众对于中华文化的思维定式与投射效应，导致少数海外民众误解甚至出现了认知偏差，更有甚者对于中国经济社会的快速发展产生了焦虑心理与认同障碍。基于此，我们必须充分发挥个体传播在中华文化国际传播中的重要作用：一方面，以个体传播促成社会流动环境下人们对于中华文化的社

---

① 《习近平谈治国理政》，外文出版社 2014 年版，第 60 页。

会互动。因为即便在社会流动环境下，人们还是会在各种场合对诸多文化现象或文化活动等进行判断与比较，并由此形成对不同文化的价值认同或认异。而个体传播则有助于将中华文化涵容于社会互动过程中，在人们表达、分享和交流彼此关于中华文化的不同看法、围绕中国价值理念展开辩论与对话的过程中，深化对中华文化的了解与认同，这无疑是提升中华文化影响力的重要渠道。另一方面，通过文化异质环境下的个体传播，可以使得人们对于中华文化的人际沟通更加顺畅——能够引导异质文化环境下的民众，以自我表露、角色认知、话语评价、人际交往等方式，开展对中华文化的开诚布公的交流与讨论，从而在情绪释放、人际交往、价值协商与思想交流中强化海外民众对于中华文化的深入了解，并在一定程度上纠正价值偏见。①

其次，发挥生活语境优势，促进中华文化精神标识的生活化与具象化。马克思曾指出，"思想、观念、意识的生产最初是直接与人们对物质活动，与人们的物质交往，与现实生活的语言交织在一起的……表现在某一民族的政治、法律、道德、宗教、形而上学等的语言中的精神生产也是这样"②。来源于日常生活的价值观念，反过来作为意识支配人们的日常生活。因此，加强个体传播能够促进中华文化精神标识的生活化、具象化，并可拉近传播主体与海外民众的距离，进而增强中华文化的影响力。一方面，价值理念的抽象性、理想性与日常生活的现实性、实用性交集，形成了认知上的张力与矛盾。寻找中华文化与海外民众的思想交集，需要还原到海外民众的日常生活中，才能找到利益的交汇点、思想的共鸣点与价值的共通点。另一方面，只有将中华精神标识生活化与具象化，才能克服由于文化差异、

---

① 一般而论，纠正价值偏见需要在人际交往与社会比较的基础上，实现由直观感知内化为价值理念。

② 《马克思恩格斯文集》（第一卷），人民出版社2009年版，第524页。

文化阻碍、地缘政治等因素造成的传播障碍，并在生动具体的生活实践中实现民心相通。因此，发挥个体传播的生活语境优势，能够在日常生活语境中阐释中华文化的思想精髓，并在运用生动鲜活的语言、活动、事例开展人际交往的同时，揭示中华文化与本土文化之间的共通点，从而提升海外民众对于中华文化的认知水平。

最后，发挥微观叙事优势，增强中华文化国际传播的实效性。中华文化国际传播的核心在于讲好中国故事，传播好中国价值，进而提升和增进海外民众对于中华文化的认知与认同。多年来，在政府、民间与个体等一体多元主体的协同发展中，我国已经形成了对外传播中华文化的制度、环境与文化基础，也因此创造出有利于中华文化国际传播的条件与语境。但是，同时必须看到，中华文化国际传播还在一定程度上停留在对外宣传的宏大叙事层面，在微观层面对于中华文化价值理念的叙事并不充分，存在着传播方式相对单一、传播内容刻板单调及传播效果不够理想等现实问题。当国内传播现状叠加国际传播环境，特别是在异质文化环境下传播者与受众之间存在诸多在生活经验、知识体系与话语表达方面的差异与障碍，就容易导致在中华文化国际传播过程中出现诸多无意、无效的在传播意图之外的非传播现象，这即在一定程度上影响了中华文化国际传播的实际效果。而发挥个体传播在实践方面的优势，就能够解决中华文化国际传播过程中出现的理论过于抽象、方式方法过于简单与效果不够理想等方面的问题，从而增强中华文化国际传播的吸引力与实效性。

第二节　促进传播内容创新　提供中华文化持续发展的内生动力

作为文化对外传播的核心竞争力之一，内容创新是提供文化持续发展和进步的内生动力。当前，面对全球化时代与信息化时代，海外受众对于中华文化内容的认知需求、情感需求正在发生巨大变化。因此，要着力于内容生产的供给侧结构性改革，在对中华优秀传统文化、革命文化与社会主义先进文化的凝练融通中，促进内容创新，以提供中华文化持续发展的内生动力，从而以更优质的文化内容、更丰富的内容表达、更生动的内容呈现满足国外受众的文化需求。

一、以中华优秀传统文化的内容创新阐释中国价值的目标一致性

《关于实施中华优秀传统文化传承发展工程的意见》强调，要在 2025 年基本形成中华优秀传统文化传承发展体系，实现"研究阐发、教育普及、保护传承、创新发展、传播交流等方面协同推进并取得重要成果，具有中国特色、中国风格、中国气派的文化产品更加丰富"[①]。中华优秀传统文化拥有独具一格的理念、智慧、气质与格局，其所蕴含的人文精神、天下格局、辩证思维与道德修为是对中华民族集体观、发展观、文化观与道义观的生动体现。探究中华优秀传统文化的精神谱系，沿着"尚公""贵和""思辨""重礼"的线索梳理中华文化发展脉络，在寻找其与世界文化的思想交集过程中，实现由民族意义向世界意义的有效转化。这对于减少甚或消除当前世界局势下部分国家对于中国必然走向"国强必霸"老路的误解，以及推进中华文化在讲述真实中国故事的同时提升其国际影响力，都具有重要作用。

（一）以"尚公"理念讲述中华民族的集体观

"尚公"价值蕴含着中华民族在整体利益与个体利益之间所作出的倾向性价值判断。一方面，"尚公"价值强调整体利益是个体利益存在的前提，个体利益应该服从整体利益，并关注整体利益对于个体利益的优先级以及整体凝聚力的重要性。另一方面，"尚公"价值又强调个体利益与集体利益的依存关系，主张在充分维护整体利益的同时兼顾和保护个体利益，即始终确

[①] 《关于实施中华优秀传统文化传承发展工程的意见》，《人民日报》2017 年 1 月 26 日。

保公私关系处于协调发展的状态。换言之，以"尚公"为标准的基本价值取向，决定了中华民族在对不同维度的事实进行价值考量时，更为侧重整体价值与集体指向，也即意味着中华文化必然具有整体主义的价值内核。

一方面，在国家范围内，"尚公"价值支撑起以爱国主义为核心的民族精神和以改革创新为核心的时代精神，决定了中华民族共同体的基本精神面貌。祖国、民族与人民是"整体概念"的不同维度，"尚公"价值决定了铸牢中华民族共同体意识必然以弘扬爱国主义为精神内核、以实现中华民族伟大复兴为目标导向、以人民至上为价值旨归。一言概之，"尚公"价值决定了中国人民在面对不同维度的价值判断时必然坚持以集体主义为价值导向、情感指向与目标旨归，而爱国主义、民族精神与人民至上等价值理念正是集体主义在不同维度的展现与外化。

另一方面，在世界范围内，"尚公"价值支撑起以人类命运共同体理念为核心的中国智慧与中国方案。具体而言：第一，信息化与经济全球化带来人类关系的深度调整，世界范围内加速运转的经济交往、人口流动与贸易往来促成了国与国之间相互依存、命运相连的紧密关系。在世界关系网络中，没有一个国家能够独善其身，因而倡导资源共享、优势互补、文明互鉴理念，摒弃唯我独尊、自私自利、以邻为壑的偏见，是解决人类共同问题、推动人类社会持续向前发展的唯一途径。而解决生态环境恶化、自然资源枯竭、传染疾病蔓延及世界人口膨胀等共性问题，则需要世界各国共担风险与携手合作。因此，站在整体主义角度，以维护人类整体利益为价值旨归，倡导构建人类命运共同体无疑是历史的必然选择。第二，中国所提出的构建人类命运共同体理念，以建设"持久和平、普遍安全、共同繁荣、开放包容与清洁美丽的世界"①为目标，倡导"对话协商、共建

---

① 《十七、推动构建人类命运共同体——关于新时代中国特色大国外交》，《人民日报》2019年8月14日。

共享、交流互鉴、绿色低碳"①的价值理念。其所体现的，正是中国对人类所面临的共同问题所作出的有力回答，彰显了中国倡导和平共处、合作共赢的担当，体现了中国以整体利益、人类利益、世界利益的基本价值取向。第三，对整体主义的思考贯穿于中国共产党执政理念的全过程。2017年，习近平总书记在联合国日内瓦总部演讲，发出"世界怎么了、我们怎么办"②之问；2018年，在博鳌亚洲论坛年会上他再次提问："面对复杂变化的世界，人类社会向何处去？亚洲前途在哪里？"③2021年，面对世界百年变局与新冠肺炎疫情的交织叠加，时代之问的复杂性、紧迫性愈发凸显，他更加明确强调，"对这一重大命题，我们要从人类共同利益出发，以负责任态度作出明智选择"④。在此基础上，持续推动构建人类命运共同体，是中国共产党为破解人类重大命题而提出的中国方案，充分展现了中国共产党对人类命运及共同利益这一重大问题所具有的人文关怀，同时也是在更高层次上对中华文化精神特质的有力呈现。

（二）以"贵和"理念讲述中华民族的发展观

"贵和"理念是对"天人合一的宇宙观、协和万邦的国际观、和而不同的社会观、人心和善的道德观"⑤的生动诠释，并成为中华民族一以贯之的基本价值取向。

① 《十七、推动构建人类命运共同体——关于新时代中国特色大国外交》，《人民日报》2019年8月14日。

② 习近平：《习近平主席在出席世界经济论坛2017年年会和访问联合国日内瓦总部时的演讲》，人民出版社2017年版，第20页。

③ 习近平：《开放共创繁荣　创新引领未来：在博鳌亚洲论坛2018年年会开幕式上的主旨演讲》，人民出版社2018年版，第6页。

④ 习近平：《同舟共济克时艰，命运与共创未来——在博鳌亚洲论坛2021年年会开幕式上的视频主旨演讲》，《人民日报》2021年4月21日。

⑤ 习近平：《习近平在中国国际友好大会暨中国人民对外友好协会成立60周年纪念活动上的讲话》，《人民日报》2014年5月15日。

　　一方面，"贵和"理念的核心为"和实生物，同则不继"（《国语·郑语》），强调的是人与自然、社会、他人及自身关系的和谐相处。首先，"贵和"理念强调尊重差异与对立。例如，"乐者为同，礼者为异。同则相亲，异则相敬"（《史记·乐书》），强调的是以求同存异为礼乐之道；"君子和而不同"（《论语·子路》），阐明的是在处理人际关系时需要秉持的方法原则。其次，"贵和"理念阐明了面对差异与对立时所应有的基本态度。"贵和"理念所推崇的"和"，是建立在差异、对立基础上的和谐，是在尊重多样性基础上的和谐。将"贵和"理念延伸到人际交往领域，强调的则是秉持开放与包容，以尊重差异与对立来消弭隔阂，以凝聚价值共识来实现和谐相处。最后，"贵和"理念富含中华优秀传统文化对于维持人与人之间和谐交往的辩证智慧。"贵和"理念强调，在兼具多样性与共通性的基础上，既尊重文化的多样性，又积极寻求不同文化的思想交集；既强调摒弃文化偏见，以"相似""相近"的审美趣味包容差异性，又主张搭建文化桥梁，在文明交流互鉴的过程中迸发出丰富文化内涵的新思维。

　　另一方面，"贵和"理念指向"和合"目标。面对贸易保护、资源封锁等全球化困境与安全威胁，"和合"目标为解决人类共同难题提供了全新思路。首先，"和合"目标贯穿于中华文明发展的全过程。习近平总书记在会见博鳌亚洲论坛现任和候任理事时指出，"世界大同，和合共生，这些都是中国几千年文明一直秉持的理念。不能独善其身，而应该兼济天下"[1]。"和合"是中华优秀传统文化的精髓。例如，"保合太和，乃利贞。首出庶物，万国咸宁"（《周易·象传上》）强调的是天下之"和"即"太和"，是世界运行的普遍规律，能够保持"太和"，即能保持生生不息之

---

① 《习近平昨日集体会见博鳌亚洲论坛现任和候任理事　建设一个包容的世界　营造共同和谐的氛围》，《青年报》2018 年 4 月 12 日。

道，天下万物就能不断重新萌出，万国也因此得到美好与安宁；"中也者，天下之本也；和也者，天下之达道也"（《礼记·中庸》）强调以内心的平静、安宁追求"中"的状态，以通达天下之"道"实现"和"的境界；"四海之内，皆兄弟"（《论语·颜渊》）蕴含的则是合作共赢、守望相助的美好愿景。其次，"和合"目标为解决人类共同问题提供中国方案。习近平总书记强调，"人类是休戚与共、风雨同舟的命运共同体，唯有相互支持、团结合作才是战胜危机的人间正道"①。"和合"目标主张秉持"百姓昭明，协和万邦"（《尚书·虞书》）与"同寅协恭何衷哉"（《尚书·皋陶谟》）的价值理念，即通过构建对话不对抗、结伴不结盟的伙伴关系来协调不同国家之间的关系。同时，主张树立合作共赢、共建共享的新安全观及构建开放性世界经济体系，建设一个共同繁荣、普遍安全的和谐世界。最后，"和合"目标阐明了中国倡议的基本思路。譬如，"一带一路"倡议以开放包容、共商共建、互利共赢为核心理念，以实现政策沟通、设施联通、贸易畅通、资金融通、民心相通为主要内容，以建设利益共同体、责任共同体和命运共同体为最终目的。它强调要"推动开放、包容、普惠、平衡、共赢的经济全球化"②，是中国为建立"以合作共赢为核心的新型国际关系"③、建设"持久和平、共同繁荣的和谐世界"④ 所做出的努力。而"和合"目标正是对中国倡议基本思路的最好阐释。

综上可见，面对当今世界少数国家与个人对中国和平发展心存疑虑甚

① 人民日报评论部：《天下一家，推动构建"人类命运共同体"》，《人民日报》2020 年 8 月 21 日。
② 习近平：《习近平在出席金砖国家领导人厦门会晤时的讲话》，人民出版社 2017 年版，第 30 页。
③ 习近平：《共倡开放包容 共促和平发展：在伦敦金融城市长晚宴上的演讲》，人民出版社 2015 年版，第 8 页。
④ 习近平：《在纪念中国人民抗日战争暨世界反法西斯战争胜利 69 周年座谈会上的讲话》，人民出版社 2014 年版，第 18 页。

至歪曲事实，需要以"贵和"理念进一步讲述中华民族的发展观。一方面，要以"贵和"理念讲好中华民族的发展观。习近平总书记指出，"爱好和平的思想深深嵌入了中华民族的精神世界，今天依然是中国处理国际关系的基本理念"①。近年来，以美国为首的西方国家以一己之话语体系强行对中国的现实问题指手画脚，不断向世界散布、鼓吹所谓的"修昔底德陷阱""中国威胁论"等错误论调，企图挑拨中国与发展中国家的关系，让西方国家将中国定位为"西方假想敌"，从而破坏中国不断扩大的"海外朋友圈"。驳斥这些无端指责的关键在于，揭穿美国等少数西方国家对中华文化的无知，并利用主流舆论讲好、讲清中国的"和合"理念以及中国的发展观。另一方面，还要讲好中华民族伟大复兴之路上的"贵和"故事。"计利当计天下利"②，和合理念已经内化于中华民族的精神血脉中，外化于中华民族的实际行动中。正如习近平总书记在"一带一路"国际合作高级别会议发出的号召："我们愿同合作伙伴一道，把'一带一路'打造成团结应对挑战的合作之路、维护人民健康安全的健康之路、促进经济社会恢复的复苏之路、释放发展潜力的增长之路。"③坚持和平发展、坚持合作共赢，就是用实实在在的行动践行"贵和"理念，体现了中国愿意将自身发展同人类发展进步相统一的大国担当。

（三）以"思辨"理念讲述中华民族的文化观

习近平总书记指出，"中华民族的先民们就秉持'周虽旧邦，其命维新'的精神，开启了缔造中华文明的伟大实践"④，以及"革故鼎新、与时

---

① 习近平：《在纪念孔子诞辰 2565 周年国际学术研讨会暨国际儒学联合会第五届会员大会开幕会上的讲话》，人民出版社 2014 年版，第 3 页。

② 《习近平谈治国理政》，外文出版社 2014 年版，第 293 页。

③ 《习近平向"一带一路"国际合作高级别视频会议发表书面致辞》，《人民日报》2020 年 6 月 19 日。

④ 习近平：《在庆祝改革开放 40 周年大会上的讲话》，人民出版社 2018 年版，第 39 页。

俱进是中华文明永恒的精神气质"①。不同于西方文化通过概念演绎与思辨推导来进行认知引导的思维方式，中华文化的"思辨"理念独具一格，其所强调的是"生生之谓易"（《周易·系辞》），是"革，去故也；鼎，取新也"（《周易·杂卦》），即从生命本真出发，以兼收并蓄、吐故纳新的积极心态，在生生不息、绵延不绝的生命活动中实现革故鼎新，实现自身的长足发展与进步。换言之，强调兼收并蓄与互学互鉴是"思辨"理念的核心要义。具体来看：其一，"思辨"理念强调承认与尊重客观事物的矛盾性与多样性；其二，"思辨"理念强调承认和尊重事物之间存在对立统一关系；其三，"思辨"理念强调承认和尊重不同事物与不同观点之间的相互补充与相互作用，是新事物与新思想产生与发展的前提。以"观乎天文，以察时变；观乎人文，以化成天下"（《周易·贲卦》）一句为例，在中国古人看来，"天文"即观察天地运行的规律，以认知时节的变化；"人文"即注重伦理道德建设，以使得人们的言行举止合乎文明礼仪，而自然界的变化（"天文"）与人类精神境界的提升（"人文"）即是对立统一的一对矛盾。但是，中国古人并不提倡将二者对立，而是主张以"思辨"眼光看待它们，即提倡在认识、顺应"天文"的过程中实现对"人文"的认知，在对"人文"的代际传承中滋养中华民族的血脉，最终实现"化成天下"。

与上述相应，文明交流互鉴乃是"思辨"理念应用于文化传播层面的生动体现。首先，"思辨"理念强调以相互尊重、开放包容的辩证思维，促进互学互鉴、美美与共的新型文明交往范式。具体来看：第一，"思辨"理念以相互尊重为前提。相互尊重意味着摒弃傲慢与偏见，平等对待世界上的不同文明，将文明差异视为人类文明进步的动力，而非国家与民族交往的阻碍，更非文化冲突的原因。第二，"思辨"理念以开放包容为基础。"思辨"理念主张不同文明求同存异、兼收并蓄，以开放包容的心态面对

---

① 《习近平谈治国理政》（第三卷），外文出版社 2020 年版，第 471 页。

不同文明。"思辨"体现于独立自主、善学悦纳的理念和行为中，强调"善于倾听对方意见，设身处地从对方的角度思考问题"①，以相互理解、欣赏和接纳的态度对待文明差异，以"保持定力，不随波逐流，坚持独立自主，坚持相互尊重"②的立场推动不同政治立场、经济体系、文化背景、社会发展水平的国家与民族进行友好往来。第三，"思辨"理念以交流互鉴为手段。习近平总书记指出，"纵观人类历史，不同文明交流互鉴，让世界更加丰富多彩，也为不同国家和民族加强合作提供了强大支撑"③。交流互鉴的本质在于——在多元文化的相互尊重、相互学习中为人类文明的发展进步提供丰厚滋养。历史充分证明，文明交流互鉴是人类文明发展进步的根本前提，亦是多元文化交流的应然图景。一部辉煌壮阔的人类文明发展史交织着无数的中西人文交流史片段，中华文明发展史亦是如此。在漫长的历史演进过程中，中华文化在以其伟大创造为人类作出重大贡献的同时，亦从其他文明的优秀成果中汲取了丰厚的养分，进而使自身取得了长足进步。第四，"思辨"理念以"美美与共"为目标。"思辨"理念的最终目标，是在摒弃文化优越性、消解文化冲突的同时，实现不同文明的相得益彰与各放异彩，并在激发多元文化活力的同时为人类文明的发展进步提供精神动力。

（四）以"重礼"理念讲述中华民族的道义观

义利之辩是中国传统文化的核心问题之一，它贯穿于儒家思想的仁政礼治学说及道德修养的培育引导中。一方面，对于义利之辩，儒家思想秉持的是"君子喻于义，小人喻于利"（《论语·里仁》），强调以义制利，或

---

① 习近平：《出席第三届核安全峰会并访问欧洲四国和联合国教科文组织总部、欧盟总部时的演讲》，人民出版社 2014 年版，第 30 页。
② 《习近平在法国媒体发表署名文章〈在共同发展的道路上继续并肩前行〉》，《人民日报》2019 年 3 月 24 日。
③ 《习近平在法国媒体发表署名文章〈在共同发展的道路上继续并肩前行〉》，《人民日报》2019 年 3 月 24 日。

以义导欲，主张人们在道义与利益发生冲突时要见利思义。与此同时，儒家道义观强调"重义轻利"但并非全盘否定利，而是充分尊重人们对正当物质利益的追求，倡导追求合乎道义的利益。正所谓"富与贵是人之所欲也，不以其道得之，不处也；贫与贱是人之所恶也，不以其道得之，不去也"（《论语·里仁》）。在孔子看来，"欲富恶贫"是人们的普遍、共性倾向，因而不应强制约束私利，而应当用道义约束、引导人们正确追求私利。另一方面，儒家道义观强调"重礼"，主张在邦交领域以礼相待，追求互利共赢的和谐局面。荀子曾作专文论述如何实现国富民强、以礼相待的和谐局面，提出"足国之道，节用裕民而善臧其余。节用以礼，裕民以政"（《荀子·富国》）。荀子认为，治理国家最重要的是让百姓生活富足有所结余，用礼法制度节约有度，制定国家政策以使百姓生活富足。

儒家的仁政礼治学说延伸至治国与邦交领域，体现在两个层面：其一，在处理邦交关系时，强调"以义为利"而非"以利为利"。以唐宋时期为例，这一时期的统治者主张为政以德，强调在处理国与国之间的交往关系时，要追求国家之间的共同利益，达到"近者说，远者来"（《论语·子路》），进而将中华文化播扬海外，确立本国在国际政治关系中的重要地位；反对穷兵黩武、武力相胁，仅以一己之利判断邦交关系，对他国之利漠不关心的行为。同样，在处理邦交关系时强调"重义轻利"也绝非全盘否定利，唐宋时期统治者强调的是以国富民强来满足私利。孟子指出，"若民，则无恒产，则无恒心"（《孟子·梁惠王上》），强调百姓生活富足才能达到"所欲与之聚之"（《孟子·离娄上》），进而达到凝聚人心的目的。其二，在治国理政层面，强调"扬王道"而"弃霸道"。王道政治思想主张以百姓利益为出发点，通过施行仁政化解冲突与矛盾，最终达到安定和谐的状态。这与强调称霸诸侯、以武力一统天下的霸道政治思想形成了鲜明对比。在儒家学说中，霸道政治凭借武力称霸诸侯，埋下的必定是仇恨的种子。王道政治则体现了百姓对于和平安定环境的美好愿望，更符合百姓的需求。因此，明君应该推崇以德行仁的王道，而非以力假仁的霸道。

历史和现实已经证明，中华民族是热爱和平的民族，中国始终是维护世界和平的坚定力量。在处理人与自然、人与他人、人与社会的关系时，中华民族始终强调和平与公正、责任与协助，反对冲突与暴力、分歧与孤立。"道义精神是中华民族经过长期生活实践总结出来的思想精华，它决定了中国人民不仅关注自己的国家，还关注其他国家乃至全世界，更会将推己及人的道义精神推延至自身与世界的关系处理中。"[①] 这种道义观发展至今，成为中国和平发展外交战略的历史源泉，"中国坚定不移地走和平发展道路，是基于中国历史文化传统的必然选择"[②]。在此基础上，以"重礼"理念讲述中华民族的道义观，即是汲取中华优秀传统文化之精髓以解决当前人类面临的共同问题。一方面，中华民族的道义观是对资本主义奉行的利己主义与个人主义、理性算计与契约精神的有力驳斥。面对当前国际社会义利失衡的普遍趋势，中华民族的道义观既是对狭隘的国际利益观的有效扬弃，又是对以"讲信义、重情义、扬正义、树道义"[③] 为标准的新国际利益观的大力弘扬。习近平总书记指出，中华民族所秉持的"义"，就是"希望全世界共同发展，特别是希望广大发展中国家加快发展"[④]，而讲到的"利"，就是"要恪守互利共赢原则，不搞我赢你输，要实现双赢。我们有义务对贫穷的国家给予力所能及的帮助，有时甚至要重义轻利、舍利取义，绝不能唯利是图、斤斤计较"[⑤]。因此，中华民族的道义观，强调

① 杨威：《新时代增进人类命运共同体价值认同的路径探赜——基于唐朝文化的历史考察》，《山东师范大学学报》（社会科学版）2020 年第 6 期，第 98–107 页。

② 中华人民共和国国务院新闻办公室：《中国的和平发展道路》，《人民日报》2015 年 12 月 23 日。

③ 《习近平谈治国理政》（第二卷），外文出版社 2017 年版，第 443 页。

④ 王毅：《坚持正确义利观积极发挥负责任大国作用》，《人民日报》2013 年 9 月 10 日。

⑤ 王毅：《坚持正确义利观积极发挥负责任大国作用》，《人民日报》2013 年 9 月 10 日。

的是在不涉及国家核心利益的基本前提下，发扬国际主义精神，以"风雨同舟、守望相助"①来解决人类面临的共同问题。另一方面，中华民族的道义观既是中华民族一以贯之的天下情怀，也是中国作为负责任大国的天下担当。习近平总书记强调，"中国将继续奉行互利共赢的开放战略，将自身发展机遇同世界各国分享，欢迎各国搭乘中国发展的'顺风车'"②。面对新冠肺炎疫情尚未明朗的世界局势，经济全球化在遭遇逆流的同时，也裹挟着霸权主义、个人主义、民族主义与单边主义等社会思潮，最终导致国家之间出现藩篱与隔阂。尽管中国在新发展阶段取得了一系列成就，但是却从未顺势退缩而明哲保身，而是进一步扩大对外开放，以实际行动积极承担国际责任，主动解决国际争端，进而向世界表明中华民族"弄潮儿向涛头立""达则兼济天下"的道义精神。

二、以革命文化的内容创新阐释中国共产党执政的历史必然性

习近平总书记强调，在推进中华文化国际传播过程中，"要加强对中国共产党的宣传阐释，帮助国外民众认识到中国共产党真正为中国人民谋幸福而奋斗，了解中国共产党为什么能、马克思主义为什么行、中国特色社会主义为什么好"③。作为记录中国共产党百年征程的重要载体，革命文化"是在新民主主义革命史中孕育生长的，是主动适应新民主主义革命的政治、军事、文化、经济发展需要而生成的"④。革命文化外在展现为以物质形态或非物质形态存在的中国共产党革命成果、革命精神、革命理论等

---

① 习近平：《习近平在亚太经合组织第二十七次领导人非正式会议上的讲话》，人民出版社 2020 年版，第 10 页。

② 《习近平谈治国理政》（第二卷），外文出版社 2017 年版，第 546 页。

③ 《习近平在中共中央政治局第三十次集体学习时强调　加强和改进国际传播工作　展示真实立体全面的中国》，《人民日报》2021 年 6 月 2 日。

④ 李康平：《中国革命文化基本理论问题研究》，《马克思主义研究》2015 年第 7 期，第 122–127 页。

诸多内容，内在呈现为流淌于中国共产党人身上的红色基因与精神血脉。革命文化蕴含着中国共产党人包含伟大建党精神在内的一系列伟大精神，它们共同构筑起中国共产党人的精神谱系。一段时期以来，一些西方国家先是质疑中国共产党执政的合法性，将中国共产党获得执政地位视为"历史的巧合"，甚至称之为"历史的误会"。在中国共产党迎来百年华诞之际，又试图以否定历史来否定中国共产党的执政地位、否定中国特色社会主义制度，认为中国共产党的长期执政是不可持续的。针对这一错误论调，充分运用革命文化中富含的丰厚资源并对其加以有效转化，能够为阐明中国共产党执政的历史必然性提供重要的佐证。具体而言，就是要用革命文化中蕴含的革命理论阐释中国共产党执政所坚持的宗旨和原则，用革命成果阐释中国共产党执政是历史的选择、人民的选择，用革命精神阐释中国共产党之所以得以长期执政的关键因素在于始终以人民为中心。在此基础上，揭示中国人民选择中国共产党、"只有共产党才能救中国"的现实合理性，进而阐明中国共产党得以执政的历史必然性。

（一）以革命理论阐明中国共产党的宗旨原则

列宁曾指出，"没有革命的理论，就不会有革命的运动"[①]。革命理论是指引中国共产党执政的行动指南，也是对中国共产党基本经验、基本纲领与基本道路的总结提炼。中国共产党执政地位的取得，是在以新民主主义革命理论为代表的革命理论指导下逐步实现的。

作为马克思主义基本原理与中国革命具体实际相结合的重要产物，新民主主义革命理论体系包含革命应该坚持的总路线、基本纲领、基本道路与基本经验，是中国共产党执政应该坚持的宗旨原则的集中体现，也是中国共产党在科学总结中国革命实践基础上形成的、具有独创性的宝贵精神财富。其中，新民主主义革命的总路线，即是无产阶级领导的以工农联盟

---

① 《列宁专题文集·论无产阶级政党》，人民出版社 2009 年版，第 70 页。

为基础的人民大众的反对帝国主义、封建主义和官僚资本主义的革命。它明确了革命主体、革命对象、革命动力与革命目标，指明了中国共产党的前进方向。

新民主主义革命是马克思主义中国化的重要理论成果，它从中国革命的具体实际出发，不拘泥于已有结论，代表了中国共产党开始运用马克思主义的基本立场、观点与方法，独立自主地分析、研究、解决中国革命遇到的实际问题。与此同时，新民主主义革命理论深刻地揭示了近代以来中国革命发展的一系列规律，全面解决了一个以农民为主体的、落后的半殖民地半封建的东方大国进行革命的一系列理论问题。中国现代化启蒙是在新民主主义革命的旗帜下完成的，因此，在建党初期形成的新民主主义革命理论是中国共产党探索自身执政规律的起点，是带领中国人民探索民族独立、人民解放与国家富强之路的开始。

马克思曾说："理论只要彻底，就能说服人。"[1] 革命理论蕴含着中国共产党执政所坚持的宗旨与原则，是对中国共产党初心与使命的最好诠释，为阐明中国共产党执政合法性与历史必然性提供了丰富的话语资源。通过阐释新民主主义革命理论的根基及其体系内容，并将其转化为中华文化国际传播的主要内容，能够更有效地回答中国共产党在什么理论的指导下取得执政地位这一问题，进而增强中华文化国际传播在理论层面的说服力。

（二）以革命精神阐明中国共产党的政治品格

习近平总书记指出，"我们党之所以历经百年而风华正茂、饱经磨难而生生不息，就是凭着那么一股革命加拼命的强大精神"[2]，这些伟大精神"跨越时空、历久弥新"[3]。它们"集中体现了党的坚定信念、根本宗旨、

---

① 《马克思恩格斯文集》（第一卷），人民出版社 2009 年版，第 11 页。
② 习近平：《在党史学习教育动员大会上的讲话》，人民出版社 2021 年版，第 9-10 页。
③ 习近平：《在党史学习教育动员大会上的讲话》，人民出版社 2021 年版，第 9-10 页。

优良作风"①,不仅"构筑起了中国共产党人的精神谱系"②,同时也"为我们立党兴党强党提供了丰厚滋养"③。

作为"中国革命精神之源"④的"红船精神",指的是"开天辟地、敢为人先的首创精神,坚定理想、百折不挠的奋斗精神,立党为公、忠诚为民的奉献精神"⑤。"跨越时空"⑥的"井冈山精神",指的是"坚定信念、艰苦奋斗,实事求是、敢闯新路,依靠群众、勇于胜利"⑦。"创造了中外历史的奇迹"⑧的"长征精神",其内涵包括"革命理想高于天,不怕牺牲、排除万难去争取胜利,面对形形色色的敌人决一死战、克敌制胜"⑨。此外,还有遵义会议精神、延安精神、西柏坡精神、特区精神、抗疫精神等伟大精神,它们共同汇聚成流淌于中国共产党人红色肌体的红色基因与精神血液。革命文化承载着这些伟大精神,因此是阐明中国共产党人政治品格的最好论据。与此同时,革命精神是中国共产党在带领中国人民进行革命、建设与改革伟大实践中熔铸锻造形成的光荣传统与优良作风,是对中国共产党人世界观、人生观与价值观的全面展示,是支撑中国共产党获得执政地位并且得以长期执政的精神动力。以革命文化为依托积极阐明中国共产党人的

---

① 习近平:《在党史学习教育动员大会上的讲话》,人民出版社 2021 年版,第 9–10 页。

② 习近平:《在党史学习教育动员大会上的讲话》,人民出版社 2021 年版,第 9–10 页。

③ 习近平:《在党史学习教育动员大会上的讲话》,人民出版社 2021 年版,第 9–10 页。

④ 习近平:《干在实处走在前列——推进浙江新发展的思考与实践》,中共中央党校出版社 2016 年版,第 455 页。

⑤ 习近平:《干在实处走在前列——推进浙江新发展的思考与实践》,中共中央党校出版社 2016 年版,第 456 页。

⑥ 习近平:《论中国共产党历史》,中央文献出版社 2021 年版,第 112 页。

⑦ 习近平:《论中国共产党历史》,中央文献出版社 2021 年版,第 112 页。

⑧ 新华网 习近平:缅怀先烈、不忘初心,走好长征路,http://www.xinhuanet.com/politics/2016–07/19/c_1119239676.htm。

⑨ 新华网 习近平:缅怀先烈、不忘初心,走好长征路,http://www.xinhuanet.com/politics/2016–07/19/c_1119239676.htm。

精神谱系及其实质，因而也就成为中华文化国际传播的重要内容。针对少数西方国家关于"中国共产党凭借什么得以执政"这一疑惑，要通过梳理中国共产党人精神谱系中蕴含的一系列革命精神，凝练出其中的共性特征，阐明中国共产党所坚持的理想信念之崇高、群众基础之深厚与价值追求之伟大。在此基础上，再以这些共性特征丰富中华文化国际传播的话语体系。通过全面展示中国共产党的光荣传统与优良作风，说明中国共产党区别于以往任何一个政党的特殊之处，进而阐释和明确中国共产党得以长期执政的核心要素。

（三）以革命成果阐明中国共产党执政的历史必然性

面对当前推进中华文化国际传播过程中"有话传不开""有理说不清"等困境，单纯的说理、外宣效果远不如真凭实据来得更有力、更具说服力。这其中，中国共产党带领中国人民取得的令人瞩目的伟大成就，取得的一系列革命成果，无疑是阐明中国共产党为何得以执政的强有力论据。它们既包含物质革命成果，亦包含精神革命成果。100 年来，中国共产党团结带领中国人民进行顽强不屈的艰苦斗争，"彻底结束了旧中国半殖民地半封建社会的历史，彻底结束了旧中国一盘散沙的局面，彻底废除了列强强加给中国的不平等条约和帝国主义在中国的一切特权，实现了中国从几千年封建专制政治向人民民主的伟大飞跃"[①]，建立了新中国，中国人民从此站起来了。可见，革命成果是对中国共产党执政能力的有力证明。针对少数国家和政党提出的质疑甚至污蔑，中国共产党带领人民取得的丰硕革命成果就是最强有力的回击。换言之，要以革命成果向世界阐明中国共产党得以长期执政的历史必然性。中国共产党走过百年光辉历程，使中华民族迎来从站起来、富起来到强起来的伟大飞跃。为此，中国人民饱含深情地喊出"没有共产党就没有新中国"以及"只有共产党才能救中国"，中国

---

① 习近平：《在庆祝中国共产党成立 95 周年大会上的讲话》，《人民日报》2016 年 7 月 2 日。

共产党都是当之无愧的。百年恰是风华正茂，伟大的革命成果就是对中国共产党为什么"能"所作出的最有力回答。

总体而言，革命文化是特定时期特定历史条件下的特殊产物，但革命文化的价值内涵却是永恒的。习近平总书记在庆祝中国共产党成立100周年大会上强调，正是中国共产党的执政，"建立了人民当家作主的中华人民共和国，实现了民族独立、人民解放。新民主主义革命的胜利……实现了一穷二白、人口众多的东方大国大步迈进社会主义社会的伟大飞跃……实现了人民生活从温饱不足到总体小康、奔向全面小康的历史性跨越……中华民族迎来了从站起来、富起来到强起来的伟大飞跃，实现中华民族伟大复兴进入了不可逆转的历史进程"①，让中华文明、中华民族、科学社会主义在中国焕发出新的蓬勃生机，进而创造出人类文明发展史上前所未有的发展奇迹。针对一些国家试图以否定历史来否定中国共产党的执政合法性、否定中国特色社会主义的历史必然性等错误论调，我们要充分运用革命文化中蕴含的革命理论、革命精神与革命成果，在对其进行内容转化后用以丰富中华文化国际传播的话语体系。这其中，要突出说明中国共产党自执政以来始终秉持的初心与使命，重点强调中国共产党长期执政对中国人民及中华民族产生的深远影响。在此基础上，以百年征程中熔铸锻造形成的革命文化为核心向世界昭示，中国共产党在带领中国人民进行伟大革命的过程中始终秉持的宗旨与原则、形成的伟大革命精神、取得的一系列伟大革命成果，是决定其执政并将长期执政的核心因素。

---

① 《庆祝中国共产党成立100周年大会在天安门广场隆重举行 习近平发表重要讲话强调 一百年前，中国共产党的先驱们创建了中国共产党，形成了坚持真理、坚守理想，践行初心、担当使命，不怕牺牲、英勇斗争，对党忠诚、不负人民的伟大建党精神，这是中国共产党的精神之源。一百年来，中国共产党弘扬伟大建党精神，在长期奋斗中构建起中国共产党人的精神谱系，锤炼出鲜明的政治品格。历史川流不息，精神代代相传。我们要继续弘扬光荣传统、赓续红色血脉，永远把伟大建党精神继承下去、发扬光大 李克强主持 栗战书汪洋王沪宁赵乐际韩正王岐山胡锦涛出席》，《人民日报》2021年7月2日。

三、以社会主义先进文化的内容创新阐释中国道路的现实合理性

当前，世界在惊叹"中国速度""中国力量"及其所创造的"中国奇迹"的同时，也对形成这一现象的"中国模式"产生了诸多兴趣。为此，充分把握这一重要议题，引导海外民众正确认识中国特色社会主义制度的科学性、先进性与优越性，是当下中华文化国际传播的重要任务之一。

阐释中国道路的现实合理性，要充分运用社会主义先进文化的内容资源。首先，从基本范畴看，文化与制度存在辩证统一的关系。一方面，制度衍生于文化，一定制度是其所蕴含的文化背景的折射；另一方面，制度建设推动文化建设，对文化建设提供稳定的发展环境和健全的制度保障。其次，从基本关联看，中国道路是社会主义先进文化的有力支撑，社会主义先进文化折射出中国特色社会主义制度的突出优势。因此，充分运用社会主义先进文化的内容资源，并对其进行合理转化，可以丰富中国特色社会主义基本制度的话语资源。最后，从实践路径看，社会主义先进文化以马克思主义理论与中国特色社会主义理论体系为理论支撑、以民族精神与时代精神为精神支撑、以社会主义核心价值观为内容支撑。因此，面向世界阐释社会主义先进文化及其所依托的中国特色社会主义制度的发展状况与突出特征，也应从以下几方面入手：

（一）以理论支撑阐明中国特色社会主义制度的科学性

制度的科学性，在于其具有跨越时空、跨越国度的思想引领性。社会主义先进文化以马克思主义理论与中国特色社会主义理论体系为理论支撑。中国共产党之所以以马克思主义为指导思想，是因为马克思主义是科学的、人民的、实践的、开放的理论，它揭示了人类社会的发展规律，指引着人们进行认识世界、改造世界的实践活动。正是在对马克思主义关于生产力与生产关系、人类社会发展规律、坚守人民立场、文化建设、社会建设、人与自然关系、世界历史及马克思主义政党建设等思想的学习与实

践中，中国共产党不断对中国特色社会主义制度进行完善与发展，才最终得到了历史的认可与人民的支持。在此基础上，形成与发展于社会主义改革实践过程中的中国特色社会主义，代表了中国最广大人民的根本利益，因而使其具有强大的凝聚力、感召力与影响力，始终引导着中国人民为中国特色社会主义事业而共同奋斗。

为此，要充分运用社会主义先进文化的内容资源，将其合理转化为中华文化国际传播的话语资源。一方面，要充分阐明为什么社会主义先进文化以马克思主义与中国特色社会主义理论体系为理论支撑。要向世界说明，正是在马克思主义的指导下，在中国特色社会主义共同理想的引导下，中国共产党带领中国人民才能在探索中国道路的过程中不断完善中国特色社会主义制度。与此同时，马克思主义理论与中国特色社会主义制度才能得以在社会主义建设与改革的伟大实践中逐步变为现实。另一方面，要充分阐明为什么中国特色社会主义制度是中国取得巨大成就的根本保障。正是因为"中国特色社会主义是社会主义而不是其他什么主义"[1]，所以必须在社会主义制度的分析中找到"中国奇迹""中国力量"的通关密钥。

（二）以中国精神阐明中国特色社会主义制度的优越性

制度的先进性，在于其具有凝聚人心、汇聚力量的重要作用。中国精神是民族精神与时代精神的统一，充分彰显了中国特色社会主义制度的优越性。具体来看：其一，习近平总书记强调，"中国人民在长期奋斗中培育、继承、发展起来的伟大民族精神，为中国发展和人类文明进步提供了强大精神动力"[2]。民族精神以爱国主义为核心，它蕴含着"伟大创造精神、伟大奋斗精神、伟大团结精神、伟大梦想精神"[3]，是中华民族凝心聚力的

① 《习近平谈治国理政》，外文出版社 2014 年版，第 22 页。

② 习近平：《在第十三届全国人民代表大会第一次会议上的讲话》，《人民日报》2018 年 3 月 21 日。

③ 习近平：《在北京大学师生座谈会上的讲话》，人民出版社 2018 年版，第 5 页。

兴国之魂。其二，时代精神以改革创新为核心，蕴藏着"时不我待、只争朝夕"①的精神内涵，是中华民族奋勇向前的强国之魄，彰显了中国人民的精神风貌，是激励中华民族与时俱进、开拓进取的精神源泉。

以中国精神阐明中国特色社会主义制度的优越性，就是要向世界表明，中国之所以能够取得今天的光辉成就，很大程度上依靠于中国精神所蕴含的民族精神与时代精神。中国精神在中国特色社会主义制度环境下不断发展，在中国特色社会主义制度的改革发展实践中不断深化，迸发出强大的力量和发展动能，并内化为中国人民的道德准则与行为规范。中国精神是中国特色社会主义制度优越性的有力体现。邓小平同志强调，"社会主义同资本主义比较，它的优越性就在于能做到全国一盘棋，集中力量，保证重点"②。习近平总书记指出，"爱国主义始终是把中华民族坚强团结在一起的精神力量，改革创新始终是鞭策我们在改革开放中与时俱进的精神力量"③。以民族精神与时代精神为内核的中国精神蕴含着集体主义的精神实质，正是因为它能够集中力量办大事，并充分调动起广大人民群众的积极性与主动性，才能够形成推动中国特色社会主义制度不断向前发展的强大动能。

（三）以社会主义核心价值观阐明中国特色社会主义制度的先进性

制度的先进性，在于其所坚持的价值标准是否代表最广大人民群众的基本共识。党的十八大以来，习近平总书记多次强调，集中力量办大事是我国社会主义制度的显著优势，是我们成就事业的重要法宝。作为社会主义制度的价值标杆，作为社会主义核心价值体系的基本内核，社会主义核心价值观集中"体现社会主义核心价值体系的根本性质和基本特征，反映社会主义核心价值体系的丰富内涵和实践要求，是社会主义核心价值体系

---

① 习近平：《决胜全面建成小康社会　夺取新时代中国特色社会主义伟大胜利——在中国共产党第十九次全国代表大会上的报告》，人民出版社2017年版，第69页。

② 《邓小平文选》（第三卷），人民出版社1993年版，第16—17页。

③ 《习近平谈治国理政》，外文出版社2014年版，第40页。

的高度凝练和集中表达"①。其从宏观、中观、微观三个层面逐级塑造的中国当代价值观，既是对当代中国人民价值理念与精神面貌的真实反映，又是对内凝聚价值共识、铸牢中华民族共同体意识，对外增进价值认同、塑造良好国家形象的精神支撑。价值观是文化的核心，社会主义核心价值观孕育于社会主义先进文化，亦是探寻中国特色社会主义制度优越性的价值密码。通过对社会主义先进文化进行内容转化，特别是着重用社会主义核心价值观阐释社会主义制度之所以能铸牢中华民族的共同心理基础、之所以能够形成集中力量办大事的重要原因，无疑有助于提升中华文化国际传播的说服力与传播力。

总体而言，我们要在中华优秀传统文化、革命文化与社会主义先进文化的内容转化中，探寻中华文化与世界文化的思想交集，从而提供中华文化发展和进步的内生动力。首先，要在对中华优秀传统文化的内容转化中，阐明中国价值的目标一致性，以"尚公""贵和""思辨""重礼"的价值理念讲述中华民族的集体观、发展观、文化观和道义观。其次，要在对革命文化的内容转化中，阐明中国共产党执政的历史必然性，以革命理论、革命精神与革命成果阐明中国共产党执政所坚持的宗旨原则，进而说明百年大党得以长期执政的历史必然性。最后，要在对社会主义先进文化的内容转化中阐明中国道路的现实合理性，在分析理论支撑、精神支撑、价值支撑的基础上阐明中国特色社会主义制度的科学性、优越性与先进性，从而在丰富中华文化国际传播的内涵中激发世界各国人民对于中华文化的情感共鸣与价值认同。

---

① 《中共中央办公厅印发〈关于培育和践行社会主义核心价值观的意见〉》，《人民日报》2013 年 12 月 24 日。

第三节　优化传播要素功能　形成线上线下联结渠道的外源推力

在中华文化"走出去"业已成为国家战略重点的今天，中华文化国际传播只有"有所为"才能"有所位"。具体而言：首先，面对全球化与网络化背景下传播主体多元性与差异性日趋增强的新趋势，需要通过明确一体多元传播主体职能定位、发挥各类传播主体显著优势，来充分调动传播主体的积极性、创造性与协同性，实现一体多元的传播格局。其次，面对跨文化传播过程存在交流与碰撞、包容与差异的新态势，需要以中华精神标识、中华文化符号、中华文化产品、中华文化服务等元素为载体，立足全球视野提升中华文化国际品质，通过讲好中国故事展示中华文化独特魅力。最后，面对信息化时代带来的网络信息多样化、碎片化的新特征，需要以受众靶向理念为导向谋划精准传播施策路径，建立从精准受众识别、精准内容定制到精准传播到位的内涵生成序列。总体而言，即是在传播主体、传播路径、传播手段三方面形成合力，并搭建线上线下联结渠道，最终形成中华文化国际传播的外源推力。

一、以一体多元主体协同发力助推中华文化国际传播的吸引力

如欲形成一体多元传播主体的协同发力，必须抓住中华文化国际传播的重点任务与重点主体。具体来看：一方面，以不同的传播任务与不同的传播目标精准定位传播主体。中华文化国际传播以中华优秀传统文化、革命文化与社会主义先进文化为基本内容，以促进海外民众理解与接受中国价值观进而形成价值共识为任务，以对内铸牢中华民族共同体意识、对外塑造文化大国形象为目标。广大海外华侨、驻外工作人员、留学生及游客是推进中华文化国际传播的重要力量，其通过自我与他人、理论与实践之间的衔接来解决中华文化国际传播接地气与增实效的现实问题。另一方面，

以不同的传播地域与不同的传播对象精准区分传播主体。在明确重点任务的基础上，要推动国际传播资源和力量向重点地域、重点受众集中。目前，我国媒体的国际资源布局尚存在力量分散等问题。既然现有资源和力量不足以做到覆盖全球、面面俱到，那么，就需要转变思路，调整力量配备，集中优势资源瞄准国际舆论策源地和战略支点进行国家重点投入，以点带面，提升实效。此外，不同的传播对象还有不同的需求与信息接收习惯，因此，应厘定传播受众群体，在了解其所思所想的基础上尽可能进行细致分层，并根据其不同状况精准制定传播方案。

具体而言，可从以下几个方面发力：首先，政府机构要加强对中华文化国际传播的统筹部署：第一，要依托于对外交往机制，深入了解世界上其他国家的文化传统及其民众对于文化认知的需求与兴趣。在努力做到丰富中外人文交流机制的同时，深入挖掘中华文化蕴含的价值理念、思维方式、道德准则与文学艺术等要素的丰富内涵，并在推进中华文化与世界文化平等对话的过程中，实现文化共建、共享、共荣。第二，要在对外教育、对外贸易等重点领域发力，从而为中华文化走向世界营造良好氛围。例如，在"一带一路"建设背景下，可依托现有的文化交流机构，建立集对外教育、学术交流、文化传播为一体的"丝路大学"，并根据沿线国家和地区民众的认知兴趣，有针对性地开设中国文化理论、中国思想交流史、以唐诗宋词为代表的中国文学鉴赏、中国书法及中国艺术等教学课程，以加强"一带一路"沿线国家和地区的民众对于中华文化的认知。又如，充分发挥新型智库的公共外交优势，依托于"丝路大学"设立"丝路文化研究新型智库"，组织国内外学者对于古代丝绸之路沿线国家和地区的历史传统、社会变迁、地理环境、族群关系等问题开展研究，以此调动"一带一路"沿线国家和地区理论研究者参与相关政策研究的主动性与积极性，实现社会效益、经济效益、文化效益的有机统一。第三，要在构建国际传播体制机制上发力。习近平总书记指出，"提升自主创新能力，尽快突破关键核心技术，是构建新发展格局的一个关键问题"①。当前，政府机构要聚焦制度集成创新，尝试构建行之有效、符合中国实际的国际传播体系，进而全力助推中华文化扬帆启航。

其次，要积极推进国际传播复合型人才培养。一方面，要加强国际传播队伍建设。"得人者兴，失人者崩。"（《史记·商君列传》）习近平总书记在网络安全和信息化工作座谈会上明确指出，"网络空间的竞争，归根结底是人才竞争"②。因此，"建设网络强国，没有一支优秀的人才队伍，没有人才创造力迸发、活力涌流，是难以成功的"③。当前，传统媒体传播方式已不再适应信息化时代媒体分众化、碎片化、差异化的发展趋势，国际传播主体对于信息技术的掌控能力与网络媒体的运用能力亟待提升。另一方面，要积极培养国际传播复合型人才机制体制。习近平总书记高度重视发挥媒体融合发展的整体优势，强调要"通过流程优化、平台再造，实现各种媒介资源、生产要素有效整合，实现信息内容、技术应用、平台终端、管理手段共融互通，催化融合质变，放大一体效能，打造一批具有强大影响力、竞争力的新型主流媒体"④。人才是创新的第一资源，因而既要多方共建国际传播复合型人才培养协作平台，特别是要充分利用高等院校新闻传播学院、主流新闻媒体实践基地等重要载体；又要完善国际传播复合型人才培养生产链，培养一批能主动探索媒体深度融合产业模式、充分认识市场在优化媒介资源配置中的重要作用的复合型专业人才。

最后，要厚植国际人脉，不断扩大中国在国际上的"朋友圈"。一方面，要充分利用华人华侨及来华留学生的人际传播优势。我国是侨务大国，

---

① 习近平：《在教育文化卫生体育领域专家代表座谈会上的讲话》，人民出版社 2020 年版，第 3 页。

② 习近平：《在网络安全和信息化工作座谈会上的讲话》，人民出版社 2016 年版，第 23 页。

③ 习近平：《在网络安全和信息化工作座谈会上的讲话》，人民出版社 2016 年版，第 23 页。

④ 《习近平谈治国理政》（第三卷），外文出版社 2020 年版，第 317 页。

拥有历史悠久的华人华侨移民史。在世界近 200 多个国家和地区分布着 6000 多万华人华侨，不仅人数众多，而且分布广泛。此外，我国还是继美国、英国之后的世界第三大留学目的国，仅 2018 年就有来自世界各地的近 50 万名留学生来华学习。作为文化传播的生力军，他们既有近距离体悟中华文化的亲身经历，又有所在国生活学习的成长背景，同时还具有熟悉双方语言的优势。因此，要充分借助国外留学生这一特殊群体，发挥他们在传播中华文化、讲好中国故事方面的独特优势。另一方面，还要借助党际交往厚植中国的国际人脉。众所周知，每年的 7 月 1 日是中国共产党的建党节，也是向世界展示中国共产党百年大党形象的重要契机。2021 年 7 月 6 日，习近平总书记在出席中国共产党与世界政党领导人峰会时指出，政党是推动人类进步的重要力量，"中国共产党愿同各国政党一起努力，始终不渝做世界和平的建设者、全球发展的贡献者、国际秩序的维护者"①。党际交往是国家交往的重要方式，对于深化双边友谊、提升政党国际影响力具有重要意义。因此，要秉持"求同存异、相互尊重、互学互鉴"的新型政党关系总要求，与世界各国不同立场、不同类型的政党保持经常性联系，主动利用国际公开场合，阐明中国共产党对于人类发展进步的未来趋势所作出的科学研判，讲好中国共产党在促进人类共同发展进步、推动世界和谐共处方面所做出的努力，为实现中华民族伟大复兴争取更多的理解者与支持者。

二、以立体路径协同发力助推中华文化国际传播的感召力

作为人类社会发展过程中最基本的传播方式，文化传播在对信息源与接受者、编码与解码、渠道、噪音、伦理、语境及能力等丰富要素的处理过程中，形成了包含人际认知、议题设置、文化调适、心理相融及符号表

---

① 《习近平出席中国共产党与世界政党领导人峰会并发表主旨讲话 王沪宁出席》，《人民日报》2021 年 7 月 7 日。

达等多种传播路径。因此，通过构建立体传播路径，创设丰富多元的中华文化国际传播的场域、场景与情景尤为重要。具体而言，需要从以下六个方面发力：

第一，创设传播场域讲好中国故事。一方面，中华文化国际传播发生于由各种关系交织的社会环境之中。拥有共通的意义空间与理想的沟通情境，基于大体一致或彼此接近的生活经验与文化背景，是人际间开展有效传播活动的重要前提。另一方面，中华文化的传播、认知与认同亦发生在人们的社会生活之中。相同或相似的人际交往经历，基于相似人生境遇的观点探讨，是实现人际间价值理念重叠共识的重要路径。因此，要努力创设中华文化国际传播的实践场域，重点抓住文化年、文化展播、文化旅游、演讲辩论及国际宣讲等国际公开文化活动。通过将传播主体与传播受众置于同一场域，创设更多的场景推动传播主体与传播受众的"在场""互动"体验，在人与人的相知相遇中增进价值认同。

第二，借助价值阐释讲好中国故事。一方面，要深入挖掘并提炼具有世界意义的中华文化元素。譬如，在"一带一路"建设语境下，可以组织专家学者对古代丝绸之路的历史进行考察与梳理。以 2015 年由国家广播电视总局出品的电视剧《丝绸之路传奇》为例，这部电视剧以和田丝绸厂为背景，讲述了新疆纺织工业 60 年的发展巨变。该电视剧以小窗口讲述了丝绸之路上各民族的友好情谊，成为宣传丝绸之路文化的成功典范。因此，在凝练文化元素的世界价值时，要着重从那些能够体现共商、共建、共享价值的文化元素入手，深化与周边沿线国家和地区在文化、教育、学术等多领域开展交流合作，加大对"和平合作、开放包容、互学互鉴、互利共赢的丝路精神"① 的宣传力度。另一方面，还要善于将现实关怀融入中

---

① 习近平：《携手推进"一带一路"建设——在"一带一路"国际合作高峰论坛开幕式上的演讲》，人民出版社 2017 年版，第 2 页。

国故事的讲述过程。有别于西方少数国家所标榜的"自由""平等""博爱"精神，中华文化以"尚公""贵和""思辨""重礼"为核心理念，倡导和平合作、互利共赢的国际关系新秩序，呈现出更为理性的思辨色彩。因此，在进行文化传播时，要着重从现实关怀角度设置中华文化国际传播的主要议题，要在深度把握历史语境的同时，将中华文化的现实关怀与当代世界各国人民面临的迫切难题紧密结合起来。并且，在驳斥西方少数国家利用话语优势强行输出价值观的同时，激发中华文化深厚的现实关怀情感。既要下气力生产能够彰显中国气派、中国特色的学术精品，从专业层面廓清中华文化国际传播的理论来源，又要积极生产能够反映现实生活、讲述真实中国的大众产品，从民众层面夯实中华文化国际传播的民意基础。

第三，创新影像品牌讲好中国故事。作为文化传播的重要途径，影像叙事通过再现影像实现意义传递。影像叙事以影像、情感与空间作为基本要素，体现了"人物"与"影像"之间的互动逻辑。同时，影像叙事通过静态与动态、无声与有声的结合，能够以直观、形象的视觉符号给予受众以明确的"在场感"，从而起到较显著的社会动员作用。因此，需要充分发挥影像叙事功能，通过融入人民族元素、时代元素与世界元素，以文化产品为核心，在音乐、图书、影视、动漫等领域努力打造中华文化国际传播的影像精品，以彰显中华文化的精神气质。例如，在奥地利音乐家古斯塔夫·马勒的交响乐作品《大地之歌》中，分别从李白的《悲歌行》和《采莲曲》、张继的《枫桥夜泊》、孟浩然的《宿业师山房期丁大不至》及王维的《送别》等优秀唐诗作品中撷取意象及词素，实现了中西文化的完美融合，成为广受世界各国人民欢迎的音乐精品。因此，需要充分挖掘中华文化的宝贵元素，并借助于文艺创作等形式，以影像叙事的情感动员优势实现传播内容与传播载体的有机融合。

第四，挖掘国际传播人才讲好中国故事。毋庸置疑，培养一批立场坚定、视野广阔、技术过硬的国际传播人才是拓展中华文化国际传播路径的核心。所谓立场坚定，就是要心怀"国之大者"①；所谓"视野广阔"，就是要"心中有祖国，笔下有乾坤"；所谓"技术过硬"，就是要做到"听懂""能辩""会讲"，特别是要深入当地居民的日常生活中，能用当地人民"听得懂"的语言讲好中国故事。习近平总书记在讲好中国故事方面为我们作出了典范。例如，他曾在与埃及进行国家交往时，引用当地人民常用的赞美之语来传递对于中埃友谊的真诚情谊："我相信，在双方共同努力下，中埃友谊、中阿友好也一定会像尼罗河水般奔涌向前"②。又如，他曾引用塔吉克民族伟大诗人鲁达基的诗句"智者追求善良与和平、愚者才醉心争吵和战争"，用以表达中国人民对于和平共处、互利共赢的人类美好未来的向往与追求。③ 这些都为我们在推进中华文化国际传播过程中，如何将"中国话语"转化为"本土话语"作出了很好的示范。又如，既要主动"借船出海"，也要"造船出海"。以海南自贸港国际传播中心为例，通过推行"海外传播官"项目，仅成立两年内，就有来自全世界 33 个国家 50 多名"海外传播官"加盟其中。他们从不同角度向世界讲述真实立体全面的海南自贸港建设，是国际传播体系建设的鲜明 IP 和重要人脉资源。上述这些实例均已成为我们挖掘国际传播人才讲好中国故事的成功范例。

第五，发展文化产业讲好中国故事。通过发展文化产业，大量输出文化产品，是实现文化传播本土化的重要路径。要在充分挖掘中华文化价值元素的基础上，对当地文化市场进行深入考察。通过创新开发与产品营销，努力生产出既符合当地历史传统与文化风俗习惯又符合当地民众文化

---

① 习近平:《在党史学习教育动员大会上的讲话》，人民出版社 2021 年版，第 22 页。

② 《习近平在埃及媒体发表署名文章　让中阿友谊如尼罗河水奔涌向前》，《人民日报》2016 年 1 月 20 日。

③ 《携手开创亚洲安全和发展新局面——在亚信第五次峰会上的讲话》，《人民日报》2019年 6 月 16 日。

需求、既展现中国气质又符合当代审美情趣的文化产品和文化服务，从而实现中华文化与世界文化的互融互通。譬如，当前在国际市场深受海外人民欢迎的"新唐装"，它兼具了中国服饰特色与当代审美情趣特点，能够帮助海外民众更好地了解中华文化的独特魅力，进而了解其背后蕴藏的价值理念与精神内涵。

第六，创设国外机构讲好中国故事。通过在国外创设文化专职机构，实现本国文化价值理念的对外传播，是近年来世界各国纷纷采取的重要举措。以德国的歌德学院为例，作为一个专门从事国外德语教学与国际文化合作的机构，经过近60年的发展，目前已遍布世界78个国家和地区，拥有近150个分支机构，成为德国政府在全球范围内开展德国文化与教育交流的重要载体。因此，在拓展中华文化国际传播路径时，亦可依托于现有的国际文化传播与交流机构。通过开展文化展览、对外教育合作及学术交流等活动，发挥民间力量的柔性传播优势，为当地居民了解中华文化提供重要渠道。

三、以线上线下协同发力助推中华文化国际传播的凝聚力

通过构建线上线下的联结机制助推中华文化国际传播，是信息化时代的发展趋势。一方面，在信息化时代，中华文化国际传播需要应对全新的、不确定的网络实践场域，尤其是网络空间独具的共享信息渠道、话语分级现象、文本元素重构等，这是当今国际传播需要面对的全新挑战。另一方面，构建线上线下的联结机制能够充分发挥互联网打破地域、身份、知识、技术与文化背景的优势，创设有利于中华文化国际传播的场景与语境，进而实现中华文化的线上线下接力传播。

具体而言，需要从以下三个方面发力：第一，要加快推动传统媒体与新兴媒体的融合发展。对于传统媒体而言，要充分发挥权威媒体在发布信息时的公信力与资质背书优势，并借助于强大的资源整合优势，通过搭建

新型主流媒体平台，探索适合传统媒体发展的创新路径与蓝海市场。对于新兴媒体而言，既要充分发挥其在信息及时性、内容丰富性、受众交互性等方面的优势，也要在提高产品的传播力、感召力、引领力与公信力上下功夫。换言之，要在把握传统媒体与新兴媒体内在契合性的基础上，推动二者在传播资源、传播内容、传播形式与传播反馈等多方面的融通发展。第二，要加快升级传播媒介技术的层次与等级。借助技术赋能，充分运用我国在区块链、云计算、人工智能等技术上的优势，加大在中华文化国际传播产学研方面的资金投入、人力投入与政策支持。通过创新传播载体，引入动漫、直播、微电影、H5等融媒体形态，立足全球平台进行多层次、多元化、多语种的全面传播，以提高中国故事在国际舆论场上的"出场率""发声率"。第三，要加快构建适应中华文化国际传播的新型传媒集团。当前，全球正迈入不同文明和平共处与竞争适应的时代，而依托于新型传媒集团，实现国内外传播主体的整合、传播手段的统筹与价值理念的创新，早已成为国际传媒界的普遍共识。例如，近年来，海南省积极推动主流媒体改革，不断深化与新华社、人民日报、中国外文局、中国国际电视台、中国日报等中央媒体机构的战略合作关系，不断拓展并巩固与俄罗斯塔斯社、彭博社、CNBC（即美国NBC环球集团持有的全球性财经有线电视卫星新闻台）等境外媒体的合作交流关系。与此同时，在构建完善海南海外社交媒体传播矩阵的同时，形成了以海南国际传播中心、海南广电国际传播融媒体中心、三沙卫视为"主力军"的传播矩阵，以优势整合拓宽覆盖面、提升传播度。在此基础上，初具雏形的海南自控可管的全媒体传播工程收效显著。2021年2月，海南国际传播中心在Facebook上的官方账号"@HiHainan"突破10万，其中35岁以下的年轻用户占比高达75%；同年5月，美通社向全球媒体转发关于消博会开幕的原创英文稿件，被100多家国外媒体采用刊发，其中一篇图文报道登上了美国纽约时代广场大屏。上述这些例证都能为当前我国探索线上线下协同创新型传媒集团提供重要参考。

总体而言，通过多元主体协同发力、立体路径协同发力、线上线下协同发力，能够在一定程度上增强中华文化国际传播在议题设置上的科学性，进而突破西方意识形态对于中华文化国际传播的限制，并为提升中华文化国际传播的吸引力、感召力与凝聚力贡献智慧、提供方案。

第四节　加快传播优势转化　实现中华文化国际传播的长足发展

习近平总书记强调，当前加强国际传播能力建设，不仅需要"全面提升国际传播效能，建强适应新时代国际传播需要的专门人才队伍"[1]，而且需要"创新体制机制，把我们的制度优势、组织优势、人力优势转化为传播优势"[2]。新时代，立足新发展阶段，贯彻新发展理念，构建新发展格局，构成了当前中华文化国际传播新的时代方位。站在新的历史起点上，面对世界百年未有之大变局带来的机遇与挑战，既要进一步总结中华文化国际传播能力建设的经验与取得的成绩，更须顺应时代发展趋势，找准社会变革方向，在尊重文化传播规律的基础上，推动中华文化国际传播实践的跨越式发展，将综合国力与国际地位提升的发展优势转化为传播优势，进而创造中华文化国际传播的新业绩和新辉煌。

一、顺应时代趋势　促进发展优势向传播优势的转化提升

历史和现实都充分证明，国力强盛是推进中华文化国际传播最基本、最深刻的现实基础。改革开放以来，中国以其世界第一大制造国、第二大

---

[1] 《习近平在中共中央政治局第三十次集体学习时强调　加强和改进国际传播工作　展示真实立体全面的中国》，《人民日报》2021 年 6 月 2 日。

[2] 《习近平在中共中央政治局第三十次集体学习时强调　加强和改进国际传播工作　展示真实立体全面的中国》，《人民日报》2021 年 6 月 2 日。

经济体、世界第一贸易大国、世界第一大外汇储备国等方面所展现出来的实力，已然让世界看到并承认了中国的和平崛起。与此同时，伴随着国家经济实力的快速增长，与之相适应的物质文明系统形成整体合力，精神文明系统的内生活力亦得到全面激发。可以说，中国所提出的一系列倡议正逐渐得到国际社会与海外民众的广泛认同，中华文化参与世界多元文化对话的广度、深度也在不断增强。

在实现中华民族伟大复兴的宏大语境下，如何乘势而上，将发展优势转化为传播优势，形成能够与我国的综合国力地位相匹配的文化传播实力，进而为实现"中国梦"提供强大的思想基础与保障，业已成为当前中华文化国际传播面临的重大课题。一方面，综合国力提升的发展优势为中华文化国际传播提供了强有力保障。在国家战略的统一部署与推动下，中华文化不断加快"走出去"步伐，取得了显著成效。具体表现在：国际传播布局日臻完善，国际传播机制趋于健全，国际传播载体日益丰富，国际传播能力稳步提升，多管齐下，协同发力，培养了一批具有全球影响力的国际传播主体，形成了一批具有全球影响力的中华文化品牌。可以说，中国特色社会主义进入新时代，讲好中国故事、设置中国议题、发出中国声音、传播中国价值的国际传播能力有了显著提升，中华文化的引领力、感召力与传播力正在与日俱增。但是，在国际文化软实力竞争中，中华文化的感召力、影响力与传播力还有待加强。综合国力的大幅提升使得中国议题的全球关注度迅速攀升，国际社会对于中华文化国际传播所阐述的中国精神、中国价值与中国力量有了前所未有的关注与聚焦，更加期望关注中国、了解中国。据数据显示，2010 至 2020 年的 10 年间，境外媒体涉华报道总量呈现出逐步上升态势，中国议题在国际舆论场的曝光度、关注度都在持续攀升。2020 年，在国际社会的重大突发事件中，诸如新冠肺炎疫情全球大流行、中美贸易摩擦、TIKTOK 被多国封禁、中印边界冲突、华为 5G 等核心技术受多国制裁等事件中，都引发了较大范围的中西话语博弈，并成为国际舆论场的关注焦点。由此可见，当今中国的一举一动与一言一行，都带有典型的大国特征，中华文化参与多元世界文化对话的难度日益增大。

在此背景下，实现由发展优势向传播优势的转化发展，必须顺应时代大势，至少从以下三个方面发力：其一，勇于亮出"中国态度"。面对中国与世界关系的历史性变化，要顺应时代发展潮流，抓住世界看向东方的机遇，满足西方受众对于大国崛起之后如何看待世界的兴趣需求，要讲好中国故事，更要亮明"中国态度"，在"向世界说明中国"的同时，还要"向世界说明世界"。具体而言，要讲清楚中国这样一个崛起的大国，是如何站在全人类角度去思索人类文明的前行方向与重大问题的；又是如何将实现自身发展与人类的共同进步相结合，进而提高中华文化国际传播的公信力和影响力的。其二，准确评估"国际局势"。在传播模式由"传者中心"逐渐演变为"受众中心"的今天，如果缺乏对传播效果的准确评估，那么，就会落入自说自话、自娱自乐的境地，严重影响中华文化国际传播的实际效果。因此，要加强对国际舆论状况的研判，尤其是对在推进中华文化与世界文化对话过程中出现的重大问题、敏感问题、潜在风险的研判，从而为推进我国国际传播能力建设提供有益参考与有力支撑。其三，科学推进"国际转向"。当前，覆盖全球的中华文化国际传播体系已经初步形成，对与之相匹配的国际传播能力也提出了更高要求。因此，顺应时代发展趋势，就需要科学推进国际传播能力的"国际转向"，即通过优化海外布局、推进本土发展、分析受众靶向等多种举措，实现国际传播能力的提质增效。

二、把握变革方向　推动中华文化国际传播实践的跨越式发展

信息化时代的全面到来，使得互联网成为文明交流互鉴的助推器，同时也为中华文化国际传播实践体系实现跨越式发展提供了宝贵的历史机遇：一方面，互联网传播的特殊性在于，其打破了时空界限，为突破西方

传统的话语封锁创造了机遇。凭借历史先发优势，通过控制主要信息源头以垄断国际话语权，是"西强我弱"的传统国际舆论格局的主要特征。互联网的兴起，打破了原有的在时间、空间上的制约，以"一对多"的新型传播模式取代了"一对一"的传统传播模式。因此，在一定程度上削弱了西方话语的信息垄断，亦为中华文化加入世界多元文化对话进而为人类文明发展进步贡献力量提供了无限机遇。另一方面，大量事实已经证明，在我国蓬勃发展的互联网技术支持下，中国新媒体力量已经在拓宽传播广度、加大传播力度及增强传播实效上取得了显著成绩。新媒体技术的引入，不仅弥补了原有传播实践中因传统媒体竞争力较弱而引发的"有话说不出"的缺憾，而且，在一定程度上也帮助传播主体快速跨越技术鸿沟，有望成为我国国际传播突破西方重重包围，甚至实现弯道超车，进而打破西方话语一统天下的传播局面的新生力量。

在上述基础上，把握互联网技术引发的时代变革，进而推动国际传播实践体系的跨越式发展，须从以下三个维度着力：其一，从应用维度而言，将互联网技术广泛应用于国际传播的内容生产、渠道拓宽与受众分析，以及意识形态风险防控与反馈等过程中，这能够在一定程度上提升国际传播的实效性。例如，大数据的内容标签化与关系画像化技术，能够为国际传播的选题决策提供直观的参考，进而为其传播内容的生产指明方向。又如，以国内的"今日头条"App与国外的BuzzFeed为例，通过在后台对受众浏览习惯进行行为监测、特征画像与机器学习，在依托差异化算法得出受众认知兴趣后，可将传播内容进行智能推荐。另外，还可依托大数据，以标签化方式对受众兴趣进行匹配，即先立足关系维度对受众个人信息、互动行为及其他延伸信息进行汇总，之后结合内容与关系维度对海量传播受众进行用户画像，并生成能够实现精准传播的兴趣标签，亦能在一定程度上提高传播内容投放的精准度。

其二，从话语维度而言，须在保障国家文化安全的根本前提下，把握互联网技术带来的重大历史机遇。譬如，在关涉指导思想、社会主流价值观等基本问题方面，在急剧发展的互联网场域，更应将其列为文化禁区，不容任何外来思想的侵蚀与挑衅。一方面，在互联网场域下，国家文化安全面临的压力与挑战主要体现在：个体传媒终端、全球性社交媒体的兴起，不仅使得西方文化进入我国的渠道与方式更加便利多样，而且其在价值观上的渗透更易引起网络空间的意见共振，在一定程度上加大了我国对文化安全的监管难度与治理难度。另一方面，结合历史经验来看，顶层设计、技术应用与人才培养是确定能否牢牢把握国家文化安全的三个决定性因素。其中，科学的顶层设计体现在，要在推进文化传播过程中坚持核心价值观的统领，同时要基于文化规律编制文化安全预案。即使是在文化冲突看似杂乱无章的唐宋时期，对于文化安全的顶层设计实际上亦大有规律可循。在充分考量国内、国际文化差异，兼顾总体国家文化安全需求以及国别、区域交往过程中文化安全需求的基础上，可以通过编制文化安全预案，为遇到文化安全问题的团体或个人提供咨询服务。这一预案既可从国家、社会两个层面进行，针对不同需求开放不同功能；在内容上应更具实践引导性与可操作性。例如，包括国别文化宝典、文化安全风险评估、常见文化安全应对防范与补救大全等内容；在宣传上更应"下功夫"与"接地气"，以切实增强各类传播主体的文化安全意识，做到防患于未然。

其三，从治理维度而言，目前围绕互联网应用范围及其使用规则的国际竞争已经全面展开。近年来，国际社会通过立法，针对互联网信息提供者获取个人数据，提出一系列更为严格的要求与规范。立法能够避免数据滥用，旨在防止出现大规模发布虚假新闻及煽动性言论。以欧盟为例，就在 2018 年出台了《通用数据保护条例》(General Data Protection Regulation，简称 GDPR)。通过规制数据——这一互联网技术应用的资源基础，实现对互联网技术的管理，并为政府决策及后续立法工作提供支持。在此基础上，通过强化对互联网技术的应用与管理，可以提升我国的国际传播能力，具体来看：一方面，要着力加强对国外有关互联网技术的立法、伦理规范等方面的跟踪研究；另一方面，要组织学界结合我国立法原则、宗旨与国际法基本精神，订立中国特色的互联网国际传播治理原则，同时借助各种国际论坛及全球热点事件对我国的治理原则进行传播，从而为参与国际互联网传播国际规则的制定提供法律基础。

三、引领时代发展　创造中华文化国际传播的新业绩新辉煌

立足新的时代方位，结合历史进程来看，当前推进发展优势转化为传播优势，进而创造中华文化国际传播的新业绩、新辉煌，可谓恰逢其时。因此，要在自觉认识与主动遵循国际传播规律的基础上，大胆探索、勇于创新，以国际传播能力建设的提质增效来推动国际传播体系的高效运转，进而引领时代发展。

首先，既要自觉认识传播规律，又要主动遵循传播原则。在传播策略上，尊重跨文化传播必然面对的文化差异，具体问题具体分析，在跨文化视野下不断挖掘"内外有别"的内涵是提高传播实效的关键；在传播内容上，中国的发展不是一蹴而就的，因而在讲好中国故事的同时，更要着重融入中华文化精神标识，向世界展现一个真实、发展、全面、立体的中国形象；在传播立场上，坚持中华文化的包容、开放立场，培固与海外人民的共情基础，以民心相通凝聚文化共识，积极推进跨文化对话，以解决人类面临的共同问题、难题为鹄的，进而提高中华文化的感召力与公信力。

其次，既要科学借鉴国际经验，又要积极凸显中国特色。西方发达国家利用历史先发优势，在国际传播实践中进行了长期的探索，并由此形成了诸多模式，对其传播经验进行合理借鉴，有助于加快实现我国国际传播能力的提质增效。以美国为例，其所惯用的制造"中国威胁论""地缘扩张论"等涉华负面论调的传播方式，通常沿着以下几方面内容展开：（1）政府精英决策群体明确观点；（2）以政府要员、议员及发言人作为固定代

言人，以美国有线电视新闻网（CNN）、美国福克斯新闻网（FOX）等媒体作为发布平台，同时以哈德森研究所（Hudson Institute）、威尔逊国际学者中心（Wilson Center）等智库机构作为外围组织，联合发布专题研究报告；（3）具有国际影响力的媒体援引观点、扩大影响，以实现短时间内国际舆论的同频共振。这一模式在一定程度上能够为探索中国特色的国际传播模式提供富有价值的参考。

其三，既要协同创新传播体系，又要协同统筹传播资源。总体而言，文化传播作为一种文化活动，需要协同传播以形成合力。一方面，要通过推进文化传播主体、传播内容、传播系统等多方面的协同，形成多主体、多渠道、多内容体系、多传播系统的立体化传播机制，进而扩大传播覆盖面，提高传播实效性。另一方面，作为一项复杂的系统工程，推进中华文化国际传播既无法内在生成，也不可能一蹴而就，而必须在深入把握其互动性、整体性、系统性的基础上，对中华文化国际传播的传播主体、传播内容、传播系统、传播能力等方面进行全方位的考量和评估，尤其要处理好发挥优势、内容转化、系统调配等多方面的问题。唯其如此，才能实现多方合力，进而构建起兼具主体协同性、内容丰富性、价值公信力与国际影响力的国际传播全媒体矩阵。

结 语

　　"文明因交流而多彩，文明因互鉴而丰富。文明交流互鉴，是推动人类文明进步和世界和平发展的重要动力。"[①] 文明本是多姿多彩的，从茹毛饮血到田园农耕，从工业革命到信息社会，人类在漫长的历史长河中创造与发展了灿烂的文明，谱写出激荡人心、波澜壮阔的文明华章，构筑起人类文明交流互鉴的价值基础。文明是平等的，从古埃及文化到古玛雅文化，从尼罗河流域到黄河流域，秉持平等谦逊而非傲慢自大的态度方能了解各种文明的真谛，进而夯实人类文明交流互鉴的实践前提。文明是包容的，海纳百川，有容乃大，每一种文明都是独具特色的，都是人类共同劳动与智慧的宝贵财富，生搬硬套、削足适履只能筑起世界和平发展的藩篱，最终阻碍人类文明发展的脚步。

　　丰富多彩的中华文明，同样是在人类文明的交流互鉴中塑造而成的。习近平总书记指出，"中华文明是在中国大地上产生的文明，也是同其他文明不断交流互鉴而形成的文明"[②]，以及"中华文化既是历史的、也是当代的，既是民族的、也是世界的"[③]。中华民族的文化创造，是在承继华夏文明基础上对自身文明的丰富与发展，更是以中华民族之勤劳与智慧为人类文明发展进步所作出的重要贡献。中华文化国际传播史，是一部中华文

---

① 《习近平谈治国理政》，外文出版社 2014 年版，第 258 页。

② 《习近平谈治国理政》，外文出版社 2014 年版，第 260 页。

③ 《习近平谈治国理政》（第二卷），外文出版社 2017 年版，第 352 页。

化不断追求获得自身世界性的文化价值与文化意义的浩繁历史卷帙，更是中华民族以深层次的开放包容推动人类文明交往新样式的形成、以立体化的文明交流互鉴丰富世界文化格局的过程。因此，站在新的历史起点上，我们应当有足够的自信去推动中华文化国际传播，将"跨越时空、跨越国度、富有永恒魅力、具有当代价值的文化精神"[1]弘扬起来，将"继承优秀传统文化又弘扬时代精神、立足本国又面向世界的当代中国文化创新成果"[2]播扬出去，让当代中国的良好形象在世界上不断树立和闪亮起来。

诚然，当前背景下，中华文化国际传播如欲冲出地缘政治与意识形态的重重包围，注定是一个复杂且难以一帆风顺的系统工程。一方面，面对综合国力提升与国际地位提升的双重优势，中华文化国际传播面临着前所未有的巨大战略机遇。近年来，作为建设文化强国战略发展的重点，我国主动适应国际传播变局，以传播主体的协同发力、传播机制的立体搭建、传播载体的主动创新向世界讲述中国故事，使得中华文化的吸引力、感召力与凝聚力有了显著提升。站在新发展阶段的时代关节点上，总结中华文化国际传播所取得的巨大成绩，在尊重文化传播规律的前提下，将综合国力的发展优势、国内互联网技术的发展优势转化为传播优势，进一步突破西方话语封锁，进而推动国际传播能力提质增效，业已成为中华文化国际传播面临的战略机遇。另一方面，面对波诡云谲、复杂严峻的国际舆论竞争态势，中华文化国际传播能力的"质""量"之辩仍然存在。因为文化传播在传播数量、渗透力等"硬实力"上的提升，并不等同于传播质量、认同力等"软实力"的同步提升。尽管新冠肺炎疫情之下各国封闭隔离、世界融合联通受阻，有关中华文化的报道数量及其本身的渗透力仍然保持着强劲的韧性。然而，在面对重大敏感问题，特别是面对全球性传染病、

---

① 《习近平谈治国理政》，外文出版社 2014 年版，第 161 页。

② 《习近平谈治国理政》，外文出版社 2014 年版，第 161 页。

国家安全、生态保护等非传统型安全问题时，虽然中国积极与世界寻求多元论而非一元论的"重叠共识"，但仍然无法消除外界类似"新版'马歇尔计划'"的误读与"修昔底德陷阱"的顾虑。因此，加快中华文化国际传播效率，提升中华文化国际传播质量，增进国际社会及民众对于中华文化的了解与认同，进而助推中国倡议成为国际共识，为发展营造良好的国际舆论环境，便成为中华文化国际传播能力建设面临的重要任务和最大挑战。

"历史是最好的教科书"[①]，也是最好的清醒剂。马克思指出："人们自己创造自己的历史，但是他们并不是随心所欲地创造，并不是在他们自己选定的条件下创造，而是在直接碰到的、既定的、从过去承继下来的条件下创造。"[②]步入新时代，我们比任何时候更加需要返身回到中华民族精神命脉的原点，在历史中找寻和明确中华文化的世界意义，在历史中思索和锚定中华文化走向世界的前行方向，从而在承继历史中进一步推进中华文化为人类文明交流互鉴贡献宝贵的精神价值。

在此背景下，考察与挖掘可资借鉴的唐宋文化对外传播历史经验，探索在重大战略机遇期推进中华文化国际传播的可能路径，无疑意义重大。首先，就文化地位而言，唐宋时期曾是中华文化国际传播史上最为辉煌的一页。这一时期造就了中国古代史上至今仍令国人自豪的国祚绵延与璀璨文化，华夏先人在实现自身发展的同时，还成功地将文化成果播扬海外、造福世界，为推进世界多元文化交流与对话作出了巨大贡献。其次，就文化资源而言，在唐宋文化对外传播过程中，凝聚形成了具有创新意义的物态文化、具有参照意义的制度文化、具有导向意义的行为文化和具有引领意义的心态文化，以及推崇开放包容的"尚公"价值、主张和平合作的"贵和"价值、强调互学互鉴的"思辨"价值、力主互利共赢的"重礼"

---

① 《习近平谈治国理政》，外文出版社 2014 年版，第 405 页。
② 《马克思恩格斯文集》（第二卷），人民出版社 2009 年版，第 470-471 页。

价值等。这一系列的精神标识具有穿越时空的传播效力，共同构成了推进中华文化国际传播的思想资源与价值遵循。最后，就传播能力而言，唐宋两朝在传播主体、传播理念、传播手段等方面形成的宝贵经验——特别是集国家战略设计、民间智慧涌流、个体人际传播为一体的多元传播主体架构，以凝练文化精神标识、创设文化传播符号、构建文化制度体系、输出文化传播产品、提供文化服务支持为代表的传播理念，以及以对外文化教育、对外文化贸易与跨国人口迁移为主要内容的传播手段，不仅是当今推进中华文化国际传播的历史经验与参照，更为重要的是，我们在对其进行一番必要的现代价值转换后，也定能使之在中华文化国际传播的具体实践中发挥积极的作用。

基于以上考量，本书对唐宋文化对外传播的历史脉络、实践经验与当代价值进行了一番细致、深入的分析、总结与提炼，并提出了以下主要观点：第一，分析唐宋文化对外传播的历史脉络，为明确当前中华文化国际传播的时代方位提供了重要参照。源自中华优秀传统文化、革命文化与社会主义先进文化的高度自信，以及建基于日臻完善的国际传播机制以及日渐提升的国际传播能力，成为当前推进中华文化走向世界的理论积淀与现实根基。在此基础上，立足新发展阶段，贯彻新发展理念，构建新发展格局，才能明确中华文化国际传播新的时代方位。第二，总结唐宋文化对外传播的实践经验，为把握当前推进中华文化国际传播的核心要义提供了重要参考。具体而言，即要在构建理论体系、提炼精神标识、塑造话语体系、优化议题设置、坚定文化自信等方面持续发力，探索将综合国力与国际地位提升的发展优势转化为传播优势的可能路径。第三，对唐宋文化对外传播的实践经验进行现代价值转化，提出当前推进中华文化国际传播的优化策略。在习近平总书记提出的"把握大势、区分对象、精准施策"[①]12字精

---

① 《习近平谈治国理政》（第三卷），外文出版社 2020 年版，第 314 页。

神的指导下，加强顶层设计与统筹协调，充分调动和激发中华文化国际传播体系的内生动力与外源推力，进而推动其持续、高效运转，以创造中华文化国际传播的新业绩新辉煌。

中国共产主义运动的先驱者李大钊先生曾说："黄金时代，不在我们背后，乃在我们面前；不在过去，乃在将来。"① 今天，我们推进中华文化国际传播，既是对中华优秀传统文化历久弥新的价值理念、思想精华、道德规范与人文精神的自觉礼敬，亦是对中国道路、中国制度与中国价值在民族精神追求层面的内化与坚守，更是对中华文化在世界多元文化激荡的浪潮中既守住本根又与时俱进、既促进自身发展又引领人类进步的从容自信与非凡魄力。中国共产党的百年征程波澜壮阔，其百年初心历久弥坚。跨越一个世纪的历史长河，中华民族终于实现了从"站起来""富起来"到"强起来"的历史性飞跃，终于创造出经济实力、科技实力、军事实力与文化软实力显著提升的中国奇迹，并迎来了实现中华民族伟大复兴中国梦的光明前景。站在新的历史起点上，全体中华儿女在党的坚强领导下勠力同心，不断汇聚时代伟力，同时继承和弘扬中华优秀传统文化的基本精神，激活其内在的强大生命力，在中国特色社会主义新时代定能创造出中华文化新的辉煌！

---

① 宣言：《紧紧抓住大有可为的历史机遇期》，《人民日报》2018 年 1 月 15 日。

参考文献

古籍类

[1]《诗经》

[2]《尚书》

[3]《礼记·大学》

[4]《周易》

[5]《论语》

[6]《孟子》

[7]《荀子》

[8]《老子》

[9] 董仲舒:《春秋繁露》

[10] 慧皎:《高僧传》

[11] 刘昫等:《旧唐书》

[12] 杜佑:《通典》

[13] 李林甫等:《唐六典》

[14] 孔颖达:《周易正义》

[15] 孔颖达:《尚书正义》

[16] 吴兢:《贞观政要集校》

[17] 萧嵩:《大唐开元礼》

[18] 圆仁:《入唐求法巡礼记》

[19] 慧皎：《高僧传》

[20] 慧超、杜环：《往五天竺国传笺释》

[21] 欧阳修等：《新唐书》

[22] 欧阳修：《新五代史》

[23] 王钦若：《册府元龟》

[24] 司马光：《资治通鉴》

[25] 司马光：《资治通鉴考异》

[26] 李焘：《续资治通鉴长编》

[27] 赵汝适：《诸蕃志》

[28] 张载：《正儒家蒙》

[29] 李昉：《太平广记》

[30] 李昉：《太平御览》

[31] 朱彧：《萍洲可谈》

[32] 宋敏求：《唐大诏令集》

[33] 王溥：《唐会要》

[34] 赞宁：《宋高僧传》

[35] 朱熹：《四书章句集注》

[36] 朱熹：《朱子语类》

[37] 朱熹：《近思录》

[38] 脱脱等：《宋史》

[39] 王阳明：《王阳明全集》

[40] 王阳明：《传习录》

[41] 胡震亨：《唐音癸签》

[42] 董诰等：《全唐文》

[43] 徐松：《宋会要辑稿》

[44] 彭定求：《全唐诗》

[45] 浦起龙:《史通通释》

[46] 王夫之:《尚书引义》

马克思主义经典著作与重要文献类

[47]《马克思恩格斯文集》(第 1-10 卷),人民出版社 2009 年版。

[48]《马克思恩格斯全集》(第 1 卷),人民出版社 1995 年版。

[49]《马克思恩格斯全集》(第 29 卷),人民出版社 2020 年版。

[50]《列宁全集》(第 18、24、34、36、39、41 卷),人民出版社 2017 年版。

[51]《毛泽东选集》(第 4 卷),人民出版社 1991 年版。

[52]《毛泽东文集》(第 7 卷),人民出版社 1999 年版。

[53]《李大钊全集》(第 1 卷),人民出版社 2006 年版。

[54]《江泽民文选》(第 1-3 卷),人民出版社 2006 年版。

[55] 胡锦涛:《高举中国特色社会主义伟大旗帜　为夺取全面建设小康社会新胜利而奋斗》,人民出版社 2007 年版。

[56]《胡锦涛文选》(第 2、3 卷),人民出版社 2016 年版。

[57] 习近平:《之江新语》,浙江人民出版社 2007 年版。

[58]《十八大以来重要文献选编》,中央文献出版社 2014 年版。

[59]《习近平谈治国理政》,外文出版社 2014 年版。

[60] 习近平:《在纪念孔子诞辰 2565 周年国际学术研讨会暨国际儒学联合会第五届会员大会开幕会上的讲话》,人民出版社 2014 年版。

[61] 人民日报评论部:《习近平用典》,人民日报出版社 2015 年版。

[62] 习近平:《在哲学社会科学工作座谈会上的讲话》,人民出版社 2016 年版。

[63] 习近平:《在中国文联十大、中国作协九大开幕式上的讲话》,人民出版社 2016 年版。

[64] 中共中央文献研究室：《习近平关于全面建成小康社会论述摘编》，中央文献出版社 2016 年版。

[65]《习近平谈治国理政》（第二卷），外文出版社 2017 年版。

[66] 习近平：《决胜全面建成小康社会夺取新时代中国特色社会主义伟大胜利》，人民出版社 2017 年版。

[67] 习近平：《在纪念马克思诞辰 200 周年大会上的讲话》，人民出版社 2018 年版。

[68] 习近平：《深化文明交流互鉴 共建亚洲命运共同体：在亚洲文明对话大会开幕式上的主旨演讲》，人民出版社 2019 年版。

[69]《习近平谈治国理政》（第三卷），外文出版社 2020 年版。

[70] 习近平：《论党的宣传思想工作》，人民出版社 2020 年版。

[71] 习近平：《在经济社会领域专家座谈会上的讲话》，人民出版社 2020 年版。

[72] 习近平：《在教育文化卫生体育领域专家代表座谈会上的讲话》，人民出版社 2020 年版。

[73] 中共中央文献研究室：《习近平关于防范风险挑战、应对突发事件论述摘编》，中央文献出版社 2020 年版。

[74]《习近平在中共中央政治局第三十次集体学习时强调 加强和改进国际传播工作 展示真实立体全面的中国》，《人民日报》2021 年 6 月 2 日。

[75]《习近平在省部级主要领导干部学习贯彻党的十九届五中全会精神专题研讨班开班式上发表重要讲话强调 深入学习坚决贯彻党的十九届五中全会精神 确保全面建设社会主义现代化国家开好局》，《人民日报》2021 年 1 月 12 日。

中文著作类

[76] 范文澜：《中国通史》，人民出版社 1978 年版。

[77] 汤用彤：《隋唐佛教史稿》，中华书局 1983 年版。

[78] 池步洲：《日本遣唐使简史》，上海社会科学院出版社 1983 年版。

[79] 杨焕英：《孔子思想在国外的传播与影响》，教育科学出版社 1987 年版。

[80] 任继愈：《中国佛教史》，中国社会科学出版社 1988 年版。

[81] 陈昌福：《日本华侨研究》，上海社会科学院出版社 1989 年版。

[82] 杨昭全、孙玉梅：《朝鲜华侨史》，中国华侨出版公司 1991 年版。

[83] 冯友兰：《中国哲学史》，中华书局 1992 年版。

[84] 罗晃潮：《日本华侨史》，广东高等教育出版社 1994 年版。

[85] 张岂之：《中国思想史》，西北大学出版社 1996 年版。

[86] 胡正荣：《传播学总论》，北京广播学院出版社 1997 年版。

[87] 黎虎：《汉唐外交制度史》，兰州大学出版社 1998 年版。

[88] 钱穆：《中国文化史导论》，商务印书馆 1998 年版。

[89] 宋大川：《唐代教育体制研究》，山西教育出版社 1998 年版。

[90] 武斌：《中华文化海外传播史》，陕西人民出版社 1998 年版。

[91] 余英时：《现代儒学论》，上海人民出版社 1998 年版。

[92] 陈寅恪：《唐代政治史述论稿》，上海古籍出版社 1999 年版。

[93] 周月亮：《中国古代文化传播史》，北京广播学院出版社 2000 年版。

[94] 陈寅恪：《金明馆丛稿初编》，生活·新知·三联书店 2001 年版。

[95] 杨昭全：《中国——朝鲜·韩国文化交流史》，昆仑出版社 2004 年版。

[96] 张岱年、方克立：《中国文化概论》，北京师范大学出版社 2004 年版。

[97] 费孝通：《乡土中国》，上海人民出版社 2006 年版。

[98] 张岱年：《文化与哲学》，中国人民大学出版社 2006 年版。

[99] 王小甫等：《古代中外文化交流史》，高等教育出版社 2006 年版。

[100] 孙昌武：《隋唐五代文化史》，东方出版中心 2007 年版。

[101] 陈正良：《中国"软实力"发展战略研究》，科学出版社 2009 年版。

[102] 漆侠:《宋代经济史》,中华书局 2009 年版。

[103] 郑师渠、王永平:《中国文化通史(隋唐五代卷)》,北京师范大学出版社 2009 年版。

[104] 张锡勤:《中国传统道德举要》,黑龙江大学出版社 2009 年版。

[105] 漆侠:《辽宋金西夏金代通史》,人民出版社 2010 年版。

[106] 董璐:《传播学核心理论与概念》,北京大学出版社 2010 年版。

[107] 陈锡喜:《马克思主义:意识形态和话语体系》,华东师范大学出版社 2011 年版。

[108] 黄钊:《中国古代德育思想史论》,中国社会科学出版社 2011 年版。

[109] 李瑞哲:《古代丝绸之路胡商活动及其影响研究》,陕西人民出版社 2011 年版。

[110] 刘燕南等:《国际传播受众研究》,中国传媒大学出版社 2011 年版。

[111] 朱永新:《中国古代教育思想史》,中国人民大学出版社 2011 年版。

[112] 梁启超:《中国佛学史稿》,中国人民大学出版社 2012 年版。

[113] 张国刚、吴莉苇:《中西文化关系史》,高等教育出版社 2013 年版。

[114] 李彬:《唐代文明与新闻传播》,中国人民大学出版社 2014 年版。

[115] 陈来:《中华文明的核心价值——国学流变与传统价值观》,三联书店 2015 年版。

[116] 荣新江:《丝绸之路与东西文化交流》,北京大学出版社 2015 年版。

[117] 关世杰:《中华文化国际影响力调查研究》,北京大学出版社 2016 年版。

[118] 何芳川:《中外文化交流史》,国际文化出版公司 2016 年版。

[119] 楼宇烈:《中国文化的根本精神》,中华书局 2016 年版。

[120] 孙宜学:《中华文化国际传播:途径与方法创新》,同济大学出版社 2016 年版。

[121] 孙英春:《跨文化传播学》,北京大学出版社 2016 年版。

[122] 王仲荦:《隋唐五代史》,上海人民出版社 2016 年版。

[123] 韩震:《社会主义核心价值观与中国文化国际传播》,中国人民大学出版社 2017 年版。

[124] 贾益民、张禹东、庄国土主编:《华侨华人研究报告(2018)》,社会科学文献出版社 2018 年版。

中文译著类

[125] 木宫泰彦:《日中文化交流史》,胡锡年译,商务印书馆 1980 年版。

[126] 威尔伯·施拉姆、威廉·波特:《传播学概论》,李启、周立方译,新华出版社 1984 年版。

[127] 费正清:《美国与中国》,张理京译,世界知识出版社 1999 年版。

[128] 弗雷德里克·詹姆逊:《文化转向》,胡亚敏译,中国社会科学出版社 2000 年版。

[129] 塞缪尔·亨廷顿著、劳伦斯·哈里森主编:《文化的重要作用》,程克熊译,新华出版社 2002 年版。

[130] 乔纳森·弗里德曼:《文化认同与全球性过程》,郭健如译,新华出版社 2003 年版。

[131] 爱德华·谢弗:《唐代的外来文明》,吴玉贵译,陕西师范大学出版社 2005 年版。

[132] 约瑟夫·奈:《软力量——世界政坛成功之道》,吴晓辉、钱程等译,东方出版社 2005 年版。

[133] 古濑奈津子：《遣唐使眼里的中国》，郑威译，武汉大学出版社2007年版。

[134] 内藤湖南：《日本历史与日本文化》，刘克申译，商务印书馆2012年版。

[135] 拉里·A·萨莫瓦：《跨文化传播》，闵惠泉、贺文发译，中国人民大学出版社2013年版。

[136] 苏莱曼：《苏莱曼东游记》，刘半农、刘小蕙译，华文出版社2016年版。

[137] 彼得·弗兰科潘：《丝绸之路：一部全新的世界史》，邵旭东、孙芳译，浙江大学出版社2016年版。

[138] 埃德蒙·德瓦尔：《白瓷之路：穿越东西方的朝圣之旅》，梁卿译，广西师范大学出版社2017年版。

[139] 塞缪尔·亨廷顿：《文明的冲突》，周琪等译，新华出版社2017年版。

[140] 圆仁：《入唐求法巡礼行记校注》，白化文等校对，中华书局2019年版。

[141] 成寻：《参天台五台山记》，王丽萍译，上海古籍出版社2009年版。

期刊与报纸文献类

[142] 李刚：《唐代中国与亚洲各国的经济文化交流》，《西南师范大学学报（人文社会科学版）》1979年第2期。

[143] 陈景富、黄有福：《古代朝鲜僧人入华求法请益活动的兴起与发展》，《五台山研究》1991年第4期。

[144] 张锡勤：《尚公·重礼·贵和：中国传统伦理道德的基本精神》，《道德与文明》1998年第4期。

[145] 喻希来：《世界文明中的中国文化》，《战略与管理》2001年第1期。

[146] 张锡勤：《中国传统的贵和精神与和谐社会构建》，《学习与探索》2006 年第 1 期。

[147] 刘海龙：《一篇存在争议的传播学奠基文献》，《国际新闻界》2009 年第 2 期。

[148] 李瑞哲：《古代丝绸之路商队的活动特点分析》，《兰州大学学报（社会科学版）》2009 年第 3 期。

[149] 荣新江：《唐代安西都护府与丝绸之路——以吐鲁番出土文书为中心》，《龟兹学研究》（第五辑），新疆大学出版社 2012 年版。

[150] 刘永连、刘家兴：《从漂流人故事看唐代中外海上交通和海外认知——以〈太平广记〉资料为中心》，《陕西师范大学学报（哲学社会科学版）》2015 第 5 期。

[151] 李康平：《中国革命文化基本理论问题研究》，《马克思主义研究》2015 年第 7 期。

[152] 王伟光：《学习贯彻落实习近平总书记关于哲学社会科学重要讲话精神，加快构建中国特色哲学社会科学》，《中国社会科学》2016 年第 12 期。

[153] 师敏：《入唐求法僧最澄和圆仁对日本禅宗的影响》，《五台山研究》2017 年第 2 期。

[154] 双传学：《提高统筹理论与舆论的本领》，《人民日报》2017 年 1 月 20 日。

[155] 陈力丹、许若溪：《把我们想讲的和外国受众想听的结合起来——漫画书〈一个中国人的一生〉跨文化传播分析》，《国际传播》2017 年第 4 期。

[156] 张志宇、常凤霞：《"酷日本机构"与中国文化产业的发展》，《同济大学学报（社会科学版）》2017 年第 5 期。

[157] 宣言：《紧紧抓住大有可为的历史机遇期》，《人民日报》2018 年 1 月 15 日。

[158] 胡正荣：《智能化背景下国际传播能力提升与人类命运共同体构建》，《国际传播》2019 年第 6 期。

[159] 展宁：《伊莱休·卡茨与大众传播研究：半个多世纪的学术演变》，《新闻与传播研究》2020 年第 27 期。

[160] 杜尚泽：《"'大思政课'我们要善用之"》，《人民日报》2021 年3 月 7 日。

[161] 杨威：《论构建中国现代话语体系的价值目标与优化策略》，《湖湘论坛》2021 年第 1 期。

外文文献类

[162] Altschull. J. H. Agents of Power, New York : Longman, 1984.

[163] Pierre Bourdieu. Language and Symbolic Power. Massachusettes : Harvard University Press, 1991.

[164] Fortner. R. International Communication : History, Conflict, and Control of the Global Metropolics, Belmont : Wadsworth. Inc, 1993.

[165] Edwards. L. Mediapolitick : How the Mass Media Have Transformed World Politics, Washington D.C. : The Catholic University of America Press, 2001.

附录一　作为微观－中观－宏观关系的
交往记忆与文化记忆 ①

　　扬·阿斯曼（Jan Assmann）和阿莱达·阿斯曼（Aleida Assmann）为我们提供了一个基础理论框架，促进了对集体记忆和纪念文化的研究。与其他许多学者一样，他们提到莫里斯·哈布瓦赫（Maurice Halbwachs）关于社会记忆的理念。然而，二人进一步坚持认为，哈布瓦赫应当扩展思维，使社会记忆的概念模型区别于交往的记忆（communicated memory）和制度化的记忆（institutionalized memory）这两种记忆类型。交往的记忆被定义为个体过往的经验，这种经验可以与其直接相关的群体成员分享；制度化的记忆则被认为是一个社会框架，它包括社会的创立时刻的对象化（objectivations）。根据扬·阿斯曼的观点，交往记忆在人们的互动中发展，成为人们知识的一部分，而且人们所属群体中的成员会终生不断地讲述这种记忆。相比之下，文化记忆是指以固定的方式纪念的历史事件的典范，它由历史解说者或其他专门机构加以定义和保存。

---

①　作者霍斯特－阿尔弗雷德·海因里希（Horst — Alfred Heinrich），男，德国帕绍大学教授，从事集体记忆、政治记忆、视觉分析、国家认同及民族情感研究；韦雷娜·韦兰（Verena Weyland），女，帕绍大学助理研究员，从事集体记忆和话语分析研究。作者感谢杰弗里·奥利克（Jeffrey Olick）、巴里·施瓦茨（Barry Schwartz）和一位匿名评论家，他们的意见有助于支撑本文观点，其中施瓦茨还绘图并整理参考文献。本文英文题为 Communicative and cultural memory as a micro–meso–macro relation，原载 International Journal of Media & Cultural Politics，2016，12（1）：27–41.

人们并未将这两种记忆模式看作是一个"交往记忆和文化记忆在其中作为两种完全不同的记忆类别而呈现"的模型。相反，在现代社会中，扬·阿斯曼假设了一个具有流动转换功能的模型。这两种记忆模式不会相互排斥，因为，日常的经验交流和分享以及不同寻常的纪念仪式都会增强群体成员间的纽带联系，有助于群体成员间的团结，从而增强群体的凝聚力。

毫无疑问，扬·阿斯曼和阿莱达·阿斯曼对个人层面与集体层面的区分以及对两种记忆的澄清是社会学说的一大进步。然而，他们的概念需作进一步的阐述，因为二人主要对记忆的宏观层面感兴趣，而没有对微观和宏观之间的差距进行理论上的解释。毫无疑问，个人会通过语言而受到文化记忆的影响。考虑到自上而下的模式，扬·阿斯曼指出：语言交际符号的使用是人群划分的重要媒介，因为它让我们能够就社会共存的基础达成协议。社会化机构为我们提供了一个参照系统，其中包括多个框架，使我们能够引用集体共享的意义范畴来说明个人的经验。

但是自下而上的关系怎么解释？个人如何创造和影响社会的文化记忆？社会成员如何容忍对其共同过去的相互矛盾的解释呢？当然，当我们考虑到关于有争议的过去的公开讨论，而且该讨论是记忆政治的一部分时，我们知道这里面包含了反复协商的过程。然而，相比于普通公民谈论历史事件的不同含义以及产生集体记忆的模式，我们不知道公开讨论中的协商是否以及在多大程度上也遵循了同样的模式。有人曾经通过展示音乐艺术家如何受到几位代理商的影响而描述了类似的过程，这些代理商就一首歌曲的特定声调与这些音乐艺术家进行了协商，从而满足了观众的期望。与音乐研究相比，集体记忆研究中可用的理论概念没有明确提及中观层次。这个层次是指群体间的互动，通过这种互动，个人可以分享记忆并就这些心理表征的意义达成协议。这种相互作用必须被视为一个进程，它是个人与社会之间必不可少的中介。例如，人们可能会想到家庭记忆、基层运动的记忆，或第二代互联网（Web2.0）中由社交媒体创造的记忆。后者可以与社会话语联系在一起，因为今天，议程设置（agenda-setting）媒体经常会被互联网上发生的讨论所刺激推动。如果发生这种情况，这些沟通将影响文化记忆。

在本文中，我们提出了扬·阿斯曼和阿莱达·阿斯曼关于交往记忆和文化记忆之间关系的假设的要点，并将这一理论框架转变为由中观层面扩大的微观－宏观模型。最后，我们用维基百科（Wikipedia）的例子来描述影响文化记忆的社会商谈过程。

一、交往记忆和文化记忆

哈布瓦赫指出，每一种形式的纪念回忆都受到了社会的影响，因为社会为我们提供了构成我们的看法和理解力的类别、规范及评价。哈布瓦赫举出一个单独出行的旅行者穿过伦敦的例子。即使这个人不询问其他任何人，不与其他人分享这种经验，该旅行者也将始终使用从他人（家长、同伴、学校教师、书籍作者、设计城市地图的制图人员等）那里获得的知识。因为这种知识很有必要，能帮助其理解在漫步经过这座城市时所看到的一切。在这种漫步过程中所获得的印象是很有意义的，它与过去的事件密切相关，可能是具有悠久历史的英国议会大厦或者能唤起我们对一个家庭的历史记忆的普通房子。显然，国家的历史和家庭的历史，其性质是不同的。哈布瓦赫意识到一个小群体的过去与一个国家的过去是无法比拟的，所以他对集体记忆和历史记忆进行了区分。集体记忆被认为是局限于群体成员的新鲜记忆，这些记忆在群体成员间不断重复，而且是最近70-100年内的记忆。历史记忆则被哈布瓦赫描述为抽象记忆，其与单独的个人记忆仅有几个交汇点。

哈布瓦赫的类型学与其关于集体记忆的一般见解完全不同，是自成一体的另一种学说，它并不完全令人信服，因为哈布瓦赫将不同的记忆按类型划分，例如按群体大小、记忆内容的抽象性以及群体成员之间传授历史知识的方式进行划分。所有这三种类别都不能对特定记忆进行具体划分。①相反，个人和团体提到过去的时候，带有记忆者的个人观点，这是其一大特征：当个人提到自我的经验时，应该谈到自传体记忆；而当个人采纳群体成员的观点时，集体记忆在起作用。在此必须指出，记忆中的事件在具体时刻具有双方认可的含义。

扬·阿斯曼提到了与哈布瓦赫有关的类似论据，因此区别了对过去的两种集体运用。对于阿斯曼来说，个人对集体活动的记忆是日常实践的一种模式，而对社会的创立时刻的回忆是制度记忆的问题。前者是指与其他同时代人一起获得的个人的过往经验，这些人是这个记忆的载体，在社交互动中传达这一往事。相比之下，后者就是杰弗里·奥利克（Jeffrey Olick）所说的"真正的社会相关记忆"，它是指一个社会的创始时刻。如扬·阿斯曼所言，这些是文化标记，即过去的客观存在，如神话、符号或仪式，这些被记忆或被庆祝的符号证明了社会现实存在的合理性。这种记忆的载体不是个人，这些过去的事件由机构保存和纪念。②

虽然扬·阿斯曼在界定集体记忆时谈到两种不同的类型，但他意识到其概念的单维性。扬·阿斯曼承认，交往记忆与文化记忆明显分离的社会可能很少。他假设我们通常被限制在代表一个层面的尺度内，而两个类型

---

①　一方面，像国家一样，小规模群体使用媒体（例如协会的杂志）提醒他们的群体成员几百年前可能发生的相关事件。另一方面，关于一个国家历史上的重要事件的公开讨论可能是私人交流中的一个话题。心理研究证明，这种信息将与语境（私人谈话）一起存储在个人的大脑中。

②　另外，阿莱达·阿斯曼和扬·阿斯曼注意到两种类型记忆中的子结构：存储记忆和功能记忆。前者有关过去的所有潜在知识，以任何形式存储，只有在我们能够将其传达到功能记忆中时，这些知识才会被我们所掌握。后者是一个选择性的组成部分，包括过去与该群体相关的部分。其单一方面是集团成员的主动或被动记忆的一部分。在这里，扬·阿斯曼和阿莱达·阿斯曼所作的区分是不相关的，因为它在微观、宏观关系中不起作用。

是该尺度的端点。扬·阿斯曼以两种回忆、文化和交流之间的差异，为集体记忆的理论基础提供了基本依据。奥利克将阿斯曼的分类放在更广泛的理论背景之下，将交往记忆称为收集的记忆（collected memories）。在奥利克看来，集体只能通过汇总个人的历史知识以及个人态度及其对过去的评价来实证记录。在这个前提下，社会特性必须被视为受访者提供的所有答案的总和。对历史事件的每次评价都会形成一个具有平均值并且所测量态度发生变化的分布，此外还可能与社会类别的其他代理变量（如年龄或性别）相关。①

相比之下，奥利克使用集体的（collective）这个术语来指称阿斯曼所谓的文化记忆，因为它是指集体行为的结果。它包括公民对历史文物、社会地位记忆、历史事件的制度纪念、历史学家的研究成果以及关于历史的公众讨论的解释。②所有这些方面都是集体建构的、认可的产物，它们代表着与社会相关的关键问题，并使之合法化，也为个人指出其行为方向。

尽管阿斯曼和奥利克的观点有所进步，但我们对于文化记忆的构建过程或社会成员的历史意识受制度影响的程度知之甚少。当我们考虑历史的建构时，我们不应该将研究制度化的纪念活动限制在宏观层面，也不应仅将重点放在描述微观层面的态度分布的调查数据上。相反，我们应该研究交往记忆和文化记忆之间的相互作用以及协商过程。作为理论框架，我们将在以下章节中概述这一模式。

---

① 舒曼和斯科特（Schuman and Scott）、博里斯（Borries）、海因里希（Heinrich H-A）、舒曼（Schuman H）等以及施瓦茨和舒曼（Schwartz and Schuman）等人的研究可资借鉴。
② 弗朗索瓦和舒尔茨（Franois and Schulze）、凯利兹（Kailitz）、卡普拉斯基（Kapralski）、阿圭勒（Agui-lar）、尼文（Niven）、康斯坦纳（Kansteiner）、乌尔里奇（Ullrich）、皮尔斯（Pearce）和费尔海恩（Verhey-en）提供了一些与文化记忆有关的研究结果。

二、关于社会记忆的宏观－中观－微观模型

在社会科学研究中，微观—宏观问题是一个老问题。通常，学者们隐含地假设两个层次之间的关系，而不用说明它们之间的相互作用，更不用说去进行实证检验。詹姆斯·科尔曼（James Coleman）提供了一个富有启发性的例子，用来质疑马克斯·韦伯（Max Weber）关于新教伦理的论断。毫无疑问，人们有很多理由去假定，对某种具体宗教的信仰导致了某种具体的经济行为。但是，这一结论仅限于宏观层面效应的一致性，即新教与资本主义的共同兴起。不管怎么说，我们并不知道 17 世纪和 18 世纪的广大企业家是不是新教教徒。

微观与宏观之间的鸿沟也是集体记忆研究领域中一个还没有解决的问题。有一个理论上的尝试，描述了个人收集的记忆与德国社会的文化记忆之间的相互作用。但是，这个理论尝试失败了，因为它假定了微观层面和宏观层面之间的直接关系。它既不能够让人相信单一的个人可以直接影响社会的纪念做法（自下而上），也不认为过去的客观行为被人们所接受（自上而下）。相反，一个理论框架，应该考虑到形成微观与宏观之间的连接的中间领域。这个中间领域必须作为一个或多或少的正式会议场所，一方面综合个人对过去的看法和解释（自下而上），另一方面则传播一个社会主导纪念品的意义（自上而下）；反之亦然。

只有少数关于集体记忆的研究探讨了这一领域。丹尼尔·贝尔托（Daniel Bertaux）和伊莎贝尔·贝尔托—韦姆（Isabelle Bertaux — Wiame）进行了口述史研究。二人采访了法国工人，询问他们的团队历史的创建过程。由于工人阶级当时没有"官方"记忆制度，贝尔托夫妇的结论是，工人阶级对其特定角色的记忆将成为他们自己的一部分，这些记忆将存在于讲述过去事件的故事里，因为这些故事讲述的是过去的事件，是作为一个群体的劳动者的相关事件。采用传记访谈法，贝尔托夫妇发现工会成员讲

述了关于以前罢工的类似故事，以及有关成功的和失败的阶级斗争的报道。此外，这些故事在口头表达方面是相似的。为了集中讨论过去事件的相同方面，我们假设这些相似之处是中观层面的过程——即作为群体成员的个人之间的交流——的结果。如果将我们关于小组讨论的系统知识总体转化为群体交流，我们就可以得出一个结论：劳动者故事情节和表达之间的一致性不仅仅是反映了对过去的个人解释；相反，相似之处是团体行为的结果。这些成员对具体的故事深信不疑，因为它已经在一个集体的范围内一次又一次地讲述和重述。因此，这个故事似乎对不依赖于不同个体信仰的劳动者来说是"真实的"，因为它在群体中变成了值得讲述的故事。

最后，一些受访者提到了具体了解特定相关事件的单个的同事。这些同事似乎担当裁判的角色，涉及不同的收集回忆时应询问他们。只要工人们同意这些同事知道"真实"的历史，我们就假定这些工作人员是守门员。群体认为他们有能力讲述和记住整个群体的历史。在这里，群体成员同意一些个人的回忆与群体的记忆是一致的。

在审视贝尔托和贝尔托—韦姆的论作时，可以将劳动者所讲述的故事概念化为群体交流的社会产物。这只能定位于中观层面，因为它没有被制度化，算不上文化记忆。另外，因为同一个版本的故事广为整个团体所叙述，所以它又不再是个人的记忆。这个想法被认为是对描述集体纪念和记忆的几个过程的理论模型的补充。如上所述，应当认为，个人收集的记忆与文化记忆不同，而且位于微观层面。这种记忆与个人的自传式记忆不同，因为其所包含的记忆来源于群体成员的观点。相比之下，在我们的理论模型中，中观水平是指关于历史解释的个人间话语。贝尔托和贝尔托—韦姆以及其他学者迄今尚未探讨过这些相互作用。

用阿斯曼的话来说，所描述的相互作用导致了团体或国家的交往记忆。通常情况下，这一过程开始时，个人在公共论坛上就过去的事件发表了自己的评论。[①] 当有回应的时候（然后是集体或国家成员之间的一场讨论），论坛作为一个中介，使人们可以进行商谈，进而可能达成对过去的一个叙述的相互理解。[②] 这种共识相当于一种交往记忆，是群体或社会产生的结果。

很重要的是，这里应当注意，只要上述讨论仍在进行之中，话语的结果就不能定位于宏观层面。在这个时候，它不是过去的客观事实，它仍然是商谈的结果。交换意见过程中所作的发言只是表明了态度的一致。要直到历史专家（记者、政治家、社会科学家、历史学家）对这种话语下了结论，它才能够完全进入宏观层面。过去事件的结论可能会在杂志文章、教科书或博物馆展览目录中提及。只有这样，这个版本才是文化记忆的一部分。如果没有重新争论，而是被广泛接受，它就可以被看作是对社会历史的解释，至少为主导群体所共享。

三、宏观－中观－微观关系的概念化

哈特穆特·艾瑟（Hartmut Esser）设计了一种可以用来解释社会过程的方法论途径。他指定了三个不同层次的社会结构，它们被定义为情境逻辑、选择逻辑和聚合逻辑。在这里，艾瑟是否涉及"方法论个人主义"并不重要，更确切地说，令人感兴趣的是，收集的记忆和文化记忆之间的关系可以被认为是一个社会过程。

情境逻辑是一种社会结构，个人在特定时刻从中发现自己。由于所有的个人在特定情况下都将彼此的行为模式化，所以他们不仅仅依赖于别人的行为所造成的结构，而且通过这样做来创造结构本身。这里重要的是，

---

① 在此，"公共"一词应从广义上理解，从一个小型协会内部的对话，到一个全国性的报纸上的投稿，都算。

② 关于意见分歧，也有可能达成共识。这将证明社会中至少有两个集体记忆存在。

某些个人在一个特定的社会状况之下发现了自我，这种社会状况使得其中的行为者们根据一种发展于他们当中的结构来行事。因此，正是通过这种社会结构，个人停止了自主行动。在本文中，必须注意，在对记忆形成于其中的那种过程进行分析时，从个人到宏观层面（反之亦然），群体记忆只能在人们通过互动而组成群体的集会中的特定情况下发展起来。这些互动过程受到情境逻辑的影响。社会结构转移到集体记忆领域以后，则由社会群体过去的客观存在组成。它们与社会庆祝的纪念表演一道，至少部分地界定了人们行为和行动的表现情况。因此，我们通常知道关于一段历史事件我们可以说些什么，我们按照这些规则来确定我们的方向。①

群体内个人创造的结构化行为会在群体个人之间引起某种反应。选择逻辑是指对个人在一定情况下作出反应的规则进行的分析。这些规则试图说明个人行为中的解释规律。因此，在选择性逻辑中，可以分析一个群体内建立共识的过程。这样的共识是讲述某个版本的过去事件的先决条件。如果个人同意对过去的具体解释，如果他们认为对文化记忆方面的这种过去缺乏解释，他们可能决定作为一种施加压力的团体或历史代理人而行动，以改变关于过去的主流故事。②

最后，聚合逻辑是一种集体特征的发展，这种特征是由一些社会结构中的个人的行为和反应所引起的。在这个逻辑下，规范和公约的有效性是商谈产生的，目的是为了在个体间接受那些积累的知识。通过这一聚合过程，群体记忆可能被转移到宏观层面，成为文化记忆的一部分。这样的结果是通过群体成员之间的交流来实现的，这是一个位于中观层面的过程。③

这种方法提供了一个有用的框架，通过这个框架，可以跟踪记忆形成

① 例如，人们期望德国政治家不要将政治对手与纳粹领导人进行比较。
② 这些人可能参与一个政党，也可能在基层活动。在 20 世纪 80 年代的西方民主国家，许多当地的举措都试图建立反历史的叙事。
③ 政治进程并不代表这个模式，海因里希提供了关于这一主题的更广泛的理论框架。

的微观—宏观过程。迄今为止，在集体记忆研究中仅仅略微讨论的，是个人作为群体成员互动形成文化记忆以及后者如何影响个人的过程。以上提到了贝尔托和贝尔托 – 韦姆所举的法国劳工的实例，在这个实例中，工人阶级的成员组成了一个群体，因为他们的外部环境将其限制在了社会阶层的某个地方。这些男男女女中的群体记忆如何发展，是可以追溯的。然而，由于以传记式叙述作为有效工具，贝尔托夫妇没有遵循实际的商谈过程。我们只知道劳动者在工作阶层记忆形成过程中所记得的内容，这些问题让我们回到关于集体记忆理论的主要批评。下文将对微观层面回忆与宏观层面回忆之间的范围加以概念化。

四、群体话语：微观层面与宏观层面之间一个缺失的环节

将中观层面的群体交流定位在社会文化记忆与个人收集的记忆之间的想法似乎与尤尔根·哈贝马斯（Jürgen Habermas）的定义是一致的，哈贝马斯将其定义为公共话语。我们认为，交往记忆与阿斯曼定义的一样，是历史解释的交流和商谈的集体产物。应该把它理解为一个对话，参与对话的各方在对话中尝试评估一个论点的真伪以及社会规范的合法性。哈贝马斯认为，最高理性的论证将是该群体接受的论据。为了理性地接受真理，对话必须达到一定的标准，才能形成真实的知识。这些标准被称为话语规范，并被定义为话语所有参与者的主要平等、阐述所有话题和意见问题的主要能力、参与听众对话的平等可能性的主要能力。此外，对话还应当以真实的情感为依据。[①]

这种对话由显而易见且容易理解的成分描述，在这种对话之下，也就

---

① 我们知道社会主导群体的存在，该群体将他们对过去的解释强加于整个社会。然而，主导群体不能阻止从属群体传达自己不同的集体记忆，就像法国劳工一样。尽管有统治效应，但我们相信，哈贝马斯的概念对于每个社会群体内的商谈过程都是有效的。

产生了哈贝马斯所称的生活世界（Lebenswelt）的概念——生活世界是前几代人交流行为的稳定结果。因此，每一种交流行为都在相互主观接受的信念定义的界限内移动。这个论点符合艾瑟的总体思维，也适用于集体记忆的概念"情境逻辑"以及影响着个人对过去、现在和未来的看法的"文化记忆"。

不难断言，每次对话都是在早已存在的交往行为结构中进行的。然而，哈贝马斯认为，个人不仅仅是传递其背景知识，而且由于必然的学习过程而扩大了他们的知识。在这里，需要回答的问题是，这种扩展的知识是如何传递或讨论的，因为这种新知识不符合信念的现有定义。

罗纳德·雅各布斯（Ronald Jacobs）强调，公共领域内的行动者是以该领域内部的结构为前提而展开行动的。因此，行动者提出的论据是以现有的文化风格、传统叙事形式和知名人物类型为根据的，从而能够最大限度地发挥其影响力。公开审议也"包括培养共识的尝试"，这是通过接受"审美和表演结构"而实现的。利用这种结构，信息通过媒体得以呈现，被个人所接受，从而构成被称为审美公共领域的公共话语的一部分。

雅各布斯确定了审美公共领域的三个组成部分。第一个组成部分提供个人所需要的结构和脚本，使他们能够了解周围的世界。第二个组成部分是传播和媒体，公共领域为评论社会、政治、公共生活等重要问题提供了空间。通过传播和媒体，人们可以积极参与公共领域。审美公共领域的第三个组成部分涉及文化公民。根据雅各布斯的观点，人们对公民实践的立场是通过交谈而产生的，所以交谈的倡议也是通过媒体提出来的。

因此，媒体是引起交谈的激发器，它不仅提供了公认的结构，而且提供了一个平台，通过这个平台，信息得到讨论和进一步传播。广泛使用和快节奏的例子当数社交网站。在下一章中，我们将进一步阐述这一主题。

到目前为止，本文一直使用的术语是信息而不是记忆。然而，这种理论结构也适用于记忆，因为，记忆是一个社会概念，它是一种得到了传播的信息。根据哈布瓦赫的观点，要不是社会给我们提供了一种框架来唤醒、识别和集中我们的记忆，我们就不会有回忆。为了了解微观层面的记忆是如何在宏观层面成为记忆的，以及了解存储在宏观层面的集体记忆机构中的记忆是如何影响个人对某一事件的记忆的，我们就必须了解中观层面的过程。我们将根据第二代互联网上的谈话，提供一个理论框架，来完成这一任务。

五、网络交谈：交往记忆的组成部分

如上所述，公众是交谈过程所处的空间。这种交谈通过媒体到达更广泛的听众，不受时间和地点限制。特别是第二代互联网的技术为参与交谈提供了特殊的条件，它实现了实时交流并进行了存储。因其存储容量，通过这种媒介，可以随时随地访问话语。由于可选择是否匿名，它保证了所有参与者的平等地位，并且提供了阐述所有话题和意见的机会。此外，第二代互联网的技术原则上还提供了参与对话的平等机会。因此，它符合哈贝马斯定义的话语规范。

不同领域的公众互相连接而成的社交网络让当前用户——其对历史事件的解释代表着微观层面——能够与大众分享知识，以及直接与选定的个人分享知识。这种散发的信息的接收人既可以在不改变信息内容的情况下传播这些信息，也可以在进一步分发信息之前修改这些信息。通过每个单独的传输，这些信息的可能的接收者成倍增加。这种结构可以转移知识以及个人对过去的解释，因此它相当于一种信息传播媒介。

参与社交网络的可能性为微观层面的个人提供了开始一段谈话的机会。它位于中观层面，因为它依赖于"已经规范和正在规范的标志和符号使用惯例"。因此，人们商定了一个集体解释方案，这种方案也适用于在线交谈。这个方案"代表了社会上已经约定俗成的解释符号，这种符号使得对现象的阅读和理解成为可能"。如果考虑到前面提及的话语先决条件，便可以认为，为了进入在线交谈，本文中所说的所有参与者必须同意和应用与协议规则相同的共同解释方案。因此，在谈话参与者中建立了对意义的集体认识。这种认识为价值观的共同归属提供了依据。

这些理论思考直接导致了一种理论模型的产生。如图 1 所示，微观层面的个人行为被假定在一个特定的社会领域以内。这是必要的先决条件，因为属于这一领域的归属感对结构化的行动进行了假定，同时接受和维护个人自己创造的社会结构。这为交互过程的可能性奠定了基础。

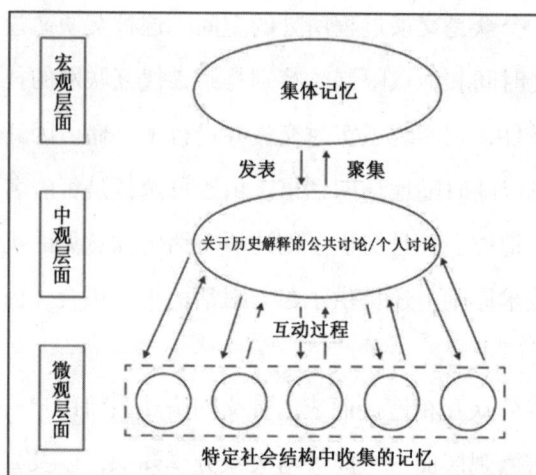

图 1　代表集体记忆社会商谈过程的微观－中观－宏观关系的结构模型

关于个人记忆的交换，某种刺激会使个人感觉有必要对这种刺激进行评价。对于在社交网络中分享个人记忆而言，这个先决条件可能导致个人访问某个论坛。在这个论坛中，交流可能发生，个人能够与他人分享其对他人的历史解释或记忆的理解。通过个人的互动过程，创造出位于中层的公共话语。在这里，每个人都不会重现其自身的观念。相反，群体成员在交换过程中构成了群体意见。

由于社交网络只有在通信结果被接受和共享的情况下才能对更广泛的

受众产生深远的影响，这个群体意见就不能表示某些特定的个人关于历史事件评价的商谈。此外，如果对过去的这种解释会被管理者或其他监管人员接受，并且如果它被放置在制度环境中，同时能进一步地转发，那么这个组织的具体历史认识将从中观层面转移到宏观层面。

考虑到图 1 所示的过程，作为社交网络的一部分而创建起来的、能够提供历史知识的维基百科，可以作为将微观层面收集的记忆通过中观层面转化为宏观层面的集体记忆或文化记忆的一个例子。事实上，至少在德国，维基百科已经取代了旧的知名百科全书，如《布罗克豪斯百科全书》（Brockhaus）。只要维基百科提到历史信息，它就应当被视为德国社会文化记忆的一部分。此外，维基百科认为自身是一个严肃的企业，主张收集和呈现相关的世界知识。维基百科社区的成员遵循自己的规则，不是以个人的名义，而是以社会代理人的身份行事。因此，我们将单篇文章当作文化记忆的一部分。当个人阅读时，它们涉及宏观层面。

旧式的百科全书是由科学家制作的一种封闭式商店，与其相比，维基百科是一种开放式论坛，允许每一个人提出并撰写有关历史事件的文章或重写现有文章。尽管如此，由于许多作者感到必须遵守维基百科的规定，所以他们不会单独行事。他们以集体成员的身份行事，试图达成共识。因此，其作品必须被理解为集体成果，或作为社会交往记忆的一部分。它属于交往范畴，并位于中观层面，因为这些人共同商议过去的具体含义，然后在相关文章中予以介绍。在这个建构过程中，对历史事件的个人解释变成了一种集体产品，当它在宏观层面被列为百科全书时，就成了一个文化范畴。①

最后，在维基百科中查找条目并使用特定文章中提供的知识的单个用户是社会收集的记忆（微观）的一部分，然后受到文化记忆（宏观）的影

---

① 诚然，我们没有考虑到该模式中的管理者角色，今后必须进一步澄清。

响。如果用户决定参与这个记忆的改变，该用户将会改变自身的角色，并将移动到中观层面。

六、结　语

本文讨论了从微观到宏观层面发展记忆的一些理论问题。根据阿斯曼的观点，微观层面被定义为交往记忆，由群体成员的过往经验或者知识组成。相比之下，宏观层面代表了社会的创立时刻的对象化。微观层面的回忆是由个人在社交互动中传达的，而宏观层面的记忆是文化标记，比如神话、符号或者仪式。

然而，在所讨论的理论中，将微观层面的记忆转换为由宏观层面的记忆机构存储和表示的记忆体，这一领域应该被形式化并整合成一个理论概念，明确地描述个人与集体这两个不同层面之间的关系。此外，人们常常假定宏观和微观层面之间的直接关系。只有少数研究试图揭示一个连接两个层面的过程，但这些研究没有直接探询关于历史事件解释的商谈过程。

此处假设交流过程是提供讨论机会的范畴，借助这一机会，一方面，个人对过去的看法和解释得到汇总（自下而上），另一方面，一个社会的主要纪念人物的意义得以传播（自上而下）。在本文中，这一交流过程称为公共话语。该范畴在理论上被应用到互联网上，互联网是交换意义、态度之类的非正式场所。特别是维基百科的讨论论坛，被称为一个领域，通过该领域，记忆从个人转移到共享一个共同记忆的群体。因此，将个人记忆转变为群体记忆，然后再转变为文化记忆，以及对存储在记忆机构层面的记忆内容进行重新审查，这一连串的过程，开启了任何记忆经受改变的可能性。如果已经为公众所接受，并且没有争议，则可以说明在宏观层面对文化记忆的接受之力量。

【译者杨威，原载《学术交流》2017 年第 10 期】

附录二　新时代增进人类命运共同体价值认同的路径探赜
——基于唐朝文化的历史考察

在"真正共同体"中，实现人的自由全面发展，是马克思所追求的根本价值目标。构建人类命运共同体思想，是以习近平同志为核心的党中央百年未有之大变局，以马克思共同体思想为理论前提，充分汲取中国传统文化中的和合思想精髓，秉持中国特色外交和平发展理念所做出的重大决策。构建人类命运共同体，既是中国为求解"世界怎么了，我们怎么办"这一重大全球性问题开出的一剂饱含中国智慧的理论良方，又彰显了中国坚持和平发展、倡导合作共赢理念的大国担当。

增进人类命运共同体价值认同，要夯实价值认同的理论基础。在价值认同的基础上拓宽其实践路径，以进一步提升人类命运共同体价值认同的亲和力、传播力和感召力。作为人类命运共同体思想的重要源泉之一，中华优秀传统文化"体现着中华民族世世代代在生产生活中形成和传承的世界观、人生观、价值观、审美观等，其最核心的内容已经成为中华民族最基本的文化基因"①。因此，积极"发掘中华文化中积极的处世之道和治理

---

① 习近平：《在纪念孔子诞辰 2565 周年国际学术研讨会暨国际儒学联合会第五届会员大会开幕会上的讲话》，《人民日报》2014 年 9 月 25 日。

理念同当今时代的共鸣点"①，对其进行创造性转化和创新性发展，阐释好人类命运共同体思想所蕴含的中国智慧和中国方案，能够进一步推动人类命运共同体思想落地生根。回望历史，在中国传统社会的发展进程中，唐朝曾致力于实现文化共同体的价值认同，并通过积极主动的国家推广、开放包容的民间交往和广泛持久的个体传播，将儒家的"和合之境""义利之辨""道义精神"和"天下情怀"等文化理念延展至国家治理和邦交领域，实现了内在凝聚力和外在感召力的统一，并为儒家文化圈的第二次扩张奠定了基础。鉴于此，本文试图通过梳理唐朝文化共同体实现价值认同的历史脉络及核心理念，对其进行古今融通与现代转化，从而大致勾勒出新时代增进人类命运共同体价值认同的实践路径。

一、唐朝文化共同体实现价值认同的核心理念

618 年，在经历了三国两晋南北朝 300 余年的离乱、杨隋重新统一中国的短暂功业之后，唐朝实现了"大一统"并进入国力鼎盛时期，于是开始积极探索和谋划文化共同体的构建。此后，通过积极主动的国家推广、开放包容的民间交往和广泛持久的个体传播等方式②，唐朝在西域和中亚地区全面铺开贸易往来和文化交流活动，从而构建起一个以长安和洛阳为中心、具有强大国际影响力和良好国际秩序的世界性帝国，并因此成为中国历史上大规模对外传播价值观、推动建立国际秩序的典范。值得提及的是，唐朝虽历经安史之乱等社会动荡，但在其近 300 年的历史发展进程中，文化共同体对于凝聚价值共识、建立良好国际秩序的推动力却从未缺失。在这一文化共同体的构建过程中，唐朝成功地实现了平等合作、友好交往、

---

① 习近平：《推动全球治理体制更加公正更加合理 为我国发展和世界和平创造有利条件》，《人民日报》2015 年 10 月 14 日。

② 杨威、关恒：《当代中国文化"走出去"路径探究——基于唐宋文化对外传播方式的考察》，《学术论坛》2015 年第 10 期，第 141 页。

互利共赢等价值观的对外传播，不仅将以"善邻、共赢、和合"为基准的国家治理理念和制度文化观念传播至邦交领域，还将以"天下大同、和合共生"为底蕴的中国文化精神融入周边国家和地区人民的思想观念和日常生活中。这些成就的取得不仅仅是凭借唐朝强大的综合国力及其威慑力，也不仅仅取决于唐朝多元的文化艺术形式及其所特有的吸引力、感染力，更重要的则是来自于唐朝自上而下积极主动的外交理念与求同存异的辩证思维、多元包容的社会结构与和合共生的价值旨归、开放进取的社会心态与协和万邦的天下胸怀。

（一）积极主动的外交理念与求同存异的辩证思维

认同与斥异及其相互关系，既是共同体构建中的重要命题，又是实现共同体价值认同不可回避的关键问题。唐朝秉持古代哲学思想中求同存异的辩证思维，坚持包容差异、和谐共生的交往理念，在认同与斥异的转化间努力实现求同存异、强同悦异和聚同化异，同时在与各国交往的过程中积极主动地承担起化解差异、维护秩序的责任，赢得了周边国家和地区人民的尊重与信任，主要体现在以下几方面：

第一，求同存异，寻求价值认同。面对多元文化格局，唐朝以寻求共同性为立足点，以融通相似性为生长点，以悦纳差异性为着力点。这就使得唐文化以其宽广而博大的胸怀容纳不同类型的文化，并且彼此相互尊重、共生共存。世界各国仰慕中华文化，纷纷派人不辞劳苦来华游学、经商、交友，亦不乏深怀敬服之心来华联姻、遣使、朝贡和求册封……足见唐朝在与世界文化的接触与交流中，因其求同存异的博大包容性而赢得了世界各国的尊重和认可。第二，强同悦异，增进价值认同。一方面，在求同中强化并不断扩大共识。人皆欲平等、皆有情感，唐文化立足于人性共同点，以仁爱之心暖世人之心，以侠义之心震暴虐之性，使百国之心情系大唐。唐朝对"有类中华"的新罗，与之频繁进行学术交流以强化共识。譬如，唐太宗曾派遣朱子奢到朝鲜半岛"讲大谊""论《春秋》"。另一方面，唐人亦非常喜爱外来文化，乐于学习域外文明，因而使得外来文化纷至沓来。异国的主流文化开始大量出现在盛唐时期，以至于胡风盛行一时。不仅如此，甚至一些在他国已经绝迹的文化也出现在唐朝的土地上并得以发展。彼时的唐朝成为世界文化的百花园，又进一步吸引了更多僧人、学者前来讲经说法、讲学论道。唐朝既扬己之美，又美人之美，把分属于不同风俗文化圈的人们联结在了一起，他们彼此认同、相互吸引，从而使得"强同悦异"成为构建价值认同的重要桥梁。第三，聚同化异，实现价值认同。在不断强化文化共同性、融通文化相似性、悦纳文化差异性的背景之下，唐朝文化非但未被削弱，反而生命力更加旺盛、影响力更为持久、传播力更显强大，并引得周边国家争相前来学习。聚同化异，使"异"化为"同"，既是文化融合由量变转向质变的阶段，又是其由浅表接触到深度融合的关键节点。这一转变过程，使得唐朝文化吸引力能够得以长期保持并被反复注入新的力量，从而增强了当时各国对中华文化的认同程度。

（二）多元包容的社会结构与和谐共生的价值旨归

唐朝实现文化共同体价值认同的内在驱动力，源自经济发展、鼎盛国力和中华文明的整体高度。对于异质文化，唐朝力主以"相近"或"相似"的审美趣味来实现"包容差异、和谐共生"的价值旨归，无论地域、种族和文化，均力争做到一视同仁、相互尊重；对于文化交流，唐朝倡导聚汇古今、融西入中、广纳四夷，亦即在坚持并传播自身文化典籍、法律制度的同时，广泛吸纳异质文化的优秀成分，最终构建一个和谐共生、协调有序、众生共享、充满活力的"共生"世界，展现出唐朝文化绚烂夺目的思想光辉和协和万邦的天下胸怀。具体而言，体现在以下几方面：

第一，聚汇古今、"三教"并用，促进文化共存。唐朝融会并传承了儒释道等多种思想文化，其中的儒家思想自不待言，道家文化中的"以百姓之心为心"（《老子·四十九章》）等思想在《贞观政要》中比比皆是。"三教"中既包含正统思想，亦不乏外来文化、民间宗教等。从初唐时期傅弈的激烈论战到白居易时的仪式性切磋，充分证明了"三教"之间不同文化共存、共融的可行性。大唐聚汇古今，取百家之长，弃众家之弊，因而有效地整合了中华文化，为当代中国坚持合作共赢、开放包容等共同体价值理念奠定了坚实的文化基础。第二，融西入中、博采众长，实现文化交汇。唐朝文化几乎吸收了当时世界上影响较大的全部主流文化——东罗马文化、阿拉伯文化、印度文化等诸多文化之优长，并将其加以改造后收入囊中。一方面，唐朝以其文化的包容性和强大的国力影响世界；另一方面，也不拘一格地吸收外来主流文化和非主流文化。譬如，盛唐时期出现中国历史上的女皇现象，即是中国在与周边非主流文化交往、交流中产生的结果。《唐会要》即有关于女国、东女国的记载，此时的日本也出现了推古天皇等多位女天皇。在唐朝与周边国家的交往关系日益密切的情况下，博大包容的中华文化精神在中外文化交汇过程中无疑起到了至关重要的作用。而众多文化的交汇融合，包括唐之"胡化"与胡之"唐化"，均充分证明了中外文化在交汇中的可溶性。第三，广纳四夷、再造文明，凝聚文化共识。唐朝文化与世界文化聚同化异，并非简单重复彼此间的"旧同"，而是由"异"化生出"新同"。这就使得中华文化的核心价值观不断得到丰富，从而保持其自身的文化特色和强大生命力，同时也表明了其文化内核所具有的可塑性。

（三）开放进取的社会心态与协和万邦的天下胸怀

对于探索未知的外部世界、推动构建良好的国际秩序，唐朝一直葆有开放进取的社会心态与协和万邦的天下胸怀。对于当时的唐朝而言，南北朝的分立和隋朝的短暂统一，使得中亚地区诸多粟特政权占据了联结拜占庭和东亚世界的贸易网络。因此，在这样的国际背景下，唐朝唯有积极探索外部世界，寻求与周边国家和地区的价值认同，从而掌握通往西域各国的交通主导权，才能使其更好地进入由贸易网络托起的世界体系之中。有鉴于此，唐朝以开放进取的社会心态，探索实现的实践路径，以其文能摄魄的亲和力、武能安邦的威慑力和爱及天下的感染力，在很大程度上提升了中华文化的吸引力和价值观的感召力。

第一，唐朝文化共同体实现价值认同具有文能摄魄的亲和力。唐朝文化艺术雅俗共赏、摄人心魄。有唐诗、唐装、唐乐、唐舞、唐画等多种艺术形式，内容更是从宏大到精微，从豪放到婉约，从独领风骚的卓越成就到多元的共生共存，其繁多的种类满足了不同人的爱好和需求。以音乐为例，据《中外文化交流史》可知，天竺国羯若鞠阇国戒日王首次见到玄奘时，便问及《秦王破阵曲》。随后，在"羯若鞠阇国都城曲女城"①大会上，玄奘作为"论主"面对 20 余位国王和 6000 多位宗教信徒，其所宣讲的佛学论文 18 天内竟无一人能够反驳。又如，唐玄宗派遣棋手杨季鹰出使新罗，技压新罗诸多棋手。并且，唐朝文化艺术的传播渠道亦非常广泛，政治活动、臣民议事、日常诗会都能听到或看到异国乐舞或异域人才，传播形式更是多种多样，宫廷乐舞、名人字画、街头艺人等成为无处不在的传播载体。中华文化中有关名人雅士所崇尚的生活方式，有关中西文化、宗教生活、书道茶道的丰富内容，有关祖国的名山大川、亭台楼阁、名人逸事等文化元素，就这样以朗朗上口的诗歌等亲民形式在社会上广为流传。第二，唐朝文化共同体实现价值认同具有武能安邦的威慑力。唐朝开国初期虽发生了频繁的战争，但这些战争大多属于不得已而进行的自卫反击战，也有除暴剪恶、扶弱济危的正义战争。据《旧唐书》记载，贞观十九年时，朝鲜半岛三个国家中的百济与高丽两国合谋共犯新罗，以致阻塞了"贡道"。唐太宗闻讯后决定东伐高丽，并对薛延陀使臣说："语尔可汗，我父子并东征高丽，汝若能寇边者，但当来也"（《旧唐书·北狄列传》），显示了当时大唐王朝以及唐军的威慑力和自信力。此外，这种威慑力还体现在不同时期大唐曾多次借助他国军队之力维护我国家安全。譬如，借助

---

① 何芳川：《中外文化交流史》（上卷），国际文化出版公司 2016 年版，第 530 页。

泥婆罗国威震天竺，借助大食平定"安史之乱"，借助吐蕃阻击大食等。总之，唐朝军力既可制劲敌、御强国、除暴乱，也可以维和平、保安泰、行正义——强大的唐军成为维护地区和平、促进文化交流的坚强后盾。第三，唐朝文化共同体实现价值认同具有爱及天下的感染力。中国自古便有仁民爱物的天下情怀。虽然中国向来有"普天之下莫非王土"（《诗经·北山》）的雄心壮志，但帝王也承担着"万方有罪，在予一人；予一人有罪，无以尔万方"（《尚书·汤诰》）的责任与担当。唐太宗对胡越竭诚为一体，夷狄则独爱之如一，将这种大爱天下的情怀扩展至新的境界，以不同形式展现了其大爱天下的感染力。具体包括：其一，主张厚待远来者。唐朝通常给予远方来使以丰厚赏赐。譬如，拂菻与大唐相隔万里，其使者来朝大唐多以厚礼待之。据有学者统计，在贞观元年（627 年）至大历七年（772年）间，"大食（阿拉伯帝国）遣使来华达 37 次，五天竺（印度）共遣使来华 19 次，狮子国（斯里兰卡）3 次，拂菻（东罗马）7 次"[1]。中国乃礼仪之邦，素来重视礼尚往来，不仅如此，还常常是薄来厚往。显庆年间，唐高宗曾以阿罗喊"差充拂菻国诸蕃招慰大使，并于拂菻西界立碑"[2]，建立了彼此之间友好的国家关系。其二，主张礼遇落难者。古代印度要求继位王子的弟兄离开本国，而这些离开印度的王子，其中有一部分就来到了中国的寺庙生活。此外，还有亡国之君、落难贵族、降将残部以及因战争受阻滞留在大唐的使臣等，而他们大都得到了妥善安置。最后，主张尊敬女王者。唐人观念较为开放，认为即使是女子如果有足够能力为君，国人亦可尊之为天子。由此可见，唐朝不仅立足君民一心、君臣一体、夷狄如一，而且对特殊群体也是关爱有加。

---

[1]　郑师渠：《文化通史》（隋唐五代卷），北京师范大学出版社 2009 年版，第 95 页。

[2]　郑师渠：《文化通史》（隋唐五代卷），北京师范大学出版社 2009 年版，第 96 页。

二、新时代增进人类命运共同体价值认同的预设前提

人类命运共同体思想的提出既是马克思主义中国化的一次历史性飞跃，又是对中华优秀传统文化"和合"思想的凝练与升华，是在二者融通转化基础上实现的重大理论创新。增进人类命运共同体的价值认同，既有其内在的逻辑结构——在符合人类社会发展规律的同时遵循价值生成和发展的一般规律；又具备文化维度的基本特征——在吸纳人类创造的优秀文化成果的同时传承中国传统文化的优秀基因。具体而言，新时代增进人类命运共同体价值认同，需要预设三个前提：

第一，增进人类命运共同体价值认同，需要丰富价值认同的时代意蕴。在马克思提出的"类本质"和"真正共同体"概念中，在中国传统文化强调的"和合之境"和"天下大同"理念中，均已蕴含以价值认同推动共同体构建的理论雏形。首先，马克思从现实的社会关系角度重新思考人的"类本质"，提出了"真正共同体"构想。他强调，"真正共同体"是以个人意志为基础、让个人重新占有自身本质的最佳场所，因而"真正共同体"能够消解群体对个人的压迫、个人对他人的支配，从而实现个人与他人、个人与社会在共同利益上的内在的统一，最终实现人的自由全面发展。其次，以价值认同推动共同体构建也是中华民族自古以来持之以恒的精神追求。从"大道之行、天下为公"的美好愿景到"协和万邦、兼济天下"的大国格局，从"和而不同、美美与共"的辩证思维到"和合共生、和衷共济"的价值取向，从"海纳百川、有容乃大"的天下情怀到"自强不息、居安思危"的自我意识，以及"道法自然、天人合一"的生态思想，无一例外地都展现了中华文明追求价值认同、注重辩证思维方式和坚守天下格局的智慧、情怀和担当。最后，以价值认同推动人类命运共同体构建具有深刻的现实意义和深远的世界意义。构建人类命运共同体，主张以对话协商、共建共享、合作共赢、交流互鉴和绿色低碳为共同价值，倡导构建一

个持久和平、普遍安全、共同繁荣、开放包容、清洁美丽的世界，这是人类命运共同体价值认同最为鲜明的时代意蕴，也深刻地体现在人类命运共同体致力于推动全球治理体系变革、建立国际交往新秩序的伟大实践中。

第二，增进人类命运共同体价值认同，需要确立价值认同的基本原则。首先，增进人类命运共同体的价值认同，应当遵循马克思关于合规律性与合目的性相统一的原则。此所谓价值认同的合规律性，即指价值认同既要遵循生产力与生产关系、经济基础与上层建筑辩证发展的客观规律，又要符合价值认同从生成到发展的一般规律；所谓价值认同的合目的性，即指价值认同既要以实现人的自由全面发展为终极目标，又要将实现人类根本利益和共同愿望这一价值诉求体现在与世界各国人民的交往实践中。其次，增进人类命运共同体的价值认同，应依托于国际交往的具体实践。目前，构建人类命运共同体的具体实践，以建立平等协商、和平共处的伙伴关系，营造共建共享、和谐安全的国际环境，谋求合作共赢、开放创新的经济秩序，促进求同存异、互鉴共生的文明交流，构筑低碳环保、清洁美丽的生态体系为主要内容。上述内容大体构成了新时代增进人类命运共同体价值认同的思想内核。最后，增进人类命运共同体的价值认同，应在时间和空间的双重维度中不断予以巩固和更新。当前，面对全球化背景下国际治理困境的复杂现状和推动新型国际秩序观的多元化挑战，关于人类命运共同体价值认同的核心内容不能一成不变，而须与时俱进、动态发展。因此，我们要在长期复杂的国际交往过程中，不断挖掘和阐释彼此间的共同价值，协商与明确各自的责任和义务。

第三，增进人类命运共同体价值认同，需要拓展价值认同的实践路径。人所共知，中华文明发展史就是一部不断传播新理念、接纳新文化、创造新文明的文明交流互鉴史。而蕴含其中的精神元素，诸如包容差异与和谐共生、博采众长与广纳四夷、兼收并蓄与和而不同等，既是中国历史上各朝各代构建文化共同体的基点与支撑，也为人类命运共同体拓展价值认同的实践路径提供了不可多得的历史经验。具体来看：首先，挖掘传统文化元素，能够加强关于共同体价值认同的理论阐释。譬如，可以从中华民族所崇尚的天下大同的大国格局，以及古圣先贤兼济天下的道义精神中，探寻中国主动担当国际责任的历史源流与"文化记忆"，进一步提升人类命运共同体价值认同的亲和力。其次，要总结中国传统社会构建文化共同体的实践经验，精选和提炼历史上实现文化共同体价值认同的成功案例，进一步提升人类命运共同体价值认同的传播力。自人类命运共同体思想提出以来，在理论阐释和实践探索方面所取得的成绩已得到国际社会的广泛认可。但不可回避的是，少数国家和地区对人类命运共同体思想还存在"误解"或"误读"的情况。因此，在符合受众文化习惯的前提下引导其从"误解"走向"正解"，通过增进价值认同使得人类命运共同体思想落地生根，已成为当下刻不容缓的重要任务。最后，要继承和弘扬中国传统文化精神，特别是其中强调的弘义容利、共商共筑、文明互鉴的道义主张，遵循"讲仁爱、重民本、守诚信、崇正义、尚和合、求大同"[①]的交往原则，进一步提升人类命运共同体价值认同的感召力。上述交往原则既是对中国传统文化精神钩深致远的概括，也可以看作是对人类命运共同体价值认同核心理念的深刻总结。

三、新时代增进人类命运共同体价值认同的实践路径

习近平总书记多次强调，要重点做好对中华优秀传统文化的创造性转化和创新性发展，要使"中华民族最基本的文化基因同当代中国文化相适应、同现代社会相协调，把跨越时空、跨越国界、富有永恒魅力、具有当代价值的文化精神弘扬起来，激活其内在的强大生命力，让中华文化同各

---

① 郭齐勇等：《讲仁爱 重民本 守诚信》，《光明日报》2014 年 7 月 22 日。

国人民创造的多彩文化一道，为人类提供正确精神指引"①。新时代增进人类命运共同体的价值认同，对内要讲清楚中华优秀传统文化的核心理念和精神实质、文化脉络和历史逻辑、实践路径和传播效果，从而深化和丰富人类命运共同体价值认同的理论阐释和实践路径，提升人类命运共同体价值认同的亲和力、传播力和感召力；对外则要坚持中国文化"走出去"战略，以传统义利观与"天下情怀"来阐释中华民族的道义精神和大国格局，从而向世界展现一个爱和平、重道义、讲担当的大国形象。

（一）进一步提升人类命运共同体价值认同的亲和力

2013 年 3 月，习近平总书记明确提出了人类命运共同体概念，此后，又充分论证和丰富人类命运共同体的理论架构和价值意蕴，并将构建人类命运共同体思想付诸"'一带一路'国家级顶层合作倡议""亚洲基础设施投资银行""丝路基金"等实践平台。这一体现中国智慧的中国方案正在逐渐得到国际社会的广泛关注和普遍认同。2017 年，人类命运共同体概念同时出现在联合国下属机构的多个决议书中，其与人类命运共同体概念本身的价值亲和力密不可分——价值亲和力是价值认同的重要前提，只有愿意接触、乐于亲近中华文化，才有可能进一步了解并接受作为中华文化核心的价值观。

习近平总书记曾指出："中华文化崇尚和谐，中国'和'文化源远流长，蕴涵着天人合一的宇宙观、协和万邦的国际观、和而不同的社会观、人心和善的道德观。"②在中华文明 5000 余年的发展历程中，和平、和睦、和谐的和合思维与交往理念一直是我们进行国际交往的主旋律，"与人为善，以和为贵""己所不欲，勿施于人"（《论语·颜渊》）等理念早已成为

---

① 习近平：《在中国文联十大、中国作协九大开幕式上的讲话》，《人民日报》2016 年 12 月 1 日。

② 习近平：《在中国国际友好大会暨中国人民对外友好协会成立 60 周年纪念活动上的讲话》，《人民日报》2014 年 5 月 16 日。

中华民族的文化基因，植根于中国人的精神世界，体现在中国人的对外交往行为中。这种源于中国文化精神的价值亲和力同样体现在唐朝：面对多元文化差异，秉持包容差异、求同存异的外交理念；在开展对外交往活动时，积极主动地承担化解国际冲突、维护国际秩序的责任；进行价值观阐释时，注重对中国文化精神的凝练，并积极培育价值理念传播的多元文化载体。这既彰显了唐朝的道义精神和大国风范，又符合各国人民的文化习惯和对和睦相处的渴望与需求，从而为提升价值认同亲和力、传播价值理念奠定了良好的基础。

继承和弘扬中华优秀传统文化，总结和参鉴唐朝文化共同体理念，以提升当下人类命运共同体价值认同的亲和力，这是时代赋予我们的责任与使命。习近平同志在继承和弘扬中华优秀传统文化方面为我们作出了表率。首先，他常以唐朝治国理念为例，对其治国理政思想进行阐释。例如，1983 年 4 月，在《人才对发展经济的作用不可估量》一文中，时任河北正定县委书记的习近平同志谈到李世民的用人观："君子用人如器，各取所长""正患己不能知"[1]，用以强调在人才选用方面识人用人、引才育才的重要性。其次，习近平总书记常以唐朝文化元素为名片进行友好交往理念的宣传和阐释。譬如，2015 年 5 月，在中日友好交流大会的讲话中，他提到在隋唐时期，西安也是中日友好往来的重要门户。2016 年 1 月，他在《伊朗报》上指出，在中国的唐宋时期，"许多伊朗人前往中国求学行医经商"[2]等。2019 年 6 月，在《携手共铸中塔友好新辉煌》的署名文章中，习近平同志提到"粟特人多姿的身影成为唐三彩骆驼载乐俑的主角"[3]。同年，他在《愿中吉友谊之树枝繁叶茂、四季常青》的讲话中强调，"黠戛斯人跋

---

[1] 人民日报评论部：《习近平讲故事》人民出版社 2017 年版，第 200 页。

[2] 习近平：《共创中伊关系美好明天》，《人民日报》2016 年 1 月 22 日。

[3] 习近平：《携手共铸中塔友好新辉煌》，《人民日报》2019 年 6 月 13 日。

涉千里远赴唐都长安，返程不仅带回了精美的丝绸和瓷器，也收获了亲切友爱的兄弟般情谊"①。第三，习近平总书记对唐朝外交理念的肯定，为增进人类命运共同体价值认同的实践指明了方向。2014 年 3 月，他指出，"唐代是中国历史上对外交流的活跃期"②，繁盛之时有 300 多个国家与其进行交往，促进了彼此间的文化交流。面对历史，不能仅欣赏那些文物，"更应该去领略其中包含的人文精神""让其中蕴藏的精神鲜活起来"③。这些例证不仅为我们开展和平共处、合作共赢的外交实践提供了宝贵经验，同时也为提升人类命运共同体价值认同的亲和力做出了示范。

（二）进一步提升人类命运共同体价值认同的传播力

一般认为，价值理念的传播力是决定价值认同效果的关键因素，而价值认同效果如何又是决定一个国家能否拥有国际话语权的重要条件。目前，中国还须面对国际传播能力与综合国力不相适应、"中国音量"与"中国体量"不相称的严峻现实。2016 年 2 月 19 日，习近平同志在党的新闻舆论工作座谈会上更是明确指出，要加强国际传播能力建设，增强国际话语权，集中讲好中国故事，同时优化战略布局，着力打造具有较强国际影响的外宣旗舰媒体。④

如前所述，唐朝以国家推广、民间交往和个体传播为主要传播渠道，借助确立文化精神、创设文化符号、强化制度保障、输出文化产品、提供文化服务等传播手段，成功地将"爱之如一"的民族观念、"求同存异"的价值取向、"大道为公"的道义精神和"胸怀天下"的大国形象远播周

① 习近平:《愿中吉友谊之树枝繁叶茂、四季常青》，《人民日报》2019 年 6 月 12 日。
② 习近平:《2014 年习近平在联合国教科文组织总部的演讲》，《人民日报》2014 年 3 月 28 日。
③ 人民日报评论部:《习近平讲故事》，人民出版社 2017 年版，第 289 页。
④ 习近平:《坚持正确方向创新方法手段　提高新闻舆论传播力引导力》，《人民日报》2016 年 2 月 20 日。

边各国，为我们进一步提升人类命运共同体价值认同的传播力提供了参鉴和启示。具体而言：

首先，在新时代，提升人类命运共同体价值认同的传播力，需要把握重点方向。做好人类命运共同体价值认同的理论阐释，要讲清楚目前全球治理体系和国际交往实践所面临的挑战与机遇，讲清楚人类的共同价值与人类命运共同体之间的关系，等等。在论证人类命运共同体的理论根源、历史逻辑和现实背景的过程中，要讲清楚与海外受众的利益相关性——通过拉近与海外受众之间的距离，使之认同和接受人类命运共同体追求"求同存异、对话交流、价值共享"的倡议，并融入寻求彼此间的最大公约数、实现与世界各国深度合作的战略构想。

其次，提升人类命运共同体价值认同的传播力，需要把握重要时机。当前，全球治理困境带来的影响日益显现，面对百年未有之大变局，中国要把握好重点场合、重要时机，有针对性地主动设置议题，旗帜鲜明地亮出中国观点、讲好中国故事，发出中国声音。例如，在具体的国际交往实践中，要围绕双方利益，阐释好人类命运共同体所倡导的合作共赢价值理念。再如，在多边平台和主场外交活动中，还要通过系统论证人类命运共同体的理论架构和实践路径，树立中国"大道之行，天下为公"的大国形象和致力于推动新型国际秩序的道义精神，从而让更多的国家和民众理解和接受人类命运共同体的价值理念。

再次，提升人类命运共同体价值认同的传播力，还需要把握重要渠道。譬如，作为唐朝进行文化传播的重要渠道，"丝绸之路"不仅实现了物质文化和科技文明、宗教思想和文化理念的对外传播，更重要的是以多元文化载体激活了邦交民众心中的共振与共鸣，从而成功地将价值理念、制度文化等传播出去。在新时代，如欲提升人类命运共同体价值认同的传播力，同样也应该凭依"一带一路"这一国家级顶层合作倡议借"船"出海。习近平同志指出："我们以共商、共建、共享为'一带一路'建设的原则，以和平合作、开放包容、互学互鉴、互利共赢的丝绸之路精神为指引，以打造命运共同体和利益共同体为合作目标，得到沿线国家广泛认同。"① 今天，"一带一路"倡议承载着"丝绸之路"的文化遗产，致力于促进当今世界重新恢复内陆贸易的繁荣、推动亚欧大陆的融合发展，因而成为增进人类命运共同体价值认同的重要载体。我们要以"丝绸之路"所秉持的"求同存异、兼收并蓄"的交往理念、"博采众长、兼济天下"的价值取向为参鉴，在"丝绸之路"原有覆盖区域的基础上，以"一带一路"建设的五大合作重点为场域，将价值认同场域重点置于与相关国家的政策对接、"欧亚经济联盟"及"中间走廊"等实际的交流平台中，从而推动人类命运共同体价值认同的最终实现。

（三）进一步提升人类命运共同体价值认同的感召力

2020 年 9 月 8 日，习近平总书记在全国抗击新冠肺炎疫情表彰大会上强调，人类是荣辱与共的命运共同体，在重大疫情面前没有任何一个国家能够独善其身，国际社会比任何时候更需要国际公正和道义精神，而"抗疫斗争伟大实践再次证明，构建人类命运共同体所具有的广泛感召力，是应对人类共同挑战、建设更加繁荣美好世界的人间正道"②。中华民族历来崇尚正义，讲求"天下一家"，主张民胞物与、协和万邦，强调克己修身、严守道义，一直有着和衷共济、和平正义的道义担当。此次中国在抗疫过程中所展现出的"讲信义、重情义、扬正义、守道义"的大国形象，正是对为世界谋大同、为人类谋发展的人类命运共同体思想的生动诠释。

历史上的唐朝文化共同体所具有的价值感召力，同样与其始终秉持的道义精神密不可分。道义精神是对儒家奉行的推己及人、和合共生理念的

---

① 习近平：《携手共创丝绸之路新辉煌》，《人民日报》2016 年 6 月 23 日。
② 人民日报评论员：《应对人类共同挑战的人间正道——论学习贯彻习近平总书记在全国抗击新冠肺炎疫情表彰大会上重要讲话》，《人民日报》2020 年 9 月 17 日。

最好体现，其强调的是在处理人与他人、人与社会、人与自然的关系时，崇尚交互与对话，而非孤立与对立；崇尚责任与协助，而非冲突与暴力。道义精神是中华民族经过长期生活实践总结出来的思想精华，它决定了中国人民不仅关注自己的国家，还关注其他国家乃至全世界，更会将推己及人的道义精神推延至自身与世界的关系处理中。道义精神体现在唐朝的国家治理方面即为"仁政"，讲求推己及人，将儒家的"仁政"思想贯彻到国家治理的方方面面。道义精神体现在唐朝的邦交关系中即为讲求"王道"，即崇尚以"礼"相待的"和合"状态——面对文化差异，力主以儒家主张的和平、公正和文明的方式来解决彼此分歧、实现共荣共赢；面对利益冲突，主张和而不同、兼收并蓄，以实现价值共享。上述历史经验告诉我们，中国要在西方国家长期主导的国际治理格局中崛起，就必须能够展现出新时代大国崛起的态势、气度和实力，就需要进一步强化道义精神，让人类命运共同体在使世界各国人民实现更多利益共享的同时，激发出新的价值感召力。

第一，要进一步凝聚价值共识，强化人类命运共同体的公信度。人类命运共同体提出的价值共识，涵盖了交融贯通的国际权力观、可持续发展观、共同利益观、全球治理观与文明转型观等方面的具体内容。它强调和平、发展、合作、共赢，主张弘义容利、共商共筑，是为解决全球治理困境、推动建立新型国际交往秩序而提出的共同价值准则。面对当下国际社会对人类命运共同体价值共识的不同解读甚至误读，讲清楚价值共识是提升人类命运共同体公信度的关键所在。第二，要进一步弘扬道义精神，强化人类命运共同体的认同度。"霸道"政治作为"王道"政治的对立面，它以追求利益为唯一目标，为维护自身存在的合法性可以不惜任何代价。历史一再证明，"霸道"政治已经无法化解人类社会共同面临的风险，携手同行、寻求共同发展是人类的唯一出路。当下，强化人类命运共同体的认同度，能够使中国秉持道义精神的邦交理念得以彰显。第三，要进一步宣示价值共享，强化人类命运共同体的共识度。价值共享强调坚持以主体性与主体间性相统一为基本原则，强调交往双方平等拥有、共同分享价值成果。价值共享的对立面则是目光短浅的价值自利，因此，如欲实现共同发展，必须放弃自利逻辑、遵循共享逻辑，而构建人类命运共同体即是对共享逻辑的理性回应。关于价值共享的基本意涵，习近平总书记曾多次指出，"中国梦既是中国人民追求幸福的梦，也同世界人民的梦想息息相通。中国将在实现中国梦的过程中，同世界各国一道，推动各国人民更好实现自己的梦想"①，强调中国人民"对各国人民取得的发展成就都点赞，都为他们祝福，希望他们的日子越过越好，不会犯'红眼病'，不会抱怨他人从中国发展中得到了巨大机遇和丰厚回报。中国人民张开双臂欢迎各国人民搭乘中国发展的'快车''便车'"②。事实上，诸如亚投行、自由贸易区、中国－联合国和平发展基金、中非"十大合作计划"等实践平台，以及中国在全球抗疫中作出的巨大贡献，都直接证明了中国主张和追求价值共享不是一句空话，而是在实现自我发展的同时给世界创造实实在在的利益，这既体现了中国作为负责任大国的仗义担当，也展现了中国气度恢宏的大国风范。

2019年5月15日，习近平同志在亚洲文明对话开幕式上强调，世界多极化、经济全球化、文化多样化和社会信息化深入发展，人类社会充满希望。与此同时，国际形势不稳定性不确定性更加突出，人类面临的全球性挑战更加严峻，需要世界各国齐心协力、共同应对。③ 在此基础上，构建人类命运共同体思想主张相互尊重、平等相待，主张美人之美、美美与

---

① 习近平：《在中国国际友好大会暨中国人民对外友好协会成立六十周年纪念活动上的讲话》，《人民日报》2014年5月16日。
② 习近平：《共担时代责任　共促全球发展》，《人民日报》2017年1月18日。
③ 习近平：《深化文明交流互鉴　共建亚洲命运共同体——在亚洲文明对话大会开幕式上的主旨演讲》，《人民日报》2019年5月16日。

共，主张开放包容、文明互鉴，主张与时俱进、创新发展，这些主张即源自中华优秀传统文化中的亲仁善邻、协和万邦的处世之道，惠民利民、安民富民的价值取向，革故鼎新、与时俱进的精神气质，以及道法自然、天人合一的生存理念，均是把握发展大势、顺应世界潮流的中国智慧，是努力将世界人民对和平安宁、共同繁荣、开放包容的向往变成现实的中国方案。今天，我们强调对传统文化进行创造性转化和创新性发展，就是要在增进人类命运共同体价值认同的土壤中，挖掘和培育其成长的养分，在进一步提升人类命运共同体价值认同的亲和力、传播力和感召力的同时，彰显中国倡导与坚持和平发展、合作共赢的交往理念，为讲好中国故事、传播好中国声音、维护好中国形象奠定坚实的基础。

【作者杨威，原载《山东师范大学学报》（社会科学版）2020 年第 6 期】

附录三　新时代推进唐宋文化国际传播能力建设论略

在"四个自信"中，文化自信是更基础、更广泛、更深厚的自信，是更基本、更深沉、更持久的力量。在我国社会发展迈入新时代的历史性时刻，文化自信彰显的文化力量促使中国日益走向世界舞台的中央。习近平总书记强调指出："要推进国际传播能力建设，讲好中国故事、传播好中国声音，向世界展现真实、立体、全面的中国。"[①] 深入挖掘作为中华文化典型代表的唐宋文化的深厚底蕴，深刻把握唐宋文化国际传播能力建设的预设前提、价值遵循和实践进路，对于讲好中国故事、传播好中国声音，坚定文化自信，具有重要而深远的意义。

一、唐宋文化国际传播能力建设的思想资源

任何国家和民族在发展进程中体现出来的文化形态与文化特性，均非无源之水、无本之木，必然与其思想传承紧密相连，"要研究思想，就必须对这些思想有切实的理解"[②]。唐宋文化作为中华文化的典型代表，其在文化思想传承的进程中，孕育了丰富的制度文化、物态文化、心态文化与行为文化，这为唐宋文化国际传播能力建设提供了丰富的思想资源。

---

① 习近平：《举旗帜聚民心育新人兴文化展形象 更好完成新形势下宣传思想工作使命任务》，《人民日报》2018 年 8 月 23 日。

② [美] 费正清：《费正清文集》，郭晓兵译，世界知识出版社 2008 年版，第 19 页。

（一）具有参照意义的制度文化

陈寅恪先生认为："唐代后期开启赵宋以降之新局面，关于社会政治经济莫不如此。"[①] 一脉相承的唐宋两朝以安民富民、利民惠民的制度设计开辟了引领亚洲乃至世界的先进发展道路。唐朝建立后，中央政府以法令形式在全国实行租庸调制与均田制，辅之以兴修水利，使农业、手工业和商业得以全面复苏，社会经济稳步有序发展，"在长安、广州等地，不乏来自海外的商旅团队，这些外商成为唐文化传播的重要力量之一"[②]。到了宋代，国际贸易更盛，北宋时期在广州设置市舶司，专司对外事务和贸易；南宋时期，政府颁布了鼓励外商开展贸易往来的系列法令政策，与宋朝通商的国家多达 50 余个，其中以"陆上丝绸之路"沿线的阿拉伯商人居多。唐宋两朝在泉州、杭州、扬州、广州等大港口设有供外商居住的蕃坊、蕃市、蕃学。特别是位于福建东南的泉州，在唐朝时发展为世界四大口岸之一，到宋朝时已成为东方第一大港。随着商品经济的日益发达，国内外文化交往也日益频繁。如日本从公元 7 世纪开始，广泛接受唐宋文化，日本中央政府以国家制度文件的形式规定，各级学校须以儒家文化经典作为主要教科书，至今尚存以汤岛圣堂为代表的有影响力的 15 座孔庙。再如，被中国学者杨鸿烈、日本学者浅井虎夫盛赞"中国现时唯一保存下来完整无缺最古的律令"——《唐律疏议》，对宋朝以及中亚、东亚、东南亚诸国影响巨大。周边的这些国家和地区都在不同程度上受到了唐制文化的影响，虽然各国发展情况和基本国情有所不同，但大多数国家在制定官方律令文件时多以唐宋律令为参照蓝本，制定了直到现在依然发挥重要作用的规章制度，显示出文化传承极强的生命力。

---

① 陈寅恪：《陈寅恪先生全集》，里仁书局 1979 年版，第 1292 页。
② 杨威、关恒：《当代中国文化"走出去"路径探究——基于唐宋文化对外传播方式的考察》，《学术论坛》2015 年第 10 期，第 139 页。

（二）具有引领意义的物态文化

唐宋两朝在承续前代社会发展成果的基础上，经过几百年的传承吸纳与改革创新，取得了令世人瞩目的成就——国泰民安与国祚延绵。社会经济科技的持续发展，物质生活水平的不断提升，使唐宋两朝的丰饶产品不再局限于国内市场，而是将市场扩展到周边国家乃至欧洲地区。唐宋两朝分别以长安、泉州等地为陆、海丝绸之路始发点，将彰显高度发达的物质文明的唐三彩，以及在历史学家彼得·弗兰科潘（Peter Frankopan）代表作《丝绸之路：一部全新的世界史》中提到的"骑着巴克特里亚双峰骆驼的粟特商人的唐代陶塑"，与代表宋文化典雅、闲适文化特质的宋瓷，借助陆、海丝绸之路行销海外。同时，唐宋两朝时的百姓勤于农桑垦殖，因而社会上栽桑养蚕蔚然成风，加之缫丝技艺与丝织工艺的提高与创新，使得丝织业出现了前所未有的繁荣景象，丝织品质量和数量远超前代，并销往国外。从唐宋两朝开始，中原地区与阿拉伯地区乃至更远的欧洲地区开始进行频繁的贸易往来，开辟了从广州、越南到东南亚、西亚及埃及和东非的海上交通，将中国先进的物质文化、科技文化等传遍西方，并将与人为善、和平交往的价值理念传播到世界各地。

（三）具有启迪意义的心态文化

唐宋两朝以开放包容、兼收并蓄的气度创造了享誉世界的辉煌成就。这一成就的背后折射出唐宋两朝的自信与豪迈，并逐渐形成极具世界价值的心态文化。以诗词文本为例，作为心态文化重要承载的诗词文本，在彰显唐宋文化的启迪意义方面发挥着重要作用。正如钱钟书先生所指出的："非曰唐诗必出唐人，宋诗必出宋人也。故唐之少陵、昌黎、香山、东野，实唐人之开宋调者；宋之柯山、白石、九僧、四灵，则宋人之有唐音者。"[①]如果从唐宋士人心态层面来解读的话，可以看出唐代士人身上豪放浪漫的

---

① 钱钟书：《谈艺录·诗分唐宋》，中华书局1993年版，第2页。

诗人气质，宋代士人身上注重省思的学者风范。究其原因，就是缘于宋代历史文化环境乃是承继唐代尤其是中唐发展而来，各方情况并无本质区别。诚如吕思勉先生所言："唐中叶后新开之文化，固与宋当划为一期者也。"[①]同属汉字文化圈的韩国在传统诗歌创作上也深受唐宋诗词文化的深刻影响。早在 1483 年，韩国已将杜甫的 1400 余首诗歌译成韩语，韩国初高中课本也收录了《春望》等杜甫的代表性诗作。杜甫的现实主义诗歌对韩国汉诗创作也具有重要启迪意义。唐宋文化正是通过这样一种开放、包容的心态文化，"不仅在公元的第一个千年主动参与建构了东亚为主的华夏文化圈，而且在接下来的一千年启发了西方的现代文明"[②]。

（四）具有导向意义的行为文化

唐宋两朝以开放自信、天人合一的心态培育了泽被世界的国际交流理念。唐朝国力强盛、高度开放，唐人自信不羁、达济天下。据不完全统计，当时与唐朝交往的国家多达 130 余个。不同文化的激荡与交融，使中西方在陆、海丝绸之路上开展贸易往来、交流科学技术、传递思想文化、造福当地人民。以岭南地区为例，被周恩来总理称为"古今第一巾帼英雄"、历经梁陈隋三朝十帝的冼夫人，其治下的岭南地区在唐代时社会安定、百姓安乐。岭南人民凭借丰富的航海技术和雄厚的经济实力，以广东茂名博贺港为出海口开展海上贸易往来，贸易区域范围遍及东南、西亚、南亚，茂名也成为中国海上丝绸之路的先行地区之一。冼夫人在处理与东南亚各国的关系时，坚持与人为善、和平共处的国际交往观，有力促进了我国岭南地区与东南亚各国互利共赢局面的形成和发展。宋代在传承唐文化的基础上开拓演进，形成了独具神韵的精致文化与世俗文化并进、经济高度发达与科技工艺并举的宋文化。对于宋文化的影响力，陈寅恪先生在《邓广

---

① 吕思勉：《隋唐五代史》，上海古籍出版杜 1984 年版，第 36 页。

② 周宁：《探寻世界文明的中华文化资源》，《东南学术》2003 年第 3 期，第 83 页。

铭〈宋史职官志考证〉》序中给予了"华夏民族之文化，历数千载之演进，造极于赵宋之世"的高度评价。可以说，宋文化以其璀璨的精神文明之光彪炳史册，驰誉世界，形成了一种对外开放、兼收并蓄的"世界文明中的中国文化"[①]发展态势。事实上，中国特色社会主义文化很大一部分源于对中华文化的沉淀、衍化、传承与发展，继往开来才是推动文化繁荣的明智之选。古语所说的"落其实者思其树，饮其流者怀其源"（庾信：《徵调曲》）即是此理。从这个角度看，唯有对中华文明发展史上传承下来的思想精华与文化理念报以热忱与自信，才能更好地建设文化强国，进而促进具有强大生命力和感受力的中华文化走得更远、传播得更好。

二、唐宋文化国际传播能力建设的价值遵循

"某种观点反映了某种阶级背景，那么就必须搞明白这种观点到底是什么"[②]。同样，某种价值反映了某种文化，也必须搞清楚这种价值到底是什么。唐宋文化通过对中华文化与域外文明的兼收并蓄与高度凝练，诠释出了"尚公""贵和""崇礼""思辨"的重要价值，成了当代世界多元文化谱系中不可或缺的重要构成，也为推进唐宋文化国际传播能力建设提供了价值遵循。

（一）兼具竞争性与凝聚性的"尚公"价值

"尚公"是中国传统文化的基本价值取向。作为唐宋文化中所蕴含的重要价值之一，"尚公"在国际传播过程中增强了唐宋文化的竞争性与凝聚性。对此，可从两个维度考察：一是将其阐释为崇尚整体与公利；二是将其理解为推崇地位与身份。就崇尚整体与公利而言，在国家层面，唐宋文化蕴含的"尚公"价值既注重国家利益先于个人利益，又强调在充分维

---

① 喻希来：《世界文明中的中国文化》，《战略与管理》2001 年第 1 期，第 61 页。

② [美] 费正清：《中国的思想与制度》，郭晓兵译，世界知识出版社 2016 年版，第 19 页。

护国家利益的同时兼顾个体合理价值诉求。这使得唐宋时期的公私关系出现了历史上少有的协调发展态势，民众在"尚公"价值的指引下秉持公理，在此基础上凝聚成强大的文化吸引力，使其他国家和地区对唐宋文化的认可度与日俱增。在社会层面，唐宋文化中崇尚整体与公利的价值取向，将具有"家族集体主义"色彩的观念上升为全社会普遍接受的价值追求。这种强调家国情怀和集体主义的价值观念，相较于同时期世界其他地区的文化传统，具有上至中央政府、下至黎民百姓在思想行为上高度统一以及对民族文化高度自信的突出特性，使唐宋文化在国际传播过程中形成了强大凝聚力并获得了效果最优化。就推崇地位与身份而言，在国家层面，唐宋两朝作为当时世界范围内的经济文化大国，也具有与之相应的特定经济文化利益诉求。"尚公"推崇地位与身份的价值内涵，使唐宋两朝在国际交往中尤为强调维护经济文化大国的国际地位与国家利益，这也是中央政府不遗余力推进唐宋文化对外传播的重要动因。在社会层面，唐宋两朝"士农工商"的社会阶层排序相对稳固，推崇身份与地位的价值观念伴随着官方的大力推动业已深入民间，彼时的知识分子在"尚公"价值的引领下，通过十年寒窗，奋发读书，以期学而优则仕，报效国家，唐太宗说出"天下英才，尽入吾彀矣"（李世民：《唐摭言》）之语即是有力例证。此举不仅为唐宋两朝储备大量优秀人才，也为唐宋文化走出去提供了智力支撑。"尚公"观念体现了中国传统哲学中的宇宙观，其与马克思关于"世界历史"条件下通过分工、交往而超越民族狭隘性的观念不谋而合，从而为当前构建人类命运共同体提供了思想文化资源。

（二）兼具开放性与包容性的"贵和"价值

"中国文化精神之本原，真为本质上之天人合一之思想。"[①]"天人合一"思想集中体现了"贵和"的基本精神。"贵和"强调人与人间的和睦相处、

---

① 唐君毅：《中国文化之精神价值》，江苏教育出版社 2006 年版，第 319 页。

尊重彼此关切；主张人与自然的和谐共生、"秉持循天之道"①；注重人与社会的和谐共处、准确定位社会角色；试图实现自我身心安宁和道德自律。

"贵和"价值四个层面的丰富内涵是唐宋文化国际传播开放性和包容性的集中体现。在开放性层面，唐宋两朝非常重视维护与域外文化的和谐共处，充分尊重文化多样性，为增强唐宋文化国际传播效果奠定了重要基础。唐宋文化在国际传播过程中，"贵和"价值集中表现为"协和万邦"的文化理念——既注重处理好中外文化的协和共生，又明确国家在中外文化交流传播中的定位与目标，使唐宋文化国际传播既注重增强本国文化向心力，又强调尊重和理解各国文化的差异性、多样性。亦即在保持自身文化的独特性和价值性的同时，实现"以和邦国，以谐万民，以安宾客，以说远人"（《周礼·周官》）。唐宋文化还注重对外文化传播交流的平等性。纵观唐宋两朝，自始至终倡导中外文化交流的和谐相处和相互尊重。在包容性层面，唐宋两朝重视对域外文化的兼收并蓄。以唐为例，唐中央政府先后接待过来自70多个国家的使节，国子监、太学等最高学府接纳过3万多名外国留学人员，显示出唐朝对域外文化的吸纳与包容，并引领了随后几百年的世界文化潮流。以胡服骑射为例，至唐宋两朝，通过各民族的交流融合，胡服逐渐融入百姓日常生活，长安、开封百姓时常衣着胡帽、长勒靴等，显示出唐宋两朝海纳百川的博大胸怀和民族自信。由此可见，唐宋文化既倡导在保留本国文化特质的同时，促进不同国家和地区文化的交流与融合，避免一味趋同甚至丧失特性；也强调借鉴吸收不同国家和地区的优秀文化，实现本国文化的创新性发展和创造性转化，避免邯郸学步、弃和求同。

---

① 张锡勤：《中国传统的贵和精神与和谐社会构建》，《学习与探索》2006年第1期，第99页。

（三）兼具调和性与稳定性的"崇礼"价值

中国自古就有"礼仪之邦"的美誉。据统计，在"十三经"中"礼"字共出现了 2036 次，其使用频率高过"仁"字，足见其在中国传统文化中占据的重要位置。"礼"是由"传统和习俗形成的行为规范"①，有广义、狭义之分。广义上的"礼"指各式各样的典章制度，一切社会规范及相应仪式；狭义上的"礼"指人与人之间交往所遵循的基本礼仪和社会规范。但不论是广义或狭义之礼，其价值在于对身份地位与秩序层阶的强调与维护，"这种礼法通过儒家文化传承而得维系"②，"崇礼"的价值取向为推进唐宋文化国际传播的调和性与稳定性发挥了重要作用。在调和性上，唐宋文化"崇礼"价值中的"礼"不仅包括唐宋两朝的立法典籍，也包括社会普遍接受的习俗规范。这就为唐宋文化国际传播创造了良好的礼仪制度条件，并生发出相应的层阶分化和价值特性，使得唐宋两朝的民众在潜移默化中依礼行事、依礼交往，在内心构建起强大的道德自律，强化了唐宋文化的社会根基，使唐宋两朝成为当时世界公认的"礼仪之邦"。在稳定性上，由于中央政府的大力推广，使"崇礼"价值深深熔铸于社会民众的思想意识与行为交往中。在主张礼法并用的唐宋两朝，这些礼法成为兼顾权威性和约束力的"文化法律"。由此，"崇礼"价值将国家层面的礼法制度、社会层面的礼仪规范和个人层面的礼数意识深度融通。唐宋两朝在尊重世界各国公认的外交礼仪和礼节规范的基础上，开展平等友好的文化、科技交流，塑造了"礼仪大国"的良好形象。在"崇礼"的价值熏陶下，唐宋民众为来华友人树立了良好的礼仪典范，彰显出唐宋文化的礼仪秩序规范之美，使唐宋文化在国际传播过程中更具稳定性。其中，孝亲敬长的人伦内涵、礼尚往来的交往内涵等，以其鲜明的时代特质成为中华文化的独特

---

① 王玉德：《中国传统文化新编》，华中科技大学出版社 2004 年版，第 230 页。
② 梁漱溟：《东西文化及其哲学》，中华书局 2018 年版，第 163 页。

标识，也为我国提出的包括"一带一路"倡议在内的诸多国际主张提供了思想来源。

（四）兼具和合性与内省性的"思辨"价值

唐宋时期，伴随着道家复兴与佛教东传，社会上下对一种称之为宇宙论的思辨学问产生了浓厚兴趣。这一文化图景发端于唐代的韩愈、李翱，"成型于宋代周敦颐、邵雍，成熟于二程、朱熹"[①]。唐宋时期，以宇宙发生论为代表的唐宋思辨文化融合儒释道三家，形成了颇具中国特色又兼蓄域外文化的哲学文化体系。如周敦颐的"无极而太极。太极动而生阳，动极而静，静极复动"（《太极图说》）；邵雍的"一动一静而天地之道尽之矣"（《黄极经世·观物外篇》），这些论断充满了哲学层面上的思辨意味。唐宋时期的哲学文化体系还从宇宙发生论出发，进一步阐释了精神修养的路径与方法。周敦颐指出："无欲则静虚动直。静虚则明，明则通。动直则公，公则溥"（《通书》），重点强调内省外明的修身之道。这与黑格尔所倡导的对立统一、否定之否定的辩证法不谋而合，此所谓"修养"正可对应黑格尔为之自豪并认为充满现代哲学意味的"扬弃"一词，但比其学说至少早了 700 多年。这些思想的更高明之处在于"强调人与人之间的互主体性，超越了个体本位、自我为中心的单主体性"[②]。以唐宋文化为代表的传统思想主流贯穿的这种文化观，是一种迥异于西方近代文化形态的文化观，并在习近平总书记提出的"构建人类命运共同体"的倡议中得到集中体现。"构建人类命运共同体提倡建立一种和而不同、兼收并蓄的新型文明观，避免非此即彼的二元对立思维，体现了多样性的统一。"[③] 这正是历史上唐

---

① 冯友兰：《中国哲学简史》，北京大学出版社 2019 年版，第 255 页。

② 张岱年、王东：《中华文明的现代复兴和综合创新》，《教学与研究》1997 年第 5 期，第 13 页。

③ 陆卫明：《论"构建人类命运共同体"中的优秀传统智慧》，《西安交通大学学报》（社会科学版）2019 年第 5 期，第 85 页。

宋文化开放包容、和合天下的独特魅力的现实呈现。在建设中国特色社会主义文化强国的当下，我们应深刻体会内含中国精神和世界意义、兼具历史影响力与未来延续力的唐宋文化价值，使之成为新时代推进唐宋文化国际传播能力建设的重要遵循之一。

三、唐宋文化国际传播能力建设的实践进路

"人应该在实践中证明思维的真理性、现实性、此岸性。"[①] 唐宋文化国际传播能力建设也是一个实践问题。这一问题的提出，既是基于中华传统文化的回顾与传承，也是对当代中国文化的展望与期待。正如习近平总书记所说："不忘本来才能开辟未来，善于继承才能更好创新。"[②] 当前，推进唐宋文化国际传播能力建设，既要明确预设前提，凝练价值内涵，更要在中国特色社会主义文化建设的伟大实践中推进唐宋文化的创造性转化和创新性发展，使之更好地适应新时代中国文化"走出去"与世界文化相融通的现实需要。由此，需要从传播主体、传播内容、传播手段和传播效果等方面进行探究。

（一）着力构建多元化传播主体以解决"谁来传播"的问题

首先，要发挥政府机构的引导作用。加强唐宋文化国际传播能力建设，离不开政府的统筹部署。政府在统筹部署上要结合各个国家的历史传统与文化需求，深入挖掘唐宋文化蕴含的价值观念、道德规范、文学艺术等要素内涵，促进我国与其他国家的文化交流与合作，真正做到共建共享共荣。如在政府的统筹协调下，建立跨国别的、融教育、教学与交流为一体的丝路大学，设置唐宋时期的文化理论、哲学流派、唐诗宋词、书法艺术等教学内容；同时依托丝路大学设立丝路文化研究智库，开展对唐宋时期丝路

---

① 《马克思恩格斯选集（第 1 卷）》，人民出版社 1995 年版，第 55 页。
② 《习近平新时代中国特色社会主义思想学习纲要》，人民出版社 2019 年版，第 146 页。

国家的族群关系、社会风俗、区域规划、历史文化的系统研究。通过这些举措，调动社会成员参与唐宋文化国际传播的主动性和积极性，促进社会效益和经济效益的有机统一。

其次，要加强全媒体文化传播的队伍建设。互联网环境下新媒体分众化、差异化、碎片化的迅猛发展，对文化传播队伍的素质、经验、能力提出了新的更高的要求。因此，我们要重视对不同层次的人才培养，充分利用各级各类新闻传播学院、多方共建新闻传播人才培养协同平台、实践基地等载体，引导各类人才融入全媒体团队的生产链，培养一批既能充分认识市场在促进媒介经济效益和传播要素良性循环、优化媒介资源配置中的重要调节作用，又能够主动探索媒体利益结构和组织结构的优化重组的全媒体人才，构建人才培养、专业岗位、结构优化、效益并重"四位一体"的传播格局。

最后，要发挥华人华侨的文化纽带作用。伴随着我国日益走向世界舞台中央，与各国的人文交流日益紧密，让世界更好地了解中国传统文化显得愈发迫切。目前，在世界 200 多个国家和地区分布着 6210 万的海外华人华侨。华人华侨作为联通内外的文化纽带，已成为文化传播的生力军。华人华侨熟悉中国文化，又熟悉所在国文化，而且具有双语交流的优势，其形象展示往往也更易于被国际社会所接受，使得他们在传播中华文化、推动文化交流方面具有独特作用，这就为形成"百花齐放春满园"的唐宋文化国际传播格局提供了新动力。

（二）着力打造多样化传播内容以解决"传播什么"的问题

首先，传播内容应注重总结提炼。要善于将唐宋文化中具有世界意义的价值内涵加以高度提炼，使之便于广泛传播。笔者认为，积极开展对陆、海丝绸之路文化的挖掘和梳理是重要方向。唐宋两朝通过陆、海丝绸之路，向世界展示了我国当时发达的科技水平与深厚的文化积淀。做好陆、海丝路文化国际传播的精髓在于挖掘、创新面向未来的丝路文化。通过挖掘唐

宋时期陆、海丝路沿线国家的历史文化、民俗风情，在共商共建共享理念
中构筑民心相通的文化基础工程；通过加强与丝路沿线国家在国学教育、
学术往来、知识产权等领域的交流与合作，阐释好、传播好唐宋时期陆、
海丝路文化故事及其蕴含的价值内涵，向世界各国广泛传播丝路文化蕴含
的开放包容内涵与互鉴共赢价值，从而推动唐宋文化走出国门，与世界不
同地区、不同民族的文明形态交相辉映。

其次，传播内容应具备现实关怀。与西方国家宣扬的"自由""平
等""博爱"相比，唐宋文化所蕴含的"尚公""贵和""崇礼""思辨"价
值理念正是对和平共处、共商共建共享国际文化新秩序的理性反思。其启
示意义在于：议题内容的选择应将现实关怀作为唐宋文化国际传播能力建
设的基本导向。既要凝练蕴含中国气派的学术成果与理论精品，通过专业
化路线厘清唐宋文化国际传播的话语理论支撑；又要展现具有中国气象、
中国价值的市民文化，通过大众化路线夯实推进唐宋文化国际传播能力建
设的民意基础。享誉世界的唐宋诗词，就是推进唐宋文化国际传播能力建
设的有效载体。如央视推出的《中国诗词大会》等文化综艺节目，通过精
选内容，将唐宋诗词中的开放包容、自信从容、胸襟坦荡等具有高度人文
关怀的丰富内涵，辅之以灵活多样的现代传媒表现形式进行传播，取得了
继承和弘扬优秀传统文化的良好效果。

最后，传播内容应具备精品价值。打造唐宋文化国际传播精品，既要
依托文化旅游、教育合作、学术交流等传统方式，还应注重融入时代元素，
以产品为轴心进行创新，通过影视、图书、音乐、动漫、网游、文博等业
态传承唐宋文化的价值内涵、文化精神。譬如奥地利作曲家古斯塔夫·马
勒的作品《大地之歌》，这首交响乐的歌词便取自李白的诗作《采莲曲》
与王维的诗作《送别》。这一作品将唐诗所蕴含的浪漫恬静的优美意境同
西方音乐创作完美融合，从而成为流传后世的音乐文化经典。由此可见，
在推进唐宋文化国际传播能力建设的过程中，应通过挖掘唐宋文化的丰富

内涵，辅之以现代影像传播技术，并借助文化论坛、文博展览、文艺创作，来推动传播内容与传播渠道深度融合，进而打造出富有国际化特色的文化精品，在"和而不同与海纳百川的基本立场"[①]上迈向世界。

（三）着力优化立体式传播手段以解决"如何传播"的问题

首先，要推进传统媒体与新兴媒体深度融合。传统媒体和新兴媒体的关系是一种迭代交融、优势互补的关系。前者的优势在于权威性和严整性，后者的优势在于即时性和交互性。因此，既要充分运用文艺展演、影视交流、文物博览等传统媒体，也要大力发展新兴媒体。譬如，可以通过促进传统媒体和新兴媒体之间的一体化发展，与"一带一路"沿线国家和地区联合开展丝路遗存 VR、AR 体验馆，拍摄互联网 + 丝路文化纪录片等，以增强唐宋文化国际传播的覆盖面和吸引力。

其次，要升级媒介传播层次。一方面要提高传播技术水平，加强对5G 技术、区块链、云数据计算、人工智能等新传播媒介技术的研究和运用，打造涵盖政府机构、媒体产业、社会大众的跨语言、跨国别、跨区域的唐宋文化国际传播媒介平台，对唐宋文化国际传播产学研结合加大资金投入、建立健全政策保障体系，抢占 web5.0 时代技术制高点。另一方面要大力提升传播艺术水平。要"多用外国民众听得到、听得懂、听得进的途径和方式积极传播中华文化"[②]，用"接地气""不违和"的方式传播中华文化。为此，需要在媒介融合理念指导下，打造以书报杂志、广播电视为代表的传统媒体和以数媒网络、两微两端为代表的媒体整合经营、协同运行的唐宋文化国际传播平台，增强对唐宋文化国际传播的时机把握、节奏掌控、力度调节、效果管理能力，使世界各国民众更好地接触和了解唐宋文化，进而尊重和欣赏唐宋文化，使唐宋文化的种子在异域他国的土壤中生

---

① 陈先达：《马克思主义和中国传统文化》，北京：人民出版社，2015 年版，第 209 页。
② 《习近平总书记系列重要讲话读本》，北京：学习出版社，2016 年版，第 210 页。

根发芽、开花结果。

最后，建立新型传媒集团。在和平与发展成为世界潮流的大趋势下，全世界"正在跨入一个多种不同文明相互影响、相互竞争、和平共处、相互适应的时代"①。经济一体化推动世界文化产业呈现整合趋势，各种新型的传媒企业和快速发展的传媒集团，引导多元化的文化观念和价值理念传播到世界各个国家和地区。依托传播理念先进、传播手段一流的新型传媒集团，开展文明交流和文化对话正在成为国际社会的基本共识。为此，我们可以通过新型传媒集团开展"中国文化年""亚洲文化艺术节""中国文化论坛"等活动，打造基于新媒体环境的唐宋文化国际传播交流合作机制，为唐宋文化国际传播建设增添新动能，使"指尖上的文明交流"成为唐宋文化国际传播中最便捷的渠道和最灵动的机制。总之，推动唐宋文化历史源流、价值内涵等议程的精准设置，能够在很大程度上增强唐宋文化国际传播议题设置的正当性，扭转西方意识形态与媒介选择性报道中国文化的不良局面，为提升我国国际形象、构建国际文化交流新型机制贡献智慧和方案。

（四）着力挖掘本土化传播要素以解决"更好传播"的问题

首先，要注重文化传播话语的本土化转换。做好唐宋文化国际传播的话语转换，需要秉承文明对话和文化平等观念，认真学习和研究当地文化习俗和表达习惯，做到入乡随俗，因地制宜。在这方面，习近平总书记堪称典范。他在埃及《金字塔报》撰文写道："我相信，在双方共同努力下，中埃友谊、中阿友好也一定会像尼罗河水般奔涌向前。"此处援引埃及人的赞美之语传达真诚与善意，亲近之感油然而生。再如，在 2019 年亚信第五次峰会上，他引用塔吉克民族伟大诗人鲁达基"智者追求善良与和平、

---

① [美] 塞缪尔·亨廷顿：《文明的冲突与世界秩序的重建》，周琪等译，新华出版社 2010 年版，第 75 页。

愚者才醉心争吵和战争"的诗句，表达了向往和平、携手发展、共创未来的美好追求。这些生动事例正是文化传播中注重话语"本土化"转换的典范，对于唐宋文化国际传播具有重要启示。同时，通过挖掘本土化人才，推进文化传播主体实现"本土化"转换。本土化人才更加熟稔本地民众的文化需求和表达习惯。如最早将唐代司空图的《二十四诗品》翻译并介绍给西方人的英国学者赫尔伯特·艾伦·翟理思（Herbert Allen Giles），其本人就是一位造诣颇深的汉学家。为使英译文本尽显唐诗风貌，他采用极具难度的直译押韵翻译法，翻译出了不少好诗作，体现出"本土化"人才在唐宋文化国际传播过程中发挥的积极作用。总之，我们可以通过跨文化交流与文化传播体系转化，构建出一套集中体现中国气派、各国普遍接受、兼具包容与开放特性的国际传播话语体系。

其次，要注重推动文化产业发展。推进文化传播的"本土化"，不仅要深入研究当地人文传统和风俗习惯，还应提供符合当地人民需求的文化服务。基于当前互通共融的国际化背景，大力发展文化产业，应当成为文化传播本土化的重要途径。推动唐宋文化国际传播进程，需要在汲取唐宋文化资源的基础上，生产出既具有中国特色与中国风采、又符合现代人审美观念与消费习惯的内容产品。通过对文化产品的创新性开发与市场化运作，来推动唐宋文化国际传播能力建设，提升唐宋文化国际竞争力。如在传统唐装基础上经过改良、在 APEC 会议上大放异彩的"新唐装"，即是在深入挖掘唐装典雅、大气等文化要素的基础上，通过在图案、面料、款式等方面融入现代元素，开发出的一款兼具中国唐代服饰特色和现代审美价值的新唐装文化品牌。通过对新唐装的产业化开发和市场化运作，有助于引导世人走近、接触和了解唐宋文化浓郁的东方特质与东方魅力，培养世人对唐宋文化基本理念和价值观念的温情与敬意。

最后，要注重依托海外文化推广机构。纵观世界，各个国家为积极推广本国优秀文化，纷纷在海外设立文化传播与推广机构，比较有代表性的机构如德国的歌德学院、法国的法语联盟、意大利的但丁学院、英国的英国文化协会等。这些国际文化机构服务于国家文化战略，通过设立附属图书资料中心、举办讲座访谈、依托文化展览、开展校际合作调研等方式"柔性推进"本土化传播，为当地人民提供一个本土化的文化学习环境。海外文化推广机构的典范当属孔子学院。"中国开办推广汉语和中国文化的非营利性机构'孔子学院'，用来展示北京的慷慨和善意。"① 近些年来，由于我国文化软实力和国际影响力的不断增强，为唐宋文化国际传播的议程设置提供了有力支撑，也为唐宋文化国际传播奠定了坚实的物质基础。我们相信，步入新时代，乘着"一带一路"倡议和构建"人类命运共同体"的东风，孔子学院必将在促进我国与世界各国的文化交流与合作方面发挥更加积极的作用。

【作者杨威、胡华，原载《长白学刊》2020 年第 3 期】

---

① ［英］彼得·弗兰科潘：《丝绸之路：一部全新的世界史》，邵旭东译，浙江大学出版社2018 年版，第 443 页。

后　记

本书是我承担的国家社科基金项目"鉴思唐宋文化对外传播方式拓展中华文化国际传播路径研究"的结项成果之一。此前，我也曾作为子课题负责人完成了国家社科基金重大项目"中国传统家训文献资料整理与优秀家风研究"（江苏师范大学陈延斌教授为首席专家）。对于这两个研究课题，若用儒家所津津乐道的"内圣外王"之道来作比的话，"中国传统家训家风文化"主要体现为一种注重心性修养、向内求诸己的"修身齐家"之道，即所谓"内圣"；而与此相应，基于考察唐宋文化以期"拓展中华文化国际传播路径"，则倾向于一种注重外在事功的"治国平天下"之情，即所谓"外王"。"内圣"是基础与前提，"外王"则是目标和理想。因此，无论我们探讨"唐宋文化对外传播方式"，抑或研究"中国传统家训家风文化"，其最终目的都是为了让源远流长的中华文化"走出去"，并以构建人类命运共同体和实现中华民族的伟大复兴为价值旨归。为此，若从厚植家国情怀的高度或国家站位出发，这两个课题的研究均具有十分重要的理论价值和实践意义。征途漫漫，吾辈唯有踔厉奋发、笃行不怠，方能乘风破浪、砥砺前行。

本书的主体部分是由我和我的博士生上官望完成的，在此要特别感谢上官望同学为书稿的顺利付梓所付出的努力。在本书的撰写过程中，除我们二人之外，其他课题组成员也提供了相关写作思路，其中一些成员亦成为本课题的阶段性成果——系列相关论文的合作者。

撰写学术著作"后记"时的心情犹如期待即将分娩的婴孩，虽有些不舍却又充满无尽的希望与爱恋。如今，经过近 5 年时间的潜心研究，我们的课题研究成果也终于即将面世了。憧憬和欣喜之余，我不禁感慨万千：首先，要感谢国家社科规划办对本课题的资助！同时，本书的出版亦得到海南省 A 类学科马克思主义理论建设经费和海南省重点马克思主义学院建设经费的资助，在此一并表达谢意！最后，还要感谢人民日报出版社的袁兆英编辑为本书的出版所付出的辛劳！

2022 年 3 月 31 日

于海南师范大学怡园